SuperBUR

CLASSICI

Dante Alighieri

La Divina Commedia
Inferno

introduzione di
BIANCA GARAVELLI

note di
LODOVICO MAGUGLIANI

NB Text not up-to-date
cf. Mandelbaum

Proprietà letteraria riservata
© 1949, 1995 R.C.S. Libri & Grandi Opere S.p.A., Milano
© 1997 RCS Libri S.p.A., Milano

ISBN 88-17-86652-0

prima edizione BUR Superclassici: novembre 1995
prima edizione Superbur Classici: gennaio 2001

PER LEGGERE LA «COMMEDIA»

LA «COMMEDIA» È UN ROMANZO D'AVVENTURE

Provate a immaginare un uomo, solo, in un punto della notte appena prima dell'alba, quando il cielo è ancora buio. Immaginatelo disorientato, spaventato, vulnerabile a qualunque pericolo. Dietro di lui, una foresta cupa e impenetrabile, da cui è appena uscito, ancora sembra minacciarlo, estendendosi con l'ombra del suo intrico fitto di rami. Trafelato, ansante, l'uomo scorge una collina davanti a sé: ha la possibilità di salirvi, e già sente che, una volta arrivato alla cima, la luce dell'alba lo potrà raggiungere più in fretta. Quindi, comincia a salire. Ma l'ascesa è faticosa, molto più del previsto. L'uomo ha paura di non farcela. Quando, a peggiorare la situazione, davanti a lui appaiono tre belve dall'aria minacciosa, una più temibile dell'altra. E l'uomo cede, precipita di nuovo giù. Sennonché, a salvarlo dalla rovinosa caduta, appare un'ombra, uomo o fantasma non è chiaro, che con voce pacata e autorevole gli si rivolge offrendogli il suo aiuto...

Una storia come questa, con tutti i colpi di scena che contiene, sarebbe in grado di catturare l'attenzione dei lettori più distratti. Potrebbe essere la scena iniziale di un film horror. O di un romanzo di tensione, con misteri, delitti e inseguimenti. La giallista americana Patricia Highsmith ne avrebbe potuto lodare l'autore. E invece, è una delle opere che maggiormente hanno segnato la nostra letteratura, una tappa obbligata dello studio scolastico, un'opera a conoscere la quale si è considerati persone colte. La vicenda della *Commedia*, che per la sua bellezza meritò l'appellativo di «divina», il viaggio di Dante attraverso i tre regni dell'Oltretomba, la terra del mistero che ci attende dopo la morte, ha tutti i crismi di un romanzo di avventure. Avventure di un uomo vivo tra le anime dei morti, avventure di un'anima pur sempre, anche se ancora dentro il corpo, che passa dall'errore alla purificazione alla fusione con Dio. Di un'anima sola che può rappresentarle tutte. Avventura soprannaturale, il cui protagonista non è un eroe o un semidio, ma un uomo, in apparenza, qualsiasi.

LA «COMMEDIA» È UN MESSAGGIO DI SALVEZZA PER L'UMANITÀ

Dalla sua, l'uomo comune Dante ha solamente due straordinarie qualità: la maestria nel comporre versi e un grande, sconfinato amore per un genere che a quell'epoca incontrava molto più di oggi l'interesse del pubblico: la poesia. Tanto da guadagnarsi l'intervento di un'anima disincarnata che fu, nella sua esperienza di vita terrena, il più famoso poeta del regno dell'imperatore Augusto: Virgilio. È lui ad apparirgli, a salvarlo dal pericolo delle tre belve, a proporsi come guida in un cammino che gli permetterà di allontanarsi per sempre dalla selva, dalla cupa foresta del male. Perché un viaggio così lungo, quando basterebbe cambiare direzione e andare incontro alla luce del sole per la via più breve? Perché vedendo il destino dell'umanità, della folla sterminata di anime che dopo la morte dei corpi hanno raggiunto la loro sede eterna, Dante rafforzerà la sua fede, sarà più saldo che mai nel procedere sulla via del bene. Nessuno più potrà distoglierlo. Nemmeno una tentazione grave come quella che lo aveva fatto smarrire nel cupo intrico della foresta.

Quindi, è necessario che Dante attraversi con Virgilio i tre vasti regni dell'Aldilà, regni voluti da Dio per allontanare da sé chi ha scelto il male nella vita terrena, purificare e premiare con la più perfetta beatitudine chi invece ha scelto di raggiungerlo per l'eternità. Così facendo, Dante stesso vedrà da vicino, all'Inferno, i rischi di abiezione che ha corso personalmente, macchiandosi di qualche peccato: e per sempre si staccherà da qualsiasi eventuale dubbio residuo. Poi, accompagnando la dura salita delle anime verso il cielo, nel Purgatorio, a sua volta otterrà la faticosa purificazione. Infine, privilegiato fra tutti gli uomini, ancora vivo potrà ammirare la magnificenza dei cieli, il Paradiso. Ma non solo: vivrà l'incredibile esperienza di contemplare il vero aspetto di Dio.

Dopo un simile straordinario viaggio, Dante sarà un altro uomo. Non più lo spaurito e anonimo viaggiatore che va in pellegrinaggio nell'Aldilà per liberarsi dal peccato e dai dubbi, ma un uomo consapevole del valore della sua e dell'altrui vita, un uomo che ha raggiunto Dio e porterà sempre con sé il ricordo di questa visione. Ecco perché nel raccontare il suo viaggio Dante parla in terza persona: fa una distinzione fra due se stesso, un Dante personaggio che non sa nulla, che deve imparare tutto, e che prova le più intense emozioni; e un Dante nuovo, il poeta che ricorda, conosce già tutto ciò che Dante personaggio sta per affrontare, e ha conservato in sé la conseguenza positiva di quell'emozione momentaneamente insostenibile. Soltanto alla fine del viaggio il viaggiatore diventerà il poeta, e non ci saranno più due Dante, ma un solo Dante, viaggiatore che diventa narratore, poeta ancora più straordinario. Infatti la sua già grande capacità di poeta sarà potenziata, al punto da renderlo in grado di compiere un'altra impresa tra le più difficili: raccontare ciò che ha visto. E la parte più ardua, meno facile da trasformare nella melodia dei versi, sarà proprio l'ultima tappa del viaggio, il Paradiso. Affrontando l'immensa fatica di comporre le migliaia di versi che costituiscono la *Commedia*, Dante avrà conferma del motivo per cui la scelta è caduta proprio su di lui: il suo compito è rendere gli uomini partecipi della sua eccezionale esperienza, è trasmettere il racconto di ciò che ha visto, delle anime che ha incontrato, delle profezie e delle rivelazioni che ha ricevuto. Per tutto il corso del poema, si avverte costante la preoccupazione di esercitare un'influenza positiva sui lettori. L'ansia di migliorare il mondo attraverso gli uomini, la solidarietà con la gente che come lui viveva sulla terra l'esperienza di una vita mortale, e i gravi pericoli che ciascuno correva, perché lui stesso li aveva appena corsi, dentro la foresta da cui si è appena salvato prima di iniziare il viaggio. Per ottenere un simile obiettivo, basteranno a Dante il racconto degli orrori dell'Inferno e delle fatiche premiate dalla grazia del Purgatorio, che faranno rispettivamente da ottimo deterrente e da appetitoso incentivo per la gente comune. Ma per chi ha avuto invece il nutrimento della scienza divina, la teologia, per chi ha guardato dentro la propria anima e verso il cielo, per questi pochi Dante riserva il racconto del Paradiso, la descrizione delle gerarchie dei cieli, dei beati e degli angeli che fanno da preludio a Dio. Le ardue discussioni teologiche tra lui e Beatrice nella terza cantica saranno comprensibili a pochi, il viatico per la salvezza di pochi. Per tutti gli altri, le prime due parti del racconto saranno comunque più che sufficienti per capire come salvarsi l'anima.

LA «COMMEDIA» È UN AUSPICIO DI RINNOVAMENTO POLITICO

Sì, perché Dante non fa mancare gli esempi di ciò che non si deve mai fare, nella prima cantica, e di ciò che invece va assolutamente fatto, anche all'ultimo momento, anche in punto di morte, nella seconda. Citando spesso il caso di personaggi politici, in un crescendo che coinvolge, sempre con simmetria, nei canti VI di ciascuna cantica, nell'*Inferno* personaggi della vita politica italiana e nel *Purgatorio* principi e re di tutta Europa. Ma da questo vasto percorso politico, che attraversa l'intero poema, non è escluso nemmeno il *Paradiso*: dove Dante fa culminare il discorso con l'apoteosi dell'aquila, sacro uccello simbolo dell'impero. Un trionfo paradisiaco per questa forma di governo ormai in agonia al suo tempo era il più alto omaggio che Dante potesse tributarle: la sua aspirazione a una pace universale, in cui il rispetto dei valori del cristianesimo, quindi dell'amore e della fratellanza, fosse garantito da un giusto governo era destinata a rimanere tale, senza mai realizzarsi. Anche quello politico è un motivo importante che spinge Dante a comporre il suo poema: per lui il rinnovamento morale, personale, di ciascuno dei suoi lettori e in generale dei suoi simili, non poteva realizzarsi pienamente, o almeno non facilmente, se non era accompagnato e protetto da un rinnovamento politico mondiale. Quest'ultimo avrebbe dovuto creare i presupposti, le basi sociali e quotidiane, del primo, e gli uomini di governo, ispirati essi per primi dalle leggi cristiane, avrebbero costituito l'esempio migliore per i loro sudditi, non avrebbero mai agito disonestamente nei loro confronti, li avrebbero anzi aiutati a raggiungere la salvezza. Un quadro ben diverso da quello reale, le cui devastazioni Dante aveva vissuto personalmente e dolorosamente: lui che avrebbe voluto l'unità e la pace, l'onestà e l'integrità morale, era stato costretto a esiliare un suo carissimo amico, Guido Cavalcanti, per limitare il più possibile il clima di divisione che le accese rivalità politiche avevano creato. E, cosa ancora più grave, era stato costretto a non tornare più a Firenze da una falsa accusa di peculato. Proprio lui, che aveva sempre strenuamente lavorato per il bene della sua amata città.

Disgustato da tanta falsità e da tanta corruzione, addolorato da tanta violenza, Dante sogna: senza preoccuparsi delle reali possibilità storiche che il suo sogno si realizzi, va a cercare in un modello antico, in una forma di governo del passato, le risposte ai suoi tormentosi dubbi. L'unico modo è seguire la strada tracciata da Dio, quando decise di far nascere il suo stesso Figlio sotto l'impero di Roma. Se Dio ha stabilito questo, non può che essere ancora la scelta giusta: una scelta senza tempo e senza limitazioni storiche. L'impero, con Roma capitale, guiderà moralmente con l'autorità attribuita a questa forma di governo da Dio stesso; porterà di nuovo l'unità, e soprattutto la pace, alle travagliate città-stato della Toscana del suo tempo bellicoso, sempre intente a combattersi a vicenda per una ridicola supremazia locale. E finalmente la giustizia, l'onestà, la generosità dei borghesi pacifici e la loro nobiltà d'animo trionferanno. Almeno così Dante si augura, da buon cristiano e cittadino onesto qual è, nemico dell'arroganza dei nobili che non meritano il loro titolo, ma sostenitore e anzi devoto ammiratore di chi è nobile dentro. Indipendentemente dal nome della sua famiglia.

Alcuni di questi personaggi, nati da stirpi illustri e capaci di onorarle con le loro azioni, sono per Dante i depositari di una qualità che nessun speziale, nessun mercante, nessun borghese insomma possiede se non ha abbandonato la grettezza di chi aspira soprattutto al guadagno: la cortesia. L'insieme delle virtù che fanno di un uomo un gentiluomo, di un pezzente un nobile autentico: generosità, disinteresse per la ricchezza materiale, amore per la giustizia, la bellezza, e capacità di dare la vita per difenderle. Per tutti i versi della *Commedia*, non solo nei canti sesti, si incontra qualche frammento di questo sogno. E sulla strada tracciata da Dio, la strada che porta Dante nei tre regni dell'Aldilà, molte sono le conferme che incontrerà, conferme di essere nel giusto.

LA «COMMEDIA» E LA LETTERATURA DEL SUO TEMPO

È davvero un viaggio? Dante ha davvero visto i tre regni che racconta e descrive? Se così fosse, la *Commedia* nella sua globalità sarebbe una *visione*, che oltre a essere una delle esperienze vissute dai mistici, era anche un genere letterario molto apprezzato nel Medioevo. Di solito, la visione assume le modalità di un sogno, può addirittura venire durante la notte, infatti, e il visionario compie il suo viaggio visivo da solo, assistendo ai fatti dell'Aldilà e traendone un insegnamento per tutta la vita. Sua e degli uomini che leggeranno il resoconto che avrà scritto una volta tornato in sé. Si possono citare esempi interessanti di queste esperienze mistiche raccontate in opere letterarie: una delle più antiche è la *Visione di Tugdalo*, che risale al XII secolo, quindi anteriore a Dante di quasi due secoli. Questo Tugdalo dal nome barbarico era famoso nel suo tempo per l'incallita predisposizione al peccato: rissoso e violento, in un impeto d'ira cade in catalessi ed è creduto morto. Salvo però riaprire gli occhi tre giorni dopo, e raccontare le incredibili cose a cui ha assistito, senza che mai il suo corpo si spostasse materialmente dal letto. Ha potuto visitare l'Inferno, con nove cerchi pieni di anime dannate; poi una regione dove stazionano spiriti né troppo malvagi né perfettamente buoni; infine ha assistito allo splendore del Paradiso, che descrive come una «città celeste» racchiusa fra tre cerchie di mura splendenti. Da allora in poi, Tugdalo sarà un altro uomo: non più peccatore, ma quasi santo. La sua esperienza somiglia da vicino a quelle oggi studiatissime e definite N D E, *Near Death Experiences*, le visioni di chi ha ripreso conoscenza dopo essere stato in coma profondo, tra la vita e la morte, se non addirittura clinicamente morto.

Ma c'è anche una variante rispetto alla visione: il viaggio nell'Aldilà che avviene materialmente. In questo caso non è l'Aldilà che viene al mistico in forma di visione, ma è lui stesso a spostarsi fisicamente, con tanto di involucro corporeo, per visitarlo. Altra caratteristica di questo viaggio vero e proprio è che il viaggiatore non è solo, ma si avvale dell'assistenza di un autorevole accompagnatore, o guida. Di solito, un santo, o, come nel testo arabo *Il Libro della Scala di Maometto*, addirittura del secolo VIII, in cui un anonimo autore racconta il viaggio di Maometto prima in Paradiso poi all'Inferno, un essere soprannaturale, l'Arcangelo Gabriele. Non sempre queste due modalità dell'esplorazione dell'Altro mondo si distinguono nettamente: anche Tugdalo, infatti, racconta di essere stato accompagnato nella visita ai tre regni da un angelo luminoso.

Dante comunque si colloca più vicino al secondo filone letterario, quello del viaggio: in effetti, racconta di aver compiuto il viaggio materialmente, tant'è vero che molte anime dell'Inferno e del Purgatorio ne riconoscono la presenza corporea, accorgendosi rispettivamente che respira, o che la sua figura getta ombra; solo per la visita al Paradiso c'è qualche dubbio, ma anche lì Dante viaggia col suo corpo, benché non ne venga più fatta menzione da una certa altitudine celeste in poi. Nel primo verso dell'*Inferno*, inoltre, l'autore ci dà modo di identificare concretamente l'anno del viaggio: è il 1300, a trentacinque anni di distanza dal 1265, anno in cui lui nacque. Infatti il «mezzo del cammin di nostra vita», secondo le convinzioni del suo tempo, era proprio il trentacinquesimo anno, in base alla durata media della vita di un uomo. Poco più avanti ci dà persino l'indicazione del periodo dell'anno in cui inizia: la primavera, il tempo più propizio per dare avvio a qualsiasi impresa, riconoscibile dalla menzione del segno zodiacale dell'Ariete, il primo dei dodici segni.

In effetti, il ruolo di Dante è di essere di esempio per l'umanità, ma non è un peccatore impenitente come Tugdalo: quando lo incontriamo al limite della *selva* famosa, ne è già uscito. Il viaggio servirà senz'altro anche a lui, ma soprattutto ai suoi lettori. Inoltre, Dante ha con sé qualcuno che gli insegna la strada e lo protegge: ben tre guide, ma non una diversa per ciascun regno. Virgilio lo aiuterà ad affrontare la discesa nelle profondità dell'Inferno e l'ascesa del Purgatorio, ma cederà il testimone a Beatrice per il viaggio nel Paradiso. Lei si riunirà a Dante, che l'aveva amata in gioventù, nel Paradiso Terrestre, conducendolo sempre più su per tutti i cieli. Solo nell'Empireo, la sede di Dio e dei beati, anche Beatrice lascerà Dante, e l'ultima guida sarà San Bernardo di Chiaravalle, il mistico che aveva dimostrato coi suoi scritti un particolare amore per la Madonna. Sarà lui a invocare l'intercessione di Maria perché la vista di Dante venga rafforzata e possa sostenere la visione diretta di Dio.

L'IDEA INIZIALE E IL MISTERO DEI TEMPI DI COMPOSIZIONE

Che l'autore abbia composto in quest'ordine, si può dire cronologico, il racconto poetico del suo viaggio soprannaturale, o abbia compiuto un percorso più tortuoso, magari passando prima dal Purgatorio che non dall'Inferno, non ci è dato sapere. Non sappiamo nemmeno, in realtà, quando abbia iniziato la stesura di un'opera così monumentale, né dove di volta in volta abbia composto le singole parti. L'autore del libro più famoso dopo la Bibbia, invece di godere meritati riconoscimenti, mentre componeva la *Commedia* era costretto a viaggiare a sua volta, lui che in essa raccontava un ben altro viaggio.

Esiliato nel 1302 per la falsa accusa di baratteria, quella che oggi si chiamerebbe peculato, e che le inchieste di Tangentopoli ci hanno reso tanto familiare, per il resto della vita dovette peregrinare da una corte all'altra di un'Italia che da comunale si stava trasformando in signorile, ospite di volta in volta di un'illustre famiglia di benefattori. Alcuni indizi ricavati da opere minori di Dante e dalla stessa *Commedia* ci permettono di fare delle ipotesi sui tempi di composizione. Ma non dobbiamo dimenticare che sono e restano delle ipotesi. Nel capitolo finale della *Vita Nuova*, l'opera che narra, commentando le liriche corrispondenti, il giovanile amore per Beatrice, sembra che Dante esprima già l'idea di comporre la *Commedia*, o almeno un'opera che esalti l'eccezionale valore morale di Beatrice, rimasto intatto, anzi accresciuto, dopo la sua morte. Dopo che ha composto il sonetto *Oltre la spera che più larga gira*, nel quale Dante racconta di aver raggiunto con l'immaginazione l'Empireo, sede di Dio e dei beati, e qui di aver incontrato Beatrice nel pieno fulgore della beatitudine, è visitato da una «visione» che gli fa assumere il propo-

13

sito di elevare la propria scrittura fino a farla degna della donna amata. Ecco come ne parla:

Appresso questo sonetto apparve a me una mirabile visione, ne la quale io vidi cose che mi fecero proporre di non dire più di questa benedetta infino a tanto che io potesse più degnamente trattare di lei. E di venire a ciò io studio quanto posso, sì com'ella sae veracemente. Sì che, se piacere sarà di colui a cui tutte le cose vivono, che la mia vita duri per alquanti anni, io spero di dicer di lei quello che mai non fue detto d'alcuna.

Vita Nuova, XLII 1-2

Dunque, la prima idea della *Commedia* è legata a Beatrice. Tanto che uno studioso del secolo scorso, Niccolò Tommaseo, commentando gli ultimi canti del *Purgatorio*, in cui Beatrice riappare a Dante nello splendore della beatitudine, nel Paradiso Terrestre, ritiene possibile che l'autore abbia dato inizio da qui alla sua opera, riallacciandosi strettamente a questo passo della *Vita Nuova*. Dato che quest'opera giovanile dovrebbe essere stata ultimata intorno al 1294, quattro anni dopo la morte della protagonista, è possibile che l'autore avesse non solo progettato, ma addirittura avviato la composizione del poema sacro, prima della fatidica data dell'esilio. È quanto mostra di credere, per esempio, Ugo Foscolo, in un passo dei *Sepolcri*, in cui tra i motivi per cui Firenze è città tra le più fortunate d'Italia, cita anche il fatto di aver potuto ascoltare per prima i versi della *Commedia*, definendo Dante «ghibellino» per la sua difesa dell'autorità dell'impero:

e tu prima, Firenze, udivi il carme
che allegrò l'ira al Ghibellin fuggiasco

Dei Sepolcri, 173-174

Ma Foscolo non è il solo, né il primo, a crederlo. Molto prima di lui, un'altra autorevole voce aveva espresso questa convinzione: Giovanni Boccaccio, che nel suo *Trattatello in laude di Dante* e commentando i versi iniziali del canto VIII dell'*Inferno*, racconta come il poeta avesse composto a Firenze i primi sette canti della prima cantica e poi, incalzato dalla condanna, fosse stato costretto ad abbandonarli, forse a dimenticarli. Toccò a qualche suo estimatore rimasto ignoto trovarli, leggerli e portarli al poeta Dino di messer Lambertuccio, il quale a sua volta li fece pervenire a Dante, allora esule presso il duca Moroello Malaspina, in Lunigiana. Dante stesso avrebbe poi segnalato di essersi rimesso all'opera dopo una lunga pausa nel primo verso del canto VIII dell'*Inferno*, con la frase: *Io dico, seguitando, ch'assai prima*, dove il gerundio «seguitando» andrebbe interpretato come «continuando la composizione». L'affascinante idea di Boccaccio venne accolta da molti commentatori antichi, più vicini di noi al mondo dell'autore, ma non è mai stato possibile provarla.

È certo, comunque sia, che il lavoro più lungo, quello di stesura e rielaborazione finale, occupò Dante nel tempo dell'esilio, quando ormai Firenze era un ricordo, una meta irraggiungibile. E Dante fu costretto a lavorare in case non sue, in studi non suoi, sempre ospite di personaggi politicamente di peso. Da questi nobili ospiti Dante dovette ricevere onore e rispetto. Lo prova, per esempio, l'*Epistola XIII*, la famosa *Epistola a Cangrande*, con la quale Dante dedica il *Paradiso* al signore di Verona Cangrande della Scala, inviandogliene la parte iniziale. La lettera, probabilmente del 1317, costituisce anche un'ottima testimonianza sul periodo di composizione della terza cantica. La gratitudine e l'ammirazione del poeta per questo principe sono evidenti anche nei versi del canto XVII *Paradiso*. Tuttavia nemmeno da lui si sentì mai completamente a casa. Un certo disagio, ogni volta, dovette sopportarlo, e certamente cambiare continuamente abitazione e patria non era il modo ideale di dedicarsi a una composizione tanto ampia e complessa. Ecco la probabile ragione per cui, caso più unico che raro nella storia della letteratura prima della stampa, non possediamo nemmeno un manoscritto autografo del poema sacro. Fatto che rattrista gli studiosi e gli appassionati, perché non è possibile sapere come l'autore lavorasse, con quale metodo, con quali tempi e con quale calligrafia.

Alla luce di queste difficoltà, l'impresa di Dante, che aiutato dalla sua memoria straordinaria riuscì a tenere insieme una struttura poetica di migliaia di versi, facendone un capolavoro, diventa ancora più degna di ammirazione. Eppure la sua amatissima Firenze, molte volte citata nel poema, molte volte rimproverata e altrettanto spesso rimpianta con nostalgia, non ebbe nemmeno le sue spoglie. Dante non la rivide più. Morì a Ravenna nel 1321, dopo aver contratto una febbre malarica a Venezia, dove si era recato per un'ambasceria. Forse, lavorare a quest'impresa così ciclopica lo aveva spossato; o sentiva che il suo compito, terminando la *Commedia*, era terminato a sua volta.

IL VALORE DEL TITOLO

Commedia e non *Divina Commedia* è il titolo che Dante pose al suo poema: questo almeno è un fatto, dato che l'autore stesso, in almeno tre occasioni, lo definisce così. Le prime due occasioni sono due passi del poema: al v. 128 del canto XVI dell'*Inferno* il poema è detto *questa comedìa*; al v. 2 del canto XXI sempre dell'*Inferno* è invece *la mia comedìa*; la terza occasione è la dedica del *Paradiso*, già citata, a Cangrande della Scala. Qui Dante afferma espressamente che il titolo del libro è «Incomincia la Commedia di Dante Alighieri, fiorentino per nascita, non per stile di vita». Viene da chiedersi la ragione di questa scelta, che può suscitare qualche perplessità. Bisogna fare, allo scopo, un piccolo passo indietro, e rileggere la sistemazione dei generi letterari del suo tempo che Dante stesso, vero esperto di letteratura, offre ai lettori del *De Vulgari Eloquentia*, il trattato latino sulla validità dell'uso della lingua volgare, l'antenata

16

dell'italiano, anche in opere di contenuto elevato. In base a questa classificazione, lo stile «comico» è quello che in termini moderni chiameremmo «medio», a metà strada fra un registro stilistico basso, che Dante definisce «elegiaco» e uno elevato, per Dante «tragico». Se consideriamo i dislivelli anche notevoli di stile che il poema mostra, dagli insulti fra diavoli e dannati dell'*Inferno* alle astratte discussioni teologiche del *Paradiso*, possiamo concordare che il risultato è proprio uno stile «medio». Oltre a questa spiegazione indiretta, Dante ce ne offre un'altra molto più specifica nell'*Epistola a Cangrande*: qui dichiara espressamente che ha scelto il titolo di «Commedia» per l'andamento delle vicende. Contrariamente alla tragedia, che comincia bene e finisce male, la commedia, e quindi anche il suo poema, si apre con avvenimenti difficili, ma si conclude serenamente. Meglio di così, addirittura in Paradiso...

In effetti, all'epoca di Dante questa definizione doveva essere familiare e facilmente accettabile: i manoscritti più antichi riportano tutti il titolo dantesco. Il primo ad attribuire al poema l'aggettivo «divina» fu Boccaccio, sempre nel suo scritto d'encomio *Trattatello in laude di Dante*. Non fu lui, comunque a unire l'aggettivo al titolo vero e proprio, al sostantivo «Commedia». Boccaccio intendeva riferirsi al contenuto del poema, cioè al fatto che Dante racconta il suo viaggio nell'Aldilà, la sua iniziazione ai misteri dei regni oltre la morte. Ma in seguito, fu soprattutto l'idea che il poema dantesco era un eccezionale capolavoro a spingere commentatori ed editori a definirlo «divino». La prima edizione a stampa col titolo ampliato, *Divina Commedia* è del 1555: a Venezia, presso lo stampatore Gabriele Giolito. Da allora in poi, quello fu il titolo che, soprattutto per i meriti straordinari, il capolavoro di Dante portò su di sé.

BIANCA GARAVELLI

CRONOLOGIA DI DANTE

Da Alighiero di Bellincione e da donna Bella nacque in Firenze, forse agli ultimi di maggio del 1265, DANTE, che, perduti presto i genitori, si sposò molto giovane con Gemma di messer Manetto Donati, dalla quale ebbe, sembra, tre figli, Giovanni, Jacopo e Pietro, e una figlia, Antonia suora col nome di Beatrice.

Ma il grande amore di Dante, tutto spirituale, fu un'altra Beatrice, la figlia di Folco de' Portinari, andata poi in isposa a Simone de' Bardi, e che fu la divina sua ispiratrice.

Nel 1295 Dante entrò nella vita politica e lo troviamo nel consiglio del Capitano del Popolo, allora di parte bianca contro i neri che, sostenendo una politica espansionistica, miravano ad allearsi a papa Bonifacio VIII. Presso il papa appunto Dante fu, nel 1301, inviato in missione; frattanto la situazione politica fiorentina si inaspriva ed i neri, con l'appoggio di Carlo di Valois, riuscivano a sbalzare dal governo i bianchi, condannando a perpetuo esilio Dante stesso.

Un continuo ramingare «in dolorosa povertà» è ormai la sua vita: il primo rifugio lo trova a Verona, da Bartolomeo della Scala, fra il 1302 e il 1304; nel 1306 fu in Lunigiana presso i Malaspina; poi in varie altre parti d'Italia, non bene identificabili; forse fu anche a Parigi.

Nel 1310, con la discesa in Italia di Arrigo VII di Lussemburgo, rifiorì nel cuore dell'esule la speranza di poter tornare in patria; ma la morte dell'imperatore, avvenuta nel 1313, troncava per sempre ogni disegno. Rifugiatosi nuovamente alla corte di Can Grande della Scala a Verona, Dante passò poi a quella di Guido Novello da Polenta, a Ravenna, dove, la notte dal 13 al 14 settembre 1321, cinquantaseienne, chiuse la sua tormentata vita.

Le opere che ci ha lasciato sono: la *Vita Nuova*, scritto autobiografico, parte in prosa e parte in versi, in italiano; le *Rime*, in italiano, raccolta di liriche composte in tempi diversi, che vanno da quello giovanile a quello dell'esilio; il *Convivio*, incompleto ed in italiano, raccolta di dotti commenti, sotto forma di trattati, a tre sue canzoni; il *De Vulgari Eloquentia*, in latino, ove si rivendica la nobiltà della lingua italiana; il *De Monarchia*, pure in latino, a difesa del potere imperiale; le *Epistole*, indirizzate a diversi; la *Quaestio de Aqua et Terra*, in latino: le *Ecloghe*; ed infine la *Commedia*, che i posteri chiamarono «divina», uno dei sommi monumenti della poesia e della civiltà di tutti i tempi, racconto di un viaggio che il poeta immaginò di compiere attraverso i tre regni dell'oltretomba. L'intero poema è composto, perciò, di tre Cantiche, *Inferno*, *Purgatorio* e *Paradiso*, di trentatré Canti ciascuna, più un Canto d'introduzione: cento Canti in tutto; la forma metrica è la terzina di endecasillabi; tutte e tre le Cantiche si chiudono con la parola «stelle»; il numero dei versi non presenta forti differenze fra Canto e Canto. Anche nella sua architettura esteriore, quindi, il poema osserva mirabili leggi di simmetria e di armonia.

Il testo del poema qui riprodotto è quello critico della «Società Dantesca Italiana», solo in minima parte modificato, secondo suggerimenti contenuti nelle recentissime edizioni dei più autorevoli fra i moderni dantisti. Al presente volume fanno seguito, nella medesima collana, il *Purgatorio* (volume SC133) e il *Paradiso* (volume SC134).

BIBLIOGRAFIA RAGIONATA

Per un'idea delle varie letture che nel corso del tempo ha avuto la *Commedia*, ecco alcune essenziali indicazioni bibliografiche dei testi italiani più importanti tra Ottocento e Novecento, in ordine cronologico: sono testi che offrono angoli di visuale interessanti e utili alla comprensione.

Francesco De Sanctis, *Storia della letteratura italiana* (edizione originale 1870), i cui due volumi sono ora editi da Feltrinelli: fa per primo una lettura critica moderna di episodi e personaggi famosi: per esempio, Francesca da Rimini, la protagonista del canto V dell'*Inferno*. Lo studio di De Sanctis testimonia il risveglio dell'interesse per Dante che in generale il secolo del Romanticismo, l'Ottocento, porta con sé.

Giovanni Pascoli, *La mirabile visione* (edizione originale 1902), disponibile nelle *Opere*, a cura di M. Perugi, Milano-Napoli 1980-81: offre un'interpretazione esoterica del poema, presentando Dante come un iniziato; la sua lettura influenza, tra gli altri, il suo allievo Luigi Valli.

Luigi Valli, *Il linguaggio segreto di Dante e dei fedeli d'amore* (edizione originale 1928), ora ristampato da Luni (Milano, 1994). Valli è il più famoso tra gli studiosi che fanno di Dante un iniziato, e che ritengono che il suo poema parli un doppio linguaggio: uno di superficie comprensibile ai più e uno cifrato decifrabile solo dagli altri iniziati. Per esempio, secondo Valli Beatrice non sarebbe mai stata una donna autentica, ma solo una figura simbolica. Rappresenterebbe la Sapienza in materia di misteri religiosi.

Benedetto Croce ne *La poesia di Dante* (edizione originale 1929), oggi reperibile in *Poesia popolare e poesia d'arte. Studi sulla poesia italiana dal Tre al Cinquecento*, a cura di P. Cudini, Bibliopolis, Napoli 1991. Croce diede un'interpretazione molto letteraria e decisamente non esoterica del poema sacro: distinse gli aspetti del poema che secondo lui nascevano da autentica ispirazione poetica, da quelli che invece costituiscono una specie di supporto, di impalcatura allegorica. L'idea di Croce era di focalizzare l'attenzione sul fatto che Dante fosse innanzitutto un poeta, e che anche la sua interpretazione filosofica del mondo viene studiata perché è un grande poeta. Invece al suo tempo si privilegiava in modo eccessivo l'aspetto teologico o storico della sua opera. Tuttavia la lettura di Croce ebbe a sua volta un'influenza riduttiva su alcuni passi della *Commedia* che vennero trascurati e che invece meriterebbero tutta l'attenzione.

Bruno Nardi, *Saggi di filosofia dantesca*, La Nuova Italia, Firenze 1967. In questo libro Nardi raccoglie diversi articoli in cui analizza le componenti della cultura filosofica di Dante: scoprendo l'importanza che rivestono il neoplatonismo e la cultura araba, accanto al noto Tommaso d'Aquino. Insomma, una fisionomia di Dante più originale.

Gianfranco Contini, *Un'idea di Dante*, Einaudi, Torino 1976. Contini è il caposcuola di un procedimento filologico e stilistico raffinato: studia le abitudini stilistiche dell'autore, e ne trae delle costanti, vere e proprie regole per stabilire, a volte, se un'opera di dubbia attribuzione appartiene al poeta della *Commedia*. Restano memorabili le sue interpretazioni della poesia stilnovistica e di alcuni celebri passi del poema sacro.

Cesare Segre, *Fuori del mondo. I modelli nella follia e nelle immagini dell'Aldilà*, Einaudi, Torino 1990. Qui la *Commedia* viene messa in riferimento con i suoi precedenti letterari più vicini per genere, come appunto le visioni e i viaggi nell'Aldilà; per la prima volta dopo molto tempo, Segre ipotizza la conoscenza da parte di Dante di un viaggio nell'Aldilà appartenente alla cultura araba, il *Libro della Scala di Maometto*, tradotto nel 1264 in latino e in francese antico alla corte di Alfonso X di Castiglia.

Franco Ferrucci, *Il poema del desiderio. Poetica e passione in Dante*, Leonardo, Milano 1990. Un'interpretazione molto originale del poema: Dante si sente soprattutto un erede dei grandi poeti epici latini, tra cui soprattutto Virgilio. Si propone quindi come un nuovo Orfeo, ma per lettori cristiani. La scelta di comporre la *Commedia* risponde a quest'esigenza di tornare alla poesia dopo l'esperienza negativa del *Convivio*, che sarebbe rappresentato dalla «selva oscura» del canto I.

Guglielmo Gorni, *Lettera nome numero. L'ordine delle cose in Dante*, Il Mulino, Bologna 1990. Un'interpretazione sorprendente delle somiglianze e dei legami fra la *Vita Nuova* e la *Commedia*, fatta risaltare dalle conoscenze del poeta dei significati simbolici segreti dei numeri e dei nomi. Per esempio il nome di Beatrice, e il forte significato sacro del tre e del nove. Si deve sempre a Gorni la scoperta che in Dante era molto sentito uno spirito profetico di origine biblica.

Maria Corti, *Percorsi dell'invenzione*, Einaudi, Torino 1993. Gli ultimi studi di un'appassionata studiosa di Dante, che trova nuovi libri da aggiungere alla biblioteca del poeta: un antico libro teologico sul valore divino della luce, molto usato nella cantica del *Paradiso*, e appunto il *Libro della Scala* arabo.

Vittorio Sermonti, *L'Inferno di Dante*, Rizzoli, Milano 1988; *Il Purgatorio di Dante*, ibidem 1990; *Il Paradiso di Dante*, ibidem 1993. Una lettura di tutto il poema, canto per canto, di uno scrittore intelligente e gradevolissimo, innamorato di Dante a tal punto da renderlo attuale come non mai: un anticipatore della narrativa moderna.

Ma negli ultimi anni non solo gli italiani si sono distinti nello studio di Dante: anzi, è diventata particolarmente importante una scuola di studi danteschi nelle università americane, così viva e acuta da contendere il primato agli studiosi del nostro paese. Seguono alcuni autorevoli testi di autori, tedeschi e americani, che hanno contribuito a farci comprendere nuovi aspetti del poeta:

Erich Auerbach, *Studi su Dante*, Feltrinelli, Milano 1980 (VIII edizione). Studioso del realismo nella letteratura della civiltà occidentale, è il primo a parlare dell'uso nella *Commedia* del «metodo figurale» già presente nella Bibbia: alcuni personaggi incontrati da Dante nel suo viaggio sono «figure» di lui stesso. Mettono in evidenza, cioè, aspetti del suo carattere o della sua vita che voleva superare ma dai quali era stato profondamente segnato. Per esempio, l'incontro con Francesca da Rimini rappresenta il distacco dalla poesia d'amore, nei suoi aspetti che lo distoglievano dall'unico vero amore, quello per Dio.

Charles Singleton, *La poesia della Divina Commedia*, Il Mulino, Bologna 1978. Offre un'approfondita lettura dei simbolismi «medievali» del poema, cercando di avvicinarsi il più possibile alle fonti del pensiero dantesco, di leggere i versi con gli occhi del suo tempo. Mostra così come tutto nella Commedia abbia un valore e un significato, che ai lettori dell'epoca la rendeva un'opera dalla «dimensione pubblica».

John Freccero, *Dante. La poetica della conversione*, Il Mulino, Bologna 1989. Allievo di Singleton, è attualmente uno dei maggiori esponenti del dantismo americano. Ha trovato il legame fra Dante e alcuni testi cristiani molto antichi e poco noti, che fanno da modelli simbolici a passi importanti. Per esempio, degli *Atti di Giovanni*, apocrifi, in cui i dodici apostoli cantano e danzano ritualmente intorno a Gesù, suggeriscono il cerchio dei dodici spiriti sapienti intorno a Dante e Beatrice, simile a una danza, nel canto X del *Paradiso*.

INFERNO

Il viaggio comincia. Faticosamente, con una certa paura. È il tramonto, tutti stanno per ritirarsi nelle loro case, per cenare e riposare. Tutti, tranne uno, per il quale comincia un difficile viaggio, che, si rende conto, non rappresenta una prova inutile, perché sarà poi strumento di crescita per l'umanità intera.

Prima di mettersi in cammino, Dante ha avuto dei gravi dubbi: non si è sentito all'altezza del compito. Ma Virgilio lo ha rassicurato: anche se lui non è Enea, e nemmeno San Paolo, due altri grandi protagonisti di esperienze di viaggio nell'Aldilà, il suo viaggio è voluto da Dio. Glielo garantisce la visita di una donna beata, che Dante stesso conosce bene, la quale ha cercato Virgilio scendendo addirittura nel Limbo: Beatrice tiene così tanto a questo viaggio, vuole così intensamente che il suo protetto raggiunga il Cielo, che ha portato fin dentro all'Inferno il messaggio che le era stato affidato da Santa Lucia, a sua volta protettrice di Dante. Ma Lucia aveva anche lei ricevuto l'invito da una beata ben più illustre, la più illustre di tutte: la Madonna. Tre «donne benedette» vegliano su Dante dall'alto dei cieli, e Virgilio è solo un temporaneo intermediario, scelto per le sue doti eccezionali fra gli esclusi dalla beatitudine.

Così il viaggio di Dante, pur cominciando dal peggiore dei tre regni, dall'Inferno, si apre all'insegna della bellezza paradisiaca di tre personaggi femminili, che dal Paradiso «scendono all'Inferno» in nome del bene. Di nuovo, dopo l'esperienza degli anni giovanili, la poesia di Dante è all'insegna di una femminilità trionfante, dopo l'esperienza della *Vita Nuova*, di cui era protagonista la bellissima Beatrice: ma non è una bellezza carnale, nemmeno qui. È una bellezza tutta spirituale, che simboleggia l'assenza di istinti bassi o malvagi, delle colpe di lussuria, avidità e superbia che tanto serpeggiano per l'umanità. Tanto che si incarnano nelle tre belve che attaccano Dante mentre sale sul colle. Le tre donne benedette, e soprattutto Beatrice, sono il simbolo della purezza a cui Dante aspira, e che lo guida verso di sé con mezzi accattivanti: la sapienza divina, la conoscenza che solo la Grazia di Dio può trasmettere all'uomo. Perché da solo, con la sua mente limitata, non potrebbe mai raggiungerla.

VIRGILIO, AMATA GUIDA

Sarebbe inadeguato per un abitante del cielo, forse, scendere dentro l'Inferno per guidare Dante. Ecco perché Beatrice stessa non accompagna il suo amato poeta fin dal viaggio all'Inferno. O forse, invece, Dante è felice di avere questa guida straordinaria, il più grande poeta della latinità classica: per lui essere accompagnato da Virgilio, anche se non è un arcangelo o un cherubino, è un grandissimo onore. Perché di Virgilio ha letto, riletto e amato il poema capolavoro, l'*Eneide,* e ha capito le doti straordinarie di questo poeta ancora pagano, ma già stanco del paganesimo e proteso verso un Dio unico e misericordioso.

Ha visto inoltre che Virgilio stima e difende l'impero; per lui è un fatto doveroso, quasi naturale, perché vive al tempo di Augusto. Ma per Dante, che deve lottare per imporre quest'idea di impero ancora al suo tempo, in cui sta per essere cancellata, è un segno del volere divino. Virgilio non può che essere la sua guida per i primi due regni. È la guida migliore, perché ha dimostrato col suo poema che cosa può la mente dell'uomo anche senza l'aiuto di Dio.

Col viaggio all'Inferno si stabilisce e si consolida il rapporto tra il viaggiatore dell'Aldilà, il pellegrino che ha per meta il santuario eterno, Dante, e la sua guida generosa e sapiente, Virgilio. Sarà lui a mostrargli per prima cosa, all'ingresso dell'Inferno, le «segrete cose», i misteri dell'Aldilà, come in un'iniziazione. Nonostante questi meriti, Virgilio resta una guida che non potrà condurre Dante alla meta ultima: condannato dalla sua assenza di fede, dovrà lasciare il suo allievo al culmine del Purgatorio. Gli sarà concesso solo di poter entrare nel Paradiso Terrestre, ma non potrà mai, neppure per un istante, vedere Dio.

Eppure, Virgilio è un modello di poesia e di umanità per Dante, molto al di là dell'ammirazione di cui già poteva godere tra gli intellettuali del suo tempo: lo si vede in parecchi episodi dell'*Inferno*. È il suo insegnamento, il suo consiglio, la sua opinione che Dante cerca sempre, affidandosi alle sue parole come a una fonte di saggezza assoluta. Quando nel canto III si affaccia alla prima mostruosa folla di anime morte, la sterminata schiera dei Pusillanimi, rifiutati da Dio e da Lucifero perché non presero mai posizione in vita loro, è Virgilio a suggerirgli di non «curarsi di loro», ma di passare oltre. Perché non meritano nemmeno l'onore di un colloquio. È sempre Virgilio, orgoglioso del suo discepolo, a «presentarlo in società» nel canto IV, mostrandolo al gruppo dei poeti epici greci e latini nel luminoso giardino dei grandi spiriti del Limbo: Omero, Orazio, Ovidio, Lucano accolgono Dante tra loro, e, con Virgilio, il poeta di Firenze guadagna il sesto posto in questa classifica dei più straordinari intelletti poetici di tutti i tempi.

Poi ci sono i casi in cui la guida deve diventare anche guardia del corpo: appena, nel canto IX, si arriva alla terribile città di Dite cominciano i guai e per riuscire a entrare contro le spaventose minacce dei diavoli sulle mura, Virgilio deve far intervenire un potente Messo Celeste. Altra esperienza da brivido per Dante, nel canto XXI, è l'incontro coi violenti e truffaldini diavoli Malebranche. Anche qui l'intervento di Virgilio è indispensabile, o il pellegrino dell'aldilà finirebbe «arruncigliato», cioè appeso come una lontra ai loro uncini acuminati. Anche se poi Virgilio stesso si troverà in difficoltà e sarà costretto a fuggire, approfittando di una provvidenziale zuffa tra diavoli nel canto successivo, perché i Malebranche lo avevano ingannato. Virgilio è troppo onesto e integro, a volte, per i subdoli guardiani dei dannati.

Ma sa essere anche molto discreto: quando Dante incontra personaggi che gli possono offrire rivelazioni o suggerimenti importanti per la sua anima, sa farsi da parte, pur dopo averlo incoraggiato a parlare con loro. Il caso più evidente, e commovente, è l'episodio di Brunetto Latini nel canto XV, in cui la presenza di Virgilio si avverte appena. Delicatezza ancora più ammirevole, se si pensa che Brunetto fu il maestro di Dante, in un certo senso, prima di Virgilio stesso. Prima, e non dopo, nonostante i secoli che li dividono: perché adesso a guidarlo nel viaggio della conoscenza è il poeta latino, e non l'intellettuale di Firenze. Un poeta che sa persino improvvisarsi alpinista, tante sono le risorse di chi usa abitualmente l'intelletto: è grazie all'agilità di Virgilio che i due possono uscire dall'Inferno e passare all'altro emisfero, dove si innalza il Purgatorio. È sempre Virgilio che insegna al suo allievo, da vero atleta questa volta, come aggrapparsi ai lunghi peli del corpo di Lucifero, per poi, con una capriola, ritrovarsi di nuovo con la testa rivolta verso il cielo. Anche se è il cielo dell'emisfero australe.

È dunque un'affettuosa armonia che permette ai due di andare avanti, quasi un autentico amore tra padre e figlio: tant'è vero che, tanto più spesso quanto più procede la discesa, Virgilio chiama Dante «figlio» e Dante chiama Virgilio «padre».

Per entrare bene nell'atmosfera dell'*Inferno*, bisogna tenerne a mente tre caratteristiche fondamentali: l'Inferno è una cavità completamente buia, in cui ristagna un'aria fosca e densa, che l'autore definisce di color «perso», nero con una cupa sfumatura di rosso. Dato che è il regno del male, Dio ne è completamente assente e anzi lontano. E dato che Dio è pura luce, l'Inferno è il luogo più buio dell'universo, è il luogo buio per eccellenza. Perciò ci si abituerà presto al fatto che, a ogni ingresso di Dante in un girone diverso, una diversa caratteristica del paesaggio circostante viene offerta ai lettori. Lentamente, passo dopo passo. Questo non solo per costruire un crescendo di tensione, ma anche per coerenza con la percezione che Dante stesso ha del mondo infernale: lenta, appunto, graduale, una percezione che passa attraverso i sensi dell'udito e dell'olfatto, e pochissimo per quello della vista. Capita a volte che per lungo tempo, prima di riuscire a scorgere i contorni di un nuovo girone, il viaggiatore privo di ogni altro punto di riferimento sia costretto a ricostruire ciò che ha intorno a sé attraverso i lamenti, o i rumori che ode, o addirittura attraverso il puzzo insopportabile che gli arriva alle narici. È il caso, per esempio, del cerchio dei lussuriosi, trascinati da una bufera che non cessa mai, i quali si annunciano coi loro alti lamenti; o dei barattieri, che, totalmente immersi nella pece bollente, restano a lungo invisibili e sono annunciati dal suo cupo ribollire.

Questa «costruzione cieca» del paesaggio è di grande realismo e al tempo stesso di grande suggestione: contribuisce a fare dell'*Inferno* un racconto di tensione, avventuroso e sorprendente, e fa sì che i lettori si sentano co-protagonisti, con Dante, dell'avventura.

Altra caratteristica: la materialità del paesaggio. L'Inferno ha un paesaggio molto poco soprannaturale, anzi molto fisico e simile a quello terreno: possiede dirupi, sentieri, pontili, e persino fonti ribollenti, fiumi e laghi, città fortificate con mura e torri. Un esempio memorabile è la «Città di Dite» in cui sono rinchiusi coloro che più gravemente peccarono, dagli eretici fino ai più spregevoli, i traditori: Dante la vede preannunciata da torri di guardia da cui partono segnalazioni luminose all'arrivo suo e di Virgilio. Esattamente come avveniva, nella realtà, in una città fortificata medievale. O una città araba, con allusione al mondo peccaminoso degli infedeli, perché le alte torri che sporgono da sopra le mura somigliano a cupole di moschee e forse a minareti.

Terza caratteristica: man mano che procedono Dante e Virgilio, il lettore si renderà sempre più conto che la loro direzione è immancabilmente la sinistra. Si scoprirà solo alla fine il senso di questo particolare: l'Inferno è un cono col vertice rivolto all'ingiù, una cavità nella terra in cui tutto è rovesciato rispetto al regno della giustizia, al regno in pace con Dio. Dal momento in cui vi entrano, Dante e Virgilio sono come due scalatori alla rovescia, è come se scendessero con la testa in giù e i piedi in alto. Un po' come gli spericolati che discendono perpendicolari alle pareti esterne gettandosi dai tetti dei grattacieli.

Quindi, in realtà, anche all'Inferno i due poeti viaggiatori stanno procedendo verso destra, la direzione di Dio: solo che Dante, e con lui i lettori, non lo sanno, e lo scopriranno solo alla fine della cantica. La spirale verso sinistra e in basso che Dante e Virgilio tracciano coi loro spostamenti giù per i gironi infernali è l'anticipazione speculare della spirale verso destra e in alto che traceranno salendo lungo le terrazze del Purgatorio. Che è come la continuazione dell'imbuto infernale, ma nell'altro emisfero. In effetti l'attraversamento dell'Inferno, con le sue brutture, i suoi spaventi e le sue dure emozioni, anche se in apparenza sembra portare solo al fondo di ogni male, è il primo passo del viaggio che avvicina a Dio.

Dio, come si diceva, all'Inferno non c'è. Tant'è vero che il suo nome, così com'è non viene mai pronunciato. Ma c'è la sua giustizia, che si manifesta attraverso la legge del contrappasso. Uno dei motivi di fascino della *Commedia*, per cui è rimasta impressa nella memoria di generazioni di lettori, è proprio la complessa e potente costruzione delle corrispondenze tra colpe terrene e punizioni eterne. Dante si incontra con peccatori dalla personalità indomabile, ancora in apparenza in grado di sfidare Dio, irrigiditi nel peccato che li dannò, e così impara i peccati. Comprende in quanti modi l'umanità può offendere Dio, interferendo con l'ordine dell'universo. Ma soprattutto comprende come quest'ordine prevalga comunque, persino qui, nel regno del male, con la simmetria delle colpe e delle pene eterne. L'eternità è la peggiore punizione dei dannati: essi sanno che non finiranno mai di scontare la loro scelta di peccato nella vita terrena. Poi, per ogni colpa prevalente, la pena prima e più ancora di punire ristabilisce la giustizia, l'ordine dell'universo che era stato turbato. Tant'è vero che andare incontro alla pena diventa una volontà vera e propria dell'anima dannata: appare già nell'Antinferno, al momento di passare sul fiume Acheronte, quando le anime addirittura si gettano sulla barca del traghettatore Caronte, nel canto III. Ma poi alcuni personaggi che Dante incontra sembrano persino fieri della loro colpa e della loro pena, come l'eretico Farinata degli Uberti, impettito e orgoglioso, il ladro Vanni Fucci che fa un gestaccio a Dio e viene subito punito, o come il dolente conte Ugolino della Gherardesca, che eternamente rode la nuca dell'arcivescovo Ruggieri, assassino suo e dei suoi figli.

Le leggi che regolano il contrappasso sono quelle dell'analogia e dell'opposizione, e agiscono in sinergia: aprono infinite possibilità all'autore di creare scene e figure capaci davvero di imprimersi nella memoria. I golosi del canto VI, che nella loro vita si ridussero ad animali per soddisfare il loro impulso a divorare cibo, nell'Inferno sono a loro volta divorati da una belva mostruosa, Cerbero, che si può «servire il pasto» comodamente, perché li trova prostrati a terra da una pioggia mista a fango. Sbranarono il cibo come bestie, e sono sbranati come cibo da una bestia: analogia e opposizione sono perfette. Altro caso famoso nel canto XXVI: Ulisse e Diomede, puniti come «falsatori di parola», cioè traditori della fiducia del loro prossimo con l'uso suadente del linguaggio. Essi trascorrono l'eternità nascosti dentro una fiamma, anzi una lingua di fuoco doppia: Dante così li incontrerà e potrà parlare con Ulisse, ma non vederlo. La doppiezza è punita nella doppia fiamma; il fuoco è «ladro» della loro immagine, come essi furono ladri della verità; nella vita usarono la lingua per ingannare, e in eterno sono rinchiusi in una lingua di fuoco. Anche qui, il contrappasso è sottile ed efficace, oltre che evidente. Un esempio davvero agghiacciante è nel canto XXVIII: il trovatore provenzale Bertran de Born, dannato perché seminò discordia fra il re d'Inghilterra e suo figlio, vaga in eterno col corpo decapitato, tenendo in mano davanti a sé, a mo' di lucerna, la testa spiccata dal corpo, dalla quale vede, ode e parla a Dante. Divise, e ora prova su di sé l'orrore della divisione. Per l'eternità. Tanto può e vuole la giustizia divina.

PECCATORI E PECCATI: UNA GERARCHIA DEL MALE

Poiché Dante aveva una mente attiva e indipendente, si è riservato grande libertà nell'elaborare queste pene spettacolari, e soprattutto nella scelta della successione dei peccati. Che non è casuale, né priva di significato, ma anzi corrisponde a una gerarchia di gravità. Il cui ordinamento è spiegato da Virgilio nel canto XI.

Immaginiamo l'Inferno come un imbuto infisso dentro la terra, con la parte più larga in alto, vicina alla superficie, e quella più stretta al centro del pianeta. I peccatori, stipati in gironi lungo le pareti dell'imbuto, occupano un piano tanto più alto, quanto più lieve è agli occhi della giustizia divina la loro colpa mortale per l'anima. Naturalmente, è Dante a orchestrare la disposizione nel suo *Inferno* e, guarda caso, i meno abietti, i meno disprezzabili, sono i lussuriosi, quelli che si abbandonarono alle gioie della carnalità, con Paolo e Francesca nel canto V a ricordarli tutti. C'è chi ha avanzato l'indiscreta ipotesi che Dante stesso avesse commesso qualche impresa di tal genere, e perciò fosse particolarmente indulgente con questi peccatori. Perché metterli più in alto persino dei golosi, altrimenti? Tuttavia, la nobiltà della passione che unisce due corpi e due cuori è innegabilmente maggiore rispetto a quella che costringe a non alzarsi mai dalla tavola. Col rischio di una metamorfosi in maiali. Seguono ai golosi avari e prodighi, che non diedero il giusto valore ai loro beni, quindi gli iracondi, incapaci di trattenere i loro impeti di rabbia.

Con loro finisce la serie di peccatori per incontinenza, cioè mancato controllo delle proprie passioni, e finisce l'Alto Inferno. Poi si erge con le sue mura e torri e cupole la città infernale per eccellenza, la città di Dite: e in essa è racchiuso il Basso Inferno, il ricettacolo dei peggiori. Perché se l'incontinenza è colpa di mancato dominio di istinti negativi, da qui in poi la colpa è di cattiva volontà, e la «malizia», la malvagità vera e propria, si aggiunge alla debolezza. Ecco quindi, in ordine di apparizione: eretici; violenti contro il prossimo, contro se stessi, contro Dio e contro natura, cioè sodomiti e usurai. Infine, nella zona dell'abiezione più cieca, dove le pene sono spaventose e ributtanti, penano in eterno coloro che ingannarono il prossimo, i colpevoli di frode verso i loro simili. In Malebolge, dieci stretti e profondi fossati in cui il puzzo e il buio sono al massimo grado, luogo che più di ogni altro merita la definizione di «cieco carcere», sono stivati, accalcati l'uno sull'altro, quelli che perpetrarono l'inganno contro chi non aveva ragione di fidarsi di loro: ruffiani e seduttori; adulatori; simoniaci, cioè ecclesiastici corrotti che fecero del sacro il loro commercio; indovini; barattieri, cioè amministratori disonesti del denaro pubblico; ipocriti; ladri; consiglieri fraudolenti; seminatori di discordie; falsari.

Nel nono cerchio, l'ultimo, dominato dal glaciale vento di Lucifero e invaso dal ghiaccio della palude di Cocito, sono imprigionati quelli che tradirono chi aveva fiducia in loro: e sono i traditori dei parenti, i traditori della patria, traditori degli ospiti e i traditori dei benefattori. In assoluto più abietti fra tutti gli uomini, Bruto, Cassio e Giuda, che tradirono rispettivamente Cesare e Gesù, sono letteralmente in bocca a Lucifero, l'angelo che tradì la fiducia del suo Creatore. L'ordine dimostra quanto poco Dante facesse affidamento sulla lealtà dei parenti che, in fondo, sono persone che nessuno si è potuto scegliere.

PROFETI E PROFEZIE INFERNALI

Comincia nella prima cantica una lenta e progressiva prefigurazione della vita futura di Dante. Futura per il tempo in cui si svolge il viaggio, già passata per il tempo in cui l'autore ne compone il resoconto. È il meccanismo della cosiddetta «profezia *post eventum*»: la cantica è percorsa da una serie di squarci su avvenimenti verificatisi tutti dopo la primavera del 1300, e che perciò Dante, mentre scriveva la *Commedia*, già conosceva. In effetti, si tratta sempre di fatti riguardanti la sua vita. Il primo a mettere in allarme il protagonista del viaggio con frasi sibilline è il goloso Ciacco, nel canto VI: ma è solo una vaga premonizione sul destino di Firenze. Ben diverso il tono del suo antico concittadino Farinata degli Uberti nel canto X: qui è in gioco la vita di Dante, il suo futuro di fiorentino. Farinata gli predice, per la prima volta, che andrà in esilio. Toccherà a Virgilio consolare lo sconvolto Dante, dandogli modo di apprendere come la malvagità dell'Inferno alligni anche in queste profezie pronunciate da dannati: essi infatti possono vedere lontano nel futuro, ma non sanno nulla del presente. Per non dimenticare, se mai ce ne fosse la possibilità, che anche l'Inferno è un regno dell'oltremondo, Dante ci svela che ogni anima dannata, dal momento stesso in cui raggiunge la sua galera eterna, diventa profeta, più volentieri di sventura. Ma quando verrà il giorno del Giudizio, anche questa «vista da presbiti» dei dannati sarà loro negata e davvero la dannazione sarà un'eterna cecità. Triste immagine della loro anima, morta a Dio e quindi cieca nei confronti della sua luce.

Quella delle profezie è un'impalcatura che percorre le tre cantiche, per culminare nel *Paradiso*. Sarà solo nell'ultima cantica che i primi accenni, ancora molto vaghi, a un destino di esilio e sofferenza, si arricchiranno di dettagli e assumeranno un significato chiaro, soprattutto perché inscritto in un progetto più ampio, voluto da Dio per il rinnovamento del mondo. Anche nell'*Inferno* compare una solenne profezia che esce dall'ambito personale del poeta: è la famosa predizione del «veltro», il misterioso «cane da caccia» capace di cacciare il male dal mondo e riprecipitarlo nell'Inferno, non si sa se con i mezzi pacifici del predicatore o con quelli aggressivi del condottiero. Si affaccia subito nel canto I, quindi si può dire che tutta la *Commedia* si apre all'insegna della profezia. Riapparirà infatti in termini diversi ma non meno suggestivi nella terza cantica. Il cerchio allora si chiuderà, e l'autentico spirito profetico da cui Dante è animato apparirà evidente.

L'«INFERNO» E LA CHIESA

Fanno parte di quest'esigenza di aprire una finestra sul futuro, di spazzare via il male col vento profetico delle predizioni e degli appelli ai lettori, le invettive, cioè le feroci tirate critiche e polemiche dell'*Inferno* contro i pontefici e la Chiesa corrotta.

Di pontefici, oltretutto, all'Inferno Dante ne ha messi

quattro: uno è Anastasio II, un papa vissuto nel V secolo, che condivide la pena della tomba infuocata con Farinata e gli eretici; gli altri sono Niccolò III, già presente in anima nella bolgia dei simoniaci, sepolto a testa in giù in uno stretto foro, coi piedi eternamente scottati da una fiamma che non muore mai. E poi, due non ancora morti alla primavera del 1300: Bonifacio VIII e Clemente V. Non ancora morti, ma già sicuramente destinati a succedergli nella scomoda posizione, come assicura lo stesso Niccolò, profeta in quanto dannato. Bonifacio VIII è uno dei personaggi che meno appaiono direttamente, ma al quale vengono rivolte le più feroci allusioni nella *Commedia*: nemico personale di Dante per la sua politica invasiva degli affari della città-stato Firenze, è secondo lui il rappresentante più negativo della corruzione della Chiesa: è persino anticristiano, persino nemico di Dio, come chi usa le armi del tradimento, della falsità e della calunnia. Con la sua influenza potente, riesce a manovrare in modo che Dante subisca l'ingiusta condanna e l'esilio. Clemente V invece fu responsabile dello scisma della Chiesa, trasportando la sede pontificia da Roma ad Avignone, in Francia.

L'invettiva del canto XIX, quello appunto ambientato nella bolgia dei simoniaci, è tra le più violente e al tempo stesso commosse di tutto il poema. Aprirà persino una simmetria tra il buio Inferno e lo splendente Paradiso, perché anche il regno della beatitudine sarà lacerato da squarci di violenza verbale inaspettata: quando San Pietro, e persino la soave Beatrice, non ce la faranno più a trattenere il loro sacrosanto risentimento contro gli uomini di Chiesa che agiscono contro Dio. Anche se dovrebbero essere l'esempio per i fedeli, essendo pontefici.

In questi versi si scopre un'immagine autentica di Dante in sintonia con un'esigenza probabilmente molto diffusa e sentita nel suo tempo: il ritorno del cristianesimo, della comunità dei fedeli come degli ecclesiastici, a una purezza antica, alla povertà e semplicità che unirono i primi cristiani, prima che la Chiesa diventasse un'istituzione politica, prima che le alte gerarchie ecclesiastiche preferissero la ricchezza e il potere al dovere-diritto di guidare il loro gregge di credenti.

È contro questi pastori trasformati in lupi, contro questi corrotti corruttori del bene originario della Chiesa, che Dante, nonostante la sua fede, non riesce a rispettare quella che dovrebbe essere una regola per un buon cristiano: il perdono. Anzi, non sembra nemmeno ricordare che esiste. Eppure, il perdono dovrebbe rendere, più di ogni altra qualità, i cristiani davvero cristiani. Invece no: Dante si sente davvero all'Inferno quando si tratta di condannare un papa indegno. Lo testimoniano le parole di fuoco, in sintonia con la circostante atmosfera maligna, che inventa per cancellarne ogni ricordo positivo dalla mente dei lettori.

BIANCA GARAVELLI

DIVISIONI DELL'INFERNO DANTESCO

LUOGO	DANNATI	PENA	PERSONAGGI PRINCIPALI	CANTO
VESTIBOLO	*ignavi*	corrono nudi punti da vespe e mosconi	*Caronte; Celestino V* (F)	III
CERCHIO I Limbo	*virtuosi non battezzati*	desiderano invano di veder Dio	*Grandi spiriti dell'antichità*	IV
CERCHIO II INCONTINENTI	*lussuriosi*	travolti dalla bufera	*Minòs; Paolo e Francesca*	V
CERCHIO III INCONTINENTI	*golosi*	flagellati dalla pioggia e straziati da Cerbero	*Cerbero; Ciacco*	VI
CERCHIO IV INCONTINENTI	*avari e prodighi*	spingono dei pesi e si insultano	*Pluto*	VII
CERCHIO V INCONTINENTI	*iracondi ed accidiosi*	immersi nello Stige	*Flegiàs; Filippo Argenti*	VII VIII
CERCHIO VI Città di Dite	*eretici*	giacciono in tombe infocate	*Farinata degli Uberti; Cavalcante*	IX X XI
CERCHIO VII VIOLENTI				
Girone I	*violenti contro il prossimo*	tuffati nel Flegetonte	*Minotauro; Centauri; Alessandro Magno; Dionisio siracusano; Ezzelino da Romano*	XII
Girone II	*suicidi e scialacquatori*	mutati in piante (suicidi) inseguiti da cagne (scialacquatori)	*Arpìe; Pier della Vigna*	XIII
Girone III	*bestemmiatori; sodomiti; usurai*	sotto una pioggia di fuoco stan supini (bestemmiatori), camminano (sodomiti), stan seduti (usurai)	*Capaneo; Brunetto Latini; Gerione*	XIV XV XVI XVII
CERCHIO VIII Malebolge. FRODOLENTI IN CHI NON SI FIDA				
Bolgia I	*ruffiani e seduttori*	sferzati dai demoni	*Venedico Caccianemico; Giasone*	XVIII
Bolgia II	*adulatori e lusingatori*	immersi nello sterco	*Alessio Interminelli; Taide*	XVIII

LUOGO	DANNATI	PENA	PERSONAGGI PRINCIPALI	CANTO
Bolgia III	*simoniaci*	confitti a capo in giù con i piedi in fiamme	*Niccolò III*	XIX
Bolgia IV	*maghi e indovini*	camminano all'indietro avendo il capo stravolto	*Tiresia; Manto; Michele Scotto*	XX
Bolgia V	*barattieri*	sommersi nella pece bollente e uncinati dai diavoli	*I Malebranche; Ciampolo di Navarra; Frate Gomita; Michel Zanche*	XXI XXII
Bolgia VI	ipocriti	coperti di cappe di piombo	*Catalano; Loderingo; Caifas*	XXIII
Bolgia VII	*ladri*	corrono e si trasformano in rettili	*Vanni Fucci; Caco*	XXIV XXV
Bolgia VIII	*consiglieri di frode*	girano avvolti da fiamme	*Ulisse e Diomede; Guido da Montefeltro*	XXVI XXVII
Bolgia IX	*scismatici e seminatori di discordie*	straziati variamente a colpi di spada	*Maometto; Alì; Pier da Medicina; Curione*	XXVIII XXIX
Bolgia X	*falsari: di metalli, di persone, di monete, di parole*	lebbrosi e scabbiosi (falsari di metalli), corrono rabbiosi (f. di persone), idropici (f. di monete), febbricitanti (f. di parole)	*Gianni Schicchi; Mirra; Maestro Adamo; Moglie di Putifarre; Simone*	XXIX XXX
CERCHIO IX Cocito FRODOLENTI IN CHI SI FIDA				
Zona I Caina	*traditori di parenti*	immersi nel ghiaccio col viso rivolto in giù	*Giganti; Mordrèc; Focaccia de' Cancellieri; Camicione de' Pazzi*	XXXI XXXII
Zona II Antenora	*traditori della patria*	immersi nel ghiaccio col viso rivolto in su	*Gano di Maganza; Conte Ugolino; Arcivescovo Ruggieri*	XXXII XXXIII
Zona III Tolomea	*traditori degli ospiti*	stesi sotto il ghiaccio con gli occhi congelati	*Frate Alberigo; Branca d'Oria*	XXXIII
Zona IV Giudecca	*traditori dei benefattori*	interamente sommersi dal ghiaccio	*Lucifero; Giuda; Bruto; Cassio*	XXXIV

SCHEMA DELL'INFERNO DANTESCO

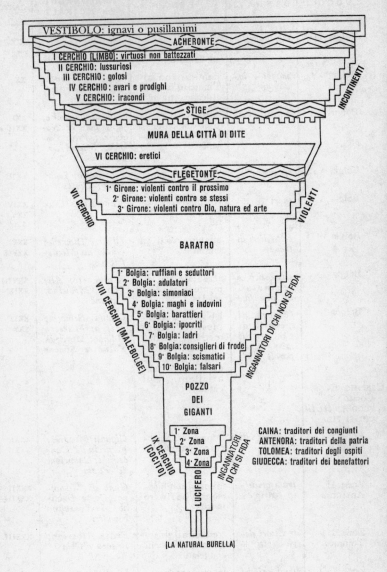

VESTIBOLO: ignavi o pusillanimi

ACHERONTE

I CERCHIO (LIMBO): virtuosi non battezzati
II CERCHIO: lussuriosi
III CERCHIO: golosi
IV CERCHIO: avari e prodighi
V CERCHIO: iracondi

STIGE

MURA DELLA CITTÀ DI DITE

VI CERCHIO: eretici

FLEGETONTE

1° Girone: violenti contro il prossimo
2° Girone: violenti contro se stessi
3° Girone: violenti contro Dio, natura ed arte

BARATRO

1° Bolgia: ruffiani e seduttori
2° Bolgia: adulatori
3° Bolgia: simoniaci
4° Bolgia: maghi e indovini
5° Bolgia: barattieri
6° Bolgia: ipocriti
7° Bolgia: ladri
8° Bolgia: consiglieri di frode
9° Bolgia: scismatici
10° Bolgia: falsari

POZZO DEI GIGANTI

1° Zona
2° Zona
3° Zona
4° Zona

CAINA: traditori dei congiunti
ANTENORA: traditori della patria
TOLOMEA: traditori degli ospiti
GIUDECCA: traditori dei benefattori

INCONTINENTI

VII CERCHIO

VIOLENTI

VIII CERCHIO (MALEBOLGE)

INGANNATORI DI CHI NON SI FIDA

IX CERCHIO (COCITO)

INGANNATORI DI CHI SI FIDA

LUCIFERO

[LA NATURAL BURELLA]

INFERNO

CANTO PRIMO

1   Nel mezzo del cammin di nostra vita
        mi ritrovai per una selva oscura,
        ché la diritta via era smarrita.

4   Ah! quanto, a dir qual era, è cosa dura,
        questa selva selvaggia e aspra e forte,
        che nel pensier rinnova la paura!

7   Tanto è amara, che poco è più morte;
        ma per trattar del ben ch'io vi trovai,
        dirò dell'altre cose, ch'io v'ho scorte.

10   Io non so ben ridir com'io v'entrai,
        tant'era pieno di sonno a quel punto
        che la verace via abbandonai.

13   Ma poi ch'io fui al piè d'un colle giunto,
        là dove terminava quella valle
        che m'avea di paura il cor compunto,

16   guardai in alto, e vidi le sue spalle
        vestite già de' raggi del pianeta
        che mena dritto altrui per ogni calle.

19   Allor fu la paura un poco queta,
        che nel lago del cor m'era durata
        la notte ch'io passai con tanta pièta.

22   E come quei che, con lena affannata,
        uscito fuor del pelago alla riva,
        si volge all'acqua perigliosa e guata,

25   così l'animo mio, che ancor fuggiva,
        si volse a retro a rimirar lo passo

1. *Nel mezzo del cammin di nostra vita:* verso i trentacinque anni.

2. *selva oscura:* allude ad un periodo di annebbiamento della coscienza e di peccato.

7. *amara:* detto della selva.

11. *tant'era pieno di sonno:* la coscienza era presa da torpore.

12. *verace via:* la via della rettitudine.

13. *colle:* simbolo della vita virtuosa, dell'elevazione.

17. *pianeta:* il sole.

21. *pièta:* dolore.

24. *guata:* guarda ancora con apprensione.

26. *lo passo:* la selva per cui era passato.

che non lasciò giammai persona viva.

28 Poi ch'èi posato un poco il corpo lasso,
ripresi via per la piaggia deserta,
sì che il piè fermo sempre era il più basso.

31 Ed ecco, quasi al cominciar dell'erta,
una lonza leggera e presta molto,
che di pel maculato era coperta;

34 e non mi si partìa dinanzi al vólto;
anzi impediva tanto il mio cammino,
ch'io fui per ritornar, più volte vòlto.

37 Temp'era dal principio del mattino
e il sol montava 'n su con quelle stelle
ch'eran con lui quando l'Amor divino

40 mosse di prima quelle cose belle;
sì ch'a bene sperar m'era cagione
di quella fera alla gaietta pelle

43 l'ora del tempo e la dolce stagione;
ma non sì che paura non mi desse
la vista, che m'apparve, d'un leone.

46 Questi parea che contra me venesse
con la test'alta e con rabbiosa fame,
sì che parea che l'aere ne temesse;

49 e di una lupa, che di tutte brame
sembiava carca nella sua magrezza,
e molte genti fe' già viver grame.

52 Questa mi porse tanto di gravezza
con la paura ch'uscìa di sua vista,
ch'io perdei la speranza dell'altezza.

55 E qual è quei che volentieri acquista,
e giugne il tempo che perder lo face,

27. *che non lasciò giammai persona viva:* poiché chi si inoltra nella via del peccato difficilmente si salva.
29. *piaggia:* declivio.
28. *èi:* ebbi - *lasso:* stanco.
30. *il piè fermo sempre era il più basso* vuol dire che camminava in salita.
32. *lonza:* non ben definita bestia feroce; come simbolo della frode - *presta:* svelta.
37. *Temp'era dal principio del mattino:* aveva albeggiato da poco.
39. *Amor divino:* Dio.
40. *mosse di prima quelle cose belle:* era primavera, poiché il sole si trovava in Ariete, nella costellazione, cioè, in cui si dice che fosse quando Iddio (*l'Amor divino*) creò l'universo, diede moto alle stelle.
42. *gaietta pelle:* dalla pelle gaia per vivaci colori.
45. *leone:* simbolo della violenza.
49. *lupa:* simbolo dell'incontinenza, della bramosia smodata.
52. *gravezza:* angoscia.
54. *la speranza dell'altezza:* la speranza di salvarmi.

che in tutt'i suoi pensier piange e s'attrista;
58 tal mi fece la bestia sanza pace,
    che, venendomi incontro, a poco a poco
    mi ripingeva là, dove il sol tace.

61 Mentre ch'io rovinava in basso loco,
    dinanzi agli occhi mi si fu offerto
    chi per lungo silenzio parea fioco.

64 Quando vidi costui nel gran diserto,
    « Miserere di me », gridai a lui,
    « qual che tu sii, od ombra, od omo certo! ».

67 Risposemi: « Non omo; omo già fui,
    e li parenti miei furon Lombardi,
    Mantovani per patria ambedui.

70 Nacqui sub Julio, ancor che fosse tardi,
    e vissi a Roma sotto il buon Augusto,
    al tempo degli Dei falsi e bugiardi.

73 Poeta fui, e cantai di quel giusto
    figliuol d'Anchise che venne da Troia
    poi che il superbo Ilión fu combusto.

76 Ma tu, perché ritorni a tanta noia?
    Perché non sali il dilettoso monte
    ch'è principio e cagion di tutta gioia? ».

79 « Or se' tu quel Virgilio e quella fonte
    che spandi di parlar sì largo fiume? »,
    rispos'io lui con vergognosa fronte.

82 « O degli altri poeti onore e lume,
    vagliami il lungo studio e il grande amore
    che m'ha fatto cercar lo tuo volume.

85 Tu se' lo mio maestro e il mio autore:
    tu se' solo colui da cui io tolsi

60. *mi ripingeva là, dove il sol tace:* mi respingeva nella buia selva del peccato.
61. *in basso loco:* in giù.
63. *chi per lungo silenzio parea fioco:* l'ombra di Virgilio, il poeta dell'*Eneide*. Simboleggia la ragione umana che viene in soccorso, sia pure indebolita dal lungo sperdimento, di chi, sul punto di riprendersi, sta per ricadere nel peccato.
65. *Miserere:* abbi pietà.
66. *ombra:* anima - *omo certo:* uomo concreto, vivente.
70. *sub Julio:* sotto Giulio

Cesare - *ancor che fosse tardi:* sebbene non si potesse dire compiutamente suo contemporaneo.
74. *figliol d'Anchise:* Enea che fuggì da Troia (*Ilión*) dopo l'incendio.
76. *Ma tu, perché ritorni a tanta noia?:* perché ti fai di nuovo travolgere dal peccato? *Noia* va intesa come grave danno.
79. *Or se' tu:* sei tu dunque.
82. *lume:* guida.
85. *Tu se' lo mio maestro e il mio autore:* persona degna di essere creduta ed obbedita.

lo bello stile che m'ha fatto onore.

88 Vedi la bestia per cui io mi volsi:
aiutami da lei, famoso saggio,
ch'ella mi fa tremar le vene e i polsi ».

91 « A te convien tenere altro viaggio »,
rispose poi che lagrimar mi vide,
« se vuo' campar d'esto loco selvaggio;

94 ché questa bestia per la qual tu gride
non lascia altrui passar per la sua via,
ma tanto lo impedisce che l'uccide:

97 ed ha natura sì malvagia e ria,
che mai non empie la bramosa voglia,
e dopo il pasto ha più fame che pria.

100 Molti son gli animali a cui s'ammoglia,
e più saranno ancora, in fin che 'l veltro
verrà, che la farà morir con doglia.

103 Questi non ciberà terra né peltro,
ma sapïenza, amore e virtute,
e sua nazion sarà tra feltro e feltro.

106 Di quell'umile Italia fia salute,
per cui morì la vergine Cammilla,
Eurialo e Turno e Niso di ferute:

109 questi la caccerà per ogni villa,
fin che l'avrà rimessa nell'Inferno,
là onde invidia prima dipartilla.

112 Ond'io, per lo tuo me', penso e discerno
che tu mi segui, ed io sarò tua guida,
e trarrotti di qui per luogo eterno,

115 ov'udirai le disperate strida,

90. *le vene e i polsi:* tutta la persona.
91. *tenere altro viaggio:* prendere un'altra strada.
93. *campar:* scampare - *esto:* questo.
94. *bestia:* la lupa.
100. *Molti son gli animali a cui s'ammoglia:* l'incontinenza s'accompagna sempre ad altri vizi.
101. *veltro:* cane da caccia. Quale eroe o quale forza Dante abbia voluto indicare con questo termine non si sa ed infiniti sono stati i tentativi di spiegarlo.
103. *peltro:* lega di metallo con cui si facevano monete.

Il *veltro,* quindi non avrà avidità né di terre (*non ciberà terra*) né di denaro.
105. *sua nazion sarà tra feltro e feltro:* la sua nascita sarà umile (come il feltro fatto di povera lana). È questa una delle mille interpretazioni tentate di tale verso.
107-108. *vergine Cammilla - Eurialo e Turno e Niso:* quattro personaggi dell'*Eneide.*
109. *villa:* città.
111. *là onde invidia:* fu il diavolo che, invidioso dell'uomo, ne suscitò l'incontinenza.
112. *me':* meglio.
114-115. *per luogo eterno... strida:* l'Inferno.

vedrai gli antichi spiriti dolenti,
ché la seconda morte ciascun grida.

118 E vederai color che son contenti
nel foco, perché speran di venire
quando che sia alle beate genti:

121 alle qua' poi se tu vorrai salire,
anima fia a ciò più di me degna:
con lei ti lascerò nel mio partire;

124 ché quell'Imperador che lassù regna,
perch'io fui ribellante alla sua legge,
non vuol che 'n sua città, per me, si vegna.

127 In tutte parti impera, e quivi regge;
quivi è la sua città e l'alto seggio:
o felice colui cu' ivi elegge! ».

130 Ed io a lui: « Poeta, io ti richeggio
per quello Dio che tu non conoscesti,
acciò ch'io fugga questo male e peggio,

133 che tu mi meni là dov'or dicesti,
sì ch'io veggia la porta di san Pietro,
e color cui tu fai cotanto mesti ».

136 Allor si mosse, e io gli tenni retro.

CANTO SECONDO

1 Lo giorno se n'andava, e l'aere bruno
toglieva gli animai che sono in terra
dalle fatiche loro; ed io sol uno

4 m'apparecchiava a sostener la guerra
sì del cammino e sì della pietate,

117. *ché la seconda morte ciascun grida:* ciascuno impreca contro la propria dannazione che è come una seconda morte.
118. *color:* le anime del Purgatorio.
120. *beate genti:* le anime del Paradiso.
121. *qua':* quali.
122. *anima fia a ciò di me più degna:* Beatrice, come si vedrà nel canto II.
124. *Imperador:* Iddio.
125. *ribellante alla sua legge:* Virgilio non ebbe fede nel Cristo o, più semplicemente, Virgilio fu pagano.
126. *che 'n sua città:* che

nella parte più eccelsa del Paradiso, l'Empireo.
132. *questo male e peggio:* il male presente e l'eterna dannazione.
134. *la porta di san Pietro:* la porta del Purgatorio, custodita da un angelo che ne ebbe le chiavi da san Pietro.
135. *color cui tu fai cotanto mesti:* i dannati dell'Inferno.

1-3. *Lo giorno... loro:* la sera porta il riposo a tutti, uomini e bestie.
4-5. *m'apparecchiava... della pietate:* la fatica del viaggio e del compassionevole spettacolo delle miserie infernali.

<pre>
                che ritrarrà la mente che non erra.
  7   O Muse, o alto ingegno, or m'aiutate:
          o mente che scrivesti ciò ch'io vidi,
          qui si parrà la tua nobilitate.
 10   Io cominciai: « Poeta che mi guidi,
          guarda la mia virtù, s'ell'è possente,
          prima ch'all'alto passo tu mi fidi.
 13   Tu dici che di Silvïo il parente,
          corruttibile ancora, ad immortale
          secolo andò, e fu sensibilmente:
 16   però, se l'avversario d'ogni male
          cortese i fu, pensando l'alto effetto
          ch'uscir dovea di lui, e il chi, e il quale,
 19   non pare indegno ad omo d'intelletto;
          ch'ei fu dell'alma Roma e di suo impero
          nell'empireo ciel per padre eletto:
 22   la quale e 'l quale, a voler dir lo vero,
          fu stabilita per lo loco santo
          u' siede il successor del maggior Piero.
 25   Per questa andata onde gli dài tu vanto
          intese cose che furon cagione
          di sua vittoria e del papale ammanto.
 28   Andovvi poi lo Vas d'elezione,
          per recarne conforto a quella fede
          ch'è principio alla via di salvazione.
 31   Ma io perché venirvi? O chi 'l concede?
          Io non Enea, io non Paolo sono:
</pre>

6. *la mente che non erra:* la memoria che, sicura di sé, riferirà (*ritrarrà*) sì tremende visioni.

9. *si parrà:* si manifesterà.

11. *virtù:* il mio vigore, sia esso fisico che morale.

12. *alto passo:* il passaggio dell'oltretomba - *tu mi fidi:* tu mi affidi.

13. *di Silvïo il parente:* Enea.

14. *corruttibile:* vivo.

15. *secolo:* nel mondo immortale - *sensibilmente:* col corpo e non in ispirito.

16. *avversario d'ogni male:* Dio.

17. *cortese i fu:* gli fu benevolo (permettendogli un tal viaggio).

13. *e il chi, e il quale:* e chi egli fosse e di quale alta condizione.

21. *per padre eletto:* da Dio destinato.

22. *la quale e 'l quale:* Roma e l'impero romano.

23. *stabilita:* destinata.

24. *maggior Piero:* il Papa.

25. *onde tu gli dài vanto:* lo celebri nel tuo poema.

26-27. *intese cose... papale ammanto:* nell'Inferno Enea udì la predizione dei gloriosi destini di Roma.

28. *Vas d'elezione:* san Paolo.

29. *recarne conforto:* sentirsene rafforzata.

30. *ch'è principio:* che è condizione prima.

me degno a ciò né io né altri crede.

34   Per che, se del venire io m'abbandono,
      temo che la venuta non sia folle:
      se' savio; intendi me' ch'io non ragiono ».

37   E quale è quei che disvuol ciò che volle
      e per nuovi pensier cangia proposta,
      sì che dal cominciar tutto si tolle;

40   tal mi fec'io in quella oscura costa:
      perché, pensando, consumai la impresa
      che fu nel cominciar cotanto tosta.

43   « Se io ho ben la tua parola intesa »,
      rispose del magnanimo quell'ombra,
      « l'anima tua è da viltate offesa;

46   la qual molte fiate l'uomo ingombra
      sì che d'onrata impresa lo rivolve,
      come falso veder bestia quand'ombra.

49   Da questa tema acciò che tu ti solve,
      dirotti perch'io venni e quel ch'io intesi
      nel primo punto che di te mi dolve.

52   Io era tra color che son sospesi,
      e donna mi chiamò beata e bella,
      tal che di comandare io la richiesi.

55   Lucevan gli occhi suoi più che la stella,
      e cominciommi a dir soave e piana,
      con angelica voce, in sua favella:

58   — O anima cortese mantovana,
      di cui la fama ancor nel mondo dura,
      e durerà quanto il mondo lontana,

61   l'amico mio, e non della ventura,
      nella diserta piaggia è impedito
      sì nel cammin, che vòlto è per paura;

34. *Per che:* per la qual cosa.
35. *non sia folle:* non sia sconsiderata.
36. *me':* meglio.
39. *tolle:* distoglie.
40. *oscura costa:* pendìo.
41-42. *pensando... cotanto tosta:* vi aveva subito aderito, ma, ripensandoci, disfece la risoluzione.
45. *viltate:* pusillanimità.
46. *fiate:* volte.
47. *onrata:* che darebbe onore.
48. *falso veder bestia quand'ombra:* come il traveder fa deviare (*rivolve*) una bestia quando s'adombra.
49. *tema:* timore - *ti solve:* ti liberi.
51. *nel primo punto che di te mi dolve:* nel primo momento che mi dolsi per te.
52. *tra color che son sospesi:* nel Limbo, di cui si tratta al canto IV.
60. *durerà quanto il mondo lontana:* per tutto il tempo che durerà il mondo.
61. *l'amico mio e non della ventura:* l'uomo amato da me, ma non dalla fortuna.

64   e temo che non sia già sì smarrito,
        ch'io mi sia tardi al soccorso levata,
        per quel ch'io ho di lui nel cielo udito.

67   Or muovi e con la tua parola ornata
        e con ciò ch'ha mestieri al suo campare,
        l'aiuta sì, ch'io ne sia consolata.

70   Io son Beatrice, che ti faccio andare;
        vegno del loco ove tornar disìo;
        amor mi mosse che mi fa parlare.

73   Quando sarò dinanzi al Signor mio,
        di te mi loderò sovente a lui. —
        Tacette allora, e poi comincia' io:

76   — O donna di virtù, sola per cui
        l'umana spezie eccede ogni contento
        di quel ciel che ha minor li cerchi sui,

79   tanto m'aggrada il tuo comandamento,
        che l'ubbidir, se già fosse, m'è tardi;
        più non t'è uopo aprirmi il tuo talento.

82   Ma dimmi la cagion che non ti guardi
        dello scender quaggiuso, in questo centro,
        dell'ampio loco ove tornar tu ardi. —

85   — Da che tu vuo' saper cotanto addentro,
        dirotti brevemente, — mi rispose,
        — perch'io non temo di venir qua entro.

88   Temer si dée di sole quelle cose
        ch'hanno potenza di fare altrui male;
        dell'altre no, ché non son paurose.

91   Io son fatta da Dio, sua mercè, tale
        che la vostra miseria non mi tange,
        né fiamma d'esto incendio non m'assale.

94   Donna è gentil nel ciel che si compiange

66. *Nel cielo:* cfr. vv. 103 sgg.

68. *mestieri al suo campare:* tutti i mezzi necessari per la sua salvezza.

70. *Beatrice:* Beatrice Portinari, la giovinetta amata da Dante e che morì quando il poeta aveva venticinque anni. Per lei Dante scrisse *La Vita Nova.* È il simbolo della verità rivelata.

76-78. *O donna di virtù... li cerchi sui:* o donna, per virtù della quale solamente (cioè della verità rivelata) la specie umana supera ogni altro essere contenuto nel cielo della luna (cioè vivente sulla terra).

80. *l'ubbidir se già fosse, m'è tardi:* mi sembrerebbe di aver tardato anche se già t'avessi ubbidito.

81. *più non t'è uopo:* non ti fa bisogno - *talento:* desiderio.

83. *in questo centro:* il Limbo.

92. *tange:* tocca, offende.

93. *esto:* questo.

94. *Donna:* la Vergine Maria; simbolo della grazia preveniente - *si compiange:* si impietosisce.

di questo impedimento ov'io ti mando,
sì che duro giudicio lassù frange.

97 Questa chiese Lucia in suo dimando,
e disse: "Or ha bisogno, il tuo fedele,
di te, ed io a te lo raccomando".

100 Lucia, nimica di ciascun crudele,
si mosse e venne al loco dov'io era,
che mi sedea con l'antica Rachele.

103 Disse: "Beatrice, loda di Dio vera,
ché non soccorri quei che t'amò tanto,
ch'uscì per te della volgare schiera?

106 Non odi tu la pièta del suo pianto?
Non vedi tu la morte, che il combatte
su la fiumana ove il mar non ha vanto?".

109 Al mondo non fur mai persone ratte
a far lor pro, o a fuggir lor danno,
com'io, dopo cotai parole fatte,

112 venni quaggiù del mio beato scanno,
fidandomi del tuo parlare onesto,
ch'onora te, e quei che udito l'hanno. —

115 Poscia che m'ebbe ragionato questo,
gli occhi lucenti lagrimando volse;
per che mi fece del venir più presto.

118 E venni a te così, com'ella volse:
dinanzi a quella fiera ti levai,
che del bel monte il corto andar ti tolse.

121 Dunque che è? Perché, perché ristai?
Perché tanta viltà nel core allette?
Perché ardire e franchezza non hai,

124 poscia che tai tre donne benedette
curan di te nella corte del cielo,
e il mio parlar tanto ben t'impromette? ».

96. *duro giudicio lassù frange:* piega la severa giustizia di Dio.

97. *Lucia:* Santa Lucia, di cui Dante, ammalato degli occhi, fu particolarmente devoto; simbolo della grazia illuminante.

102. *Rachele:* la moglie di Giacobbe: simbolo della vita contemplativa.

103. *loda di Dio vera:* nella verità rivelata risplende, infatti, la grandezza di Dio.

105. *ch'uscì per te della vol-* *gare schiera:* diventando poeta per amor tuo.

108. *su la fiumana ove il mar non ha vanto:* l'abisso del male, al confronto del quale il mare è meno pericoloso.

118. *volse:* volle.

120. *il corto andar:* la via breve.

121. *ristai:* indugi.

122. *allette:* accogli.

124. *tai:* tali.

126. *il mio parlar tanto ben t'impromette:* la rigenerazione dal peccato.

127 Quali i fioretti, dal notturno gelo
     chinati e chiusi, poi che il sol li 'mbianca
     si drizzan tutti aperti in loro stelo;
130 tal mi fec'io di mia virtute stanca,
     e tanto buono ardire al cor mi corse,
     ch'io cominciai come persona franca:
133 « Oh pietosa colei che mi soccorse,
     e tu cortese che ubbidisti tosto
     alle vere parole che ti porse!
136 Tu m'hai con desiderio il cor disposto
     sì al venir, con le parole tue,
     ch'io son tornato nel primo proposto.
139 Or va, ché un sol volere è d'ambedue:
     tu duca, tu signore, e tu maestro ».
     Così gli dissi; e, poi che mosso fue,
142 entrai per lo cammino alto e silvestro.

CANTO TERZO

1   *Per me si va nella città dolente,*
    per me si va nell'eterno dolore,
    per me si va tra la perduta gente.
4   *Giustizia mosse il mio alto fattore:*
    fecemi la divina potestate,
    la somma sapienza e il primo amore.
7   *Dinanzi a me, non fur cose create*
    se non eterne, ed io eterna duro:
    lasciate ogni speranza, voi ch'entrate.
10 Queste parole di colore oscuro
    vid'io scritte al sommo d'una porta;
    perch'io: « Maestro, il senso lor m'è duro ».
13 Ed egli a me, come persona accorta:
    « Qui si convien lasciare ogni sospetto;

130. *di mia virtute sianca:* rialzandomi dal mio avvilimento.
140. *duca:* duce, guida.
141. *fue:* fu.

4. *Giustizia mosse il mio alto fattore:* Iddio fu mosso da giustizia.
5-6. *divina potestate... primo amore:* la Trinità.
7-8. *Dinanzi a me... se non eterne:* prima dell'Inferno furono create soltanto cose eterne. - *eterna:* aggettivo usato in luogo di *eternamente*.
10. *colore oscuro:* scritte in nero.
12. *il senso lor m'è duro:* mi dà pena e paura; si può anche intendere: non ne capisco bene il significato.
13. *come persona accorta:* aveva capito il mio sbigottimento.
14. *sospetto:* paura.

ogni viltà convien che qui sia morta.

16 Noi sem venuti al loco ov'io t'ho detto
che tu vedrai le genti dolorose
ch'hanno perduto il ben dell'intelletto ».

19 E poi che la sua mano alla mia pose
con lieto volto, ond'io mi confortai,
mi mise dentro alle segrete cose.

22 Quivi sospiri, pianti ed alti guai
risonavan per l'aer sanza stelle,
perch'io al cominciar ne lagrimai.

25 Diverse lingue, orribili favelle,
parole di dolore, accenti d'ira,
voci alte e fioche, e suon di man con elle

28 facevano un tumulto, il qual s'aggira
sempre, in quell'aria sanza tempo tinta,
come la rena quando turbo spira.

31 E io ch'avea d'orror la testa cinta
dissi: « Maestro, che è quel ch'i' odo?
E che gent'è, che par, nel duol, sì vinta? ».

34 Ed egli a me: « Questo misero modo
tengon l'anime triste di coloro
che visser sanza infamia e sanza lodo.

37 Mischiate sono a quel cattivo coro
degli angeli che non furon ribelli
né fur fedeli a Dio, ma per sé foro.

40 Caccianli i ciel per non esser men belli,
né lo profondo Inferno li riceve,
ché alcuna gloria i rei avrebber d'elli ».

43 Ed io: « Maestro, che è tanto greve
a lor che lamentar li fa sì forte? ».
Rispose: « Dicerolti molto breve.

18. *il ben dell'intelletto:* la visione di Dio.
22. *alti guai:* grida alte e disperate.
23. *aer sanza stelle:* non si vede nessuno; si odono grida e pianti nel buio.
27. *suon di man con elle:* rumori di mani con le quali i dannati si percuotono.
29. *sanza tempo tinta:* tenebra oscura, non alternarsi di luce e di oscurità.
33. *vinta:* abbattuta.
34. *modo:* condizione.
36. *sanza infamia e sanza lodo:* senza compiere azioni né

infamanti né lodevoli.
37. *coro:* schiera.
38-39. *degli angeli... foro:* quegli angeli che rimasero neutrali (*per sé foro*) durante la ribellione di Lucifero a Dio.
40. *per non esser men belli:* per non essere menomati dalla loro presenza.
42. *alcuna gloria i rei avrebber d'elli:* gli angeli ribelli (*i rei*) avrebbero su di loro una certa superiorità: quelli almeno scelsero un partito.
43. *greve:* doloroso.
45. *dicerolti:* te lo dirò - *breve:* brevemente.

46 Questi non hanno speranza di morte,
    e la lor cieca vita è tanto bassa,
    che invidiosi son d'ogni altra sorte.

49 Fama di loro il mondo esser non lassa;
    misericordia e giustizia li sdegna:
    non ragioniam di lor, ma guarda e passa ».

52 Ed io che riguardai, vidi una insegna,
    che girando correva tanto ratta
    che d'ogni posa mi pareva indegna:

55 e dietro le venìa sì lunga tratta
    di gente, ch'io non averei creduto
    che morte tanta n'avesse disfatta.

58 Poscia ch'io v'ebbi alcun riconosciuto,
    vidi e conobbi l'ombra di colui
    che fece per viltà il gran rifiuto.

61 Incontanente intesi e certo fui
    che questa era la setta de' cattivi
    a Dio spiacenti ed ai nemici sui.

64 Questi sciaurati, che mai non fur vivi,
    erano ignudi, stimolati molto
    da mosconi e da vespe ch'eran ivi.

67 Elle rigavan lor di sangue il vólto,
    che, mischiato di lagrime, ai lor piedi
    da fastidiosi vermi era ricolto.

70 E poi che a riguardare oltre mi diedi,
    vidi gente alla riva d'un gran fiume;
    perch'io dissi: « Maestro, or mi concedi

73 ch'io sappia quali sono, e qual costume
    le fa di trapassar parer sì pronte,

47. *cieca:* oscura, vile, inutile.

49. *Fama di loro il mondo esser non lassa:* il mondo non lascia che di loro resti memoria.

50. *misericordia e giustizia li sdegna:* non meritano né il Paradiso né l'Inferno e sono quindi, rigettati sia dalla misericordia che dalla giustizia divina.

52. *insegna:* bandiera. Quelli che non ebbero bandiere in vita son dannati a seguirne una da morti.

54. *posa:* sosta.

59. *l'ombra di colui:* dai più si ritiene trattarsi di Celesti-

no V che, nel 1294, poco dopo la sua elevazione, rinunziò al papato.

61. *Incontanente intesi:* sùbito compresi.

62. *setta:* schiera.

63. *a Dio spiacenti ed ai nemici sui:* in disgrazia presso Dio e presso i demoni.

64. *che mai non fur vivi:* perché non ebbero un proprio giudizio, facoltà prima dell'uomo.

71. *gran fiume:* l'Acheronte, il primo fiume dell'Inferno, secondo la mitologia greco-latina.

74. *trapassar:* passare il fiume.

54

com'io discerno per lo fioco lume ».

76 Ed egli a me: « Le cose ti fien conte
quando noi fermerem li nostri passi
su la trista riviera d'Acheronte ».

79 Allor, con gli occhi vergognosi e bassi,
temendo no 'l mio dir gli fosse grave,
infino al fiume di parlar mi trassi.

82 Ed ecco verso noi venir per nave
un vecchio bianco per antico pelo,
gridando: « Guai a voi, anime prave!

85 Non isperate mai veder lo cielo!
I' vegno per menarvi all'altra riva,
nelle tenebre eterne, in caldo e in gelo.

88 E tu, che se' costì anima viva,
pàrtiti da cotesti, che son morti ».
Ma poi che vide ch'io non mi partiva,

91 disse: « Per altra via, per altri porti
verrai a piaggia, non qui, per passare:
più lieve legno convien che ti porti ».

94 E il duca a lui: « Caron, non ti crucciare;
vuolsi così colà dove si puote
ciò che si vuole, e più non dimandare ».

97 Quinci fur chete le lanose gote
al nocchier della livida palude,
che intorno agli occhi avea di fiamme rote.

100 Ma quell'anime, ch'eran lasse e nude,
cangiar colore e dibattero i denti,
ratto che inteser le parole crude.

103 Bestemmiavano Dio e lor parenti,
l'umana spezie, il luogo, il tempo e il seme
di lor semenza e di lor nascimenti.

106 Poi si raccolser tutte quante insieme,
forte piangendo, alla riva malvagia
ch'attende ciascun uom che Dio non teme.

---

76. *Le cose ti fien conte:* le cose ti saranno chiare.

81. *mi trassi:* mi astenni.

83. *un vecchio:* Caronte, il traghettatore del fiume.

91. *Per altra via, per altri porti:* l'Acheronte viene passato soltanto dalle anime dannate. Quelle destinate alla salvazione — come si dice al canto II del *Purgatorio* — vengono prese alla foce del Tevere da un angelo in una barchetta e portate al Purgatorio.

92. *verrai a piaggia:* andrai ad approdare all'altro mondo.

95. *vuolsi così colà dove si puote:* presso Dio, dove il potere non ha limiti.

100. *lasse:* stanche.

103. *parenti:* genitori.

105. *semenza:* antenati.

108. *ciascun uom che Dio non teme:* quanti non furono timorati di Dio.

109   Caron dimonio, con occhi di bragia,
        loro accennando, tutte le raccoglie:
        batte col remo qualunque s'adagia.

112   Come, d'autunno, si levan le foglie
        l'una appresso dell'altra, infin che il ramo
        rende alla terra tutte le sue spoglie,

115   similemente il mal seme d'Adamo
        gittansi di quel lito ad una ad una,
        per cenni, come augel per suo richiamo.

118   Così sen vanno su per l'onda bruna,
        ed avanti che sien di là discese,
        anche di qua nuova schiera s'aduna.

121   « Figliuol mio », disse il maestro cortese,
        « quelli che muoion nell'ira di Dio
        tutti convegnon qui d'ogni paese:

124   e pronti sono a trapassar lo rio,
        ché la divina giustizia li sprona
        sì che la tema si volve in disìo.

127   Quinci non passa mai anima buona;
        e però, se Caron di te si lagna,
        ben puoi sapere omai che il suo dir suona ».

130   Finito questo, la buia campagna
        tremò sì forte, che dello spavento
        la mente di sudore ancor mi bagna.

133   La terra lagrimosa diede vento
        che balenò una luce vermiglia,
        la qual mi vinse ciascun sentimento;

136   e caddi come l'uom che 'l sonno piglia.

CANTO QUARTO

1   Ruppemi l'alto sonno nella testa
        un grave tuono, sì ch'io mi riscossi
        come persona ch'è per forza desta;

4   e l'occhio riposato intorno mossi,
        dritto levato, e fiso riguardai
        per conoscer lo loco dov'io fossi.

115. *seme:* i discendenti.
124. *lo rio:* il fiume.
126. *sì che la tema si volve in disìo:* il timore delle pene si cambia in smania di raggiungerle subito.
127. *Quinci:* di qui - *anima* *buona:* destinata alla salvezza.
128. *però:* perciò.
129. *che:* ciò che - *il suo dir suona:* non devi essere cioè confuso con i réprobi.
135. *mi vinse,* ecc.: mi tolse i sensi.

7   Vero è che in su la proda mi trovai
    della valle d'abisso dolorosa,
    che tuono accoglie d'infiniti guai.

10 Oscura e profond'era e nebulosa
    tanto, che, per ficcar lo viso a fondo,
    io non vi discerneva alcuna cosa.

13 « Or discendiam quaggiù nel cieco mondo »,
    cominciò il poeta tutto smorto:
    « io sarò primo, e tu sarai secondo ».

16 Ed io, che del color mi fui accorto,
    dissi: « Come verrò, se tu paventi,
    che suoli al mio dubbiare esser conforto? ».

19 Ed egli a me: « L'angoscia delle genti
    che son quaggiù, nel viso mi dipigne
    quella pietà che tu per tema senti.

22 Andiam, ché la via lunga ne sospigne! ».
    Così si mise e così mi fe' entrare
    nel primo cerchio che l'abisso cigne.

25 Quivi, secondo che per ascoltare,
    non avea pianto ma' che di sospiri
    che l'aura eterna facevan tremare.

28 Ciò avvenìa di duol sanza martìri
    ch'avean le turbe, ch'eran molte e grandi,
    d'infanti e di femmine e di viri.

31 Lo buon maestro a me: « Tu non dimandi
    che spiriti son questi che tu vedi?
    Or vo' che sappi, innanzi che più andi,

34 ch'ei non peccaro; e s'elli hanno mercedi,
    non basta, perché non ebber battesmo,
    ch'è porta della fede che tu credi.

37 E se furon dinanzi al Cristianesmo,
    non adoràr debitamente Dio;
    e di questi cotai son io medesmo.

9. *guai:* lamenti.

11. *per ficcar lo viso a fondo:* per quanto vi ficcassi intensamente lo sguardo.

21. *per tema senti:* credi che sia paura.

24. *primo cerchio:* il primo cerchio dell'Inferno: il Limbo, dimora dei virtuosi che morirono senza battesimo.

25. *secondo che per ascoltare:* per quel che si udiva.

26. *ma':* maggiore.

30. *viri:* uomini.

33. *andi:* vada.

34. *peccaro:* peccarono - *mercedi:* meriti.

37. *furon dinanzi al Cristianesmo:* vissero prima di Gesù Cristo.

38. *non adoràr debitamente Dio:* non ebbero (come invece gli ebrei) fede nella venuta di Cristo.

40   Per tai difetti, e non per altro rio,
        semo perduti, e sol di tanto offesi,
        che, sanza speme, vivemo in disìo ».

43   Gran duol mi prese al cor quando lo intesi,
        però che gente di molto valore
        conobbi che, in quel limbo, eran sospesi.

46   « Dimmi, maestro mio, dimmi, signore »,
        comincia' io per volere esser certo
        di quella fede che vince ogni errore;

49   « uscicci mai alcuno, o per suo merto
        o per altrui, che poi fosse beato? ».
        E quei, che intese il mio parlar coperto,

52   rispose: « Io era nuovo in questo stato,
        quando ci vidi venire un possente
        con segno di vittoria coronato.

55   Trasseci l'ombra del primo parente,
        d'Abèl suo figlio e quella di Noè,
        di Moisè legista e obbediente;

58   Abraàm patriarca e Davide re.
        Israèl con lo padre e co' suoi nati
        e con Rachele, per cui tanto fe';

61   ed altri molti, e feceli beati:
        e vo' che sappi che, dinanzi ad essi,
        spiriti umani non eran salvati ».

64   Non lasciavam l'andar perch'ei dicessi,
        ma passavam la selva tuttavia.
        La selva, dico, di spiriti spessi.

67   Non era lunga ancor la nostra via
        di qua dal sommo, quand'io vidi un foco
        ch'emisperio di tenebre vincìa.

40. *difetti:* mancanze (del battesimo e della fede del Messia) - *rio:* peccato.

41. *sol di tanto offesi:* la nostra pena è soltanto questa.

49. *uscicci:* ne uscì.

50. *o per altrui:* di Gesù Cristo - *che poi fosse beato:* salì al Cielo.

52. *Io era nuovo in questo stato:* da poco mi trovavo qui. Virgilio infatti morì soltanto diciannove anni prima della nascita di Gesù.

53. *possente:* Gesù Cristo.

55. *primo parente:* Adamo.

57. *Moisè legista e obbediente:* Mosè diede al suo po-polo le leggi conformandosi al volere del Signore.

59. *Israèl:* Giacobbe - *padre:* Isacco.

60. *per cui tanto fe':* per averla in isposa dovette porsi al servizio del padre di lei per quattordici anni.

62. *dinanzi:* prima di...

63. *spiriti umani non eran salvati:* solo con la morte di Gesù Cristo si ebbe la redenzione dell'umanità.

64. *Non lasciavam:* non tralasciavamo. - *perch'ei dicessi:* per il fatto che egli parlava.

69. *emisperio:* emisfero - *vincìa:* vinceva, avvinceva.

70   Di lungi n'eravamo ancora un poco,
      ma non sì ch'io non discernessi in parte
      ch'orrevol gente possedea quel loco.

73   « O tu, che onori e scienza ed arte,
      questi chi son, ch'hanno cotanta onranza,
      che dal modo degli altri li diparte? ».

76   E quegli a me: « L'onrata nominanza
      che di lor suona su nella tua vita,
      grazia acquista nel ciel, che sì li avanza ».

79   Intanto voce fu per me udita:
      « Onorate l'altissimo poeta;
      l'ombra sua torna, ch'era dipartita ».

82   Poi che la voce fu restata e queta,
      vidi quattro grand'ombre a noi venire:
      sembianza avean né trista, né lieta.

85   Lo buon maestro cominciò a dire:
      « Mira colui, con quella spada in mano,
      che vien dinanzi ai tre sì come sire.

88   Quegli è Omero, poeta sovrano,
      l'altro è Orazio satiro che viene,
      Ovidio è il terzo, e l'ultimo Lucano.

91   Però che ciascun meco si conviene
      nel nome che sonò la voce sola,
      fannomi onore, e di ciò fanno bene ».

94   Così vidi adunar la bella scuola
      di quel signor dell'altissimo canto
      che sopra gli altri com'aquila vola.

97   Da ch'ebber ragionato insieme alquanto,
      volsersi a me con salutevol cenno;
      e 'l mio maestro sorrise di tanto.

100   E più d'onore ancora assai mi fenno,
      ch'ei sì mi fecer della loro schiera,
      sì ch'io fui sesto tra cotanto senno.

103   Così andammo infino alla lumera,
      parlando cose che il tacere è bello,

72. *orrevol:* onorevole.
74. *onranza:* onore.
75. *modo:* condizione - *li diparte:* li differenzia.
78. *avanza:* dà privilegi.
80. *altissimo poeta:* Virgilio.
89. *satiro:* poeta satirico.
91. *Però che:* poiché - *si conviene:* concorda.
92. *voce sola:* la voce che s'era udita prima.

93. *fanno bene:* perché onorano la poesia, non la persona del poeta.
95. *quel signor dell'altissimo canto:* Omero.
96. *altri:* poeti.
104-105. *tacere... dov'era:* discorsi di poesia che potevano opportunamente svolgersi fra loro sei, ma che nel racconto stonerebbero.

sì com'era il parlar colà dov'era.

106 Venimmo al piè d'un nobile castello
sette volte cerchiato d'alte mura,
difeso intorno da un bel fiumicello.

109 Questo passammo come terra dura:
per sette porte intrai con questi savi;
giungemmo in prato di fresca verdura.

112 Genti v'eran con occhi tardi e gravi,
di grande autorità ne' lor sembianti:
parlavan rado, con voci soavi.

115 Traemmoci così dall'un de' canti,
in luogo aperto, luminoso ed alto,
sì che veder si potean tutti quanti.

118 Colà diritto, sopra il verde smalto,
mi fur mostrati gli spiriti magni,
che del vedere in me stesso n'esalto.

121 Io vidi Elettra con molti compagni,
tra' quai conobbi Ettor ed Enea,
Cesare armato con gli occhi grifagni.

124 Vidi Cammilla e la Pantasilea,
dall'altra parte, e vidi 'l re Latino,
che con Lavinia sua figlia sedea.

127 Vidi quel Bruto che cacciò Tarquino,
Lucrezia, Julia, Marzia e Corniglia;
e solo in parte vidi il Saladino.

130 Poi ch'innalzai un poco più le ciglia,
vidi il maestro di color che sanno
seder tra filosofica famiglia.

133 Tutti lo miran, tutti onor gli fanno:
quivi vid'io Socrate e Platone,
che innanzi agli altri più presso gli stanno.

136 Democrito, che il mondo a caso pone,
Diogenès, Anassagora e Tale,
Empedoclès, Eraclito e Zenone;

139 e vidi il buono accoglitor del quale,
Dioscoride dico; e vidi Orfeo,

114. *rado:* con pacatezza.
123. *grifagni:* fiammeg-
gianti.
128. *Julia:* Giulia, figlia di
Cesare - *Marzia:* la moglie di
Catone l'Uticense - *Corniglia:*
Cornelia, la madre dei Gracchi.
131. *maestro di color che
sanno:* Aristotele, il maestro
dei sapienti.

136. *Democrito, che il mondo a caso pone:* secondo l'insegnamento di Democrito, il
mondo si sarebbe formato a
caso.
137. *Tale:* Talete.
139-140. *il buono accoglitor... Dioscoride dico:* Dioscoride, scopritore delle virtù me-
dicinali *(quale)* delle piante.

e Tullio e Lino e Seneca morale;
142 Euclide geomètra e Tolomeo,
Ippocrate, Avicenna e Galieno,
Averroìs, che il gran comento feo.
145 Io non posso ritrar di tutti a pieno,
però che sì mi caccia il lungo tema,
che molte volte al fatto il dir vien meno.
148 La sesta compagnia in due si scema;
per altra via mi mena il savio duca,
fuor della queta, nell'aura che trema:
151 e vegno in parte ove non è che luca.

CANTO QUINTO

1 Così discesi dal cerchio primaio
giù nel secondo che men loco cinghia
e tanto più dolor, che punge a guaio.
4 Stavvi Minòs, orribilmente, e ringhia,
esamina le colpe nell'entrata,
giudica e manda secondo ch'avvinghia.
7 Dico che quando l'anima mal nata
gli vien dinanzi, tutta si confessa;
e quel conoscitor delle peccata
10 vede qual luogo d'Inferno è da essa;
cignesi con la coda tante volte
quantunque gradi vuol che giù sia messa.
13 Sempre, dinanzi a lui, ne stanno molte:
vanno a vicenda ciascuna al giudizio;
dicono e odono e poi son giù volte.

141. *Tullio:* Cicerone - *morale:* moralista.
144. *Averrois, che il gran comento feo:* Averroè che commentò le opere di Aristotele.
145. *ritrar:* riferire.
147. *al fatto il dir vien meno:* non posso raccontare che meno di quanto vidi.
148. *la sesta compagnia:* la compagnia dei sei - *in due si scema:* diminuisce di due.
150. *trema:* vedi verso 27.
151. *in parte ove non è che luca:* a differenza del Limbo, non c'è neanche un poco di luce.

1. *primaio:* primo.
2. *nel secondo che men loco cinghia:* a mano a mano che si va verso il fondo, i cerchi vanno restringendosi, ma il dolore aumenta.
3. *punge a guaio:* tormenta tanto da far gridare.
4. *Minòs:* Minosse è il giudice dell'Inferno: demonio anch'egli, come Caronte.
10. *è da essa:* appropriato ad essa.
11-12. *cignesi... giù sia messa:* s'avvolge la coda intorno al corpo tante volte quanti cerchi vuole che essa discenda.

16 « O tu, che vieni al doloroso ospizio »,
    disse Minòs a me, quando mi vide,
    lasciando l'atto di cotanto offizio,

19 « guarda com'entri, e di cui tu ti fide:
    non t'inganni l'ampiezza dell'entrare! ».
    E il duca mio a lui: « Perché pur gride?

22 Non impedir lo suo fatale andare:
    vuolsi così colà dove si puote
    ciò che si vuole, e più non dimandare ».

25 Ora incomincian le dolenti note
    a farmisi sentire; or son venuto
    là dove molto pianto mi percuote.

28 Io venni in loco d'ogni luce muto,
    che mugghia come fa mar per tempesta
    se da contrari venti è combattuto.

31 La bufera infernal, che mai non resta,
    mena gli spirti con la sua rapina;
    voltando e percotendo li molesta.

34 Quando giungon davanti alla ruina,
    quivi le strida, il compianto, il lamento;
    bestemmian quivi la virtù divina.

37 Intesi che a così fatto tormento
    ènno dannati i peccator carnali,
    che la ragion sommettono al talento.

40 E come gli stornei ne portan l'ali,
    nel freddo tempo, a schiera larga e piena,
    così quel fiato gli spiriti mali:

43 di qua, di là, di giù, di su, li mena;

15. *volte:* travolte.
19. *di cui:* chi - *ti fide:* ti fidi.
20. *l'ampiezza dell'entrare:* l'entrata è agevole, ma non certo l'uscita.
21. *gride:* gridi.
25. *dolenti note:* pianti, lamenti e grida di dolore.
27. *mi percuote:* mi colpisce l'orecchio e l'anima.
28. *in loco:* secondo cerchio, quello dei lussuriosi.
31. *resta:* cessa.
32. *rapina:* rapidità. La vita molle che quei peccatori condussero sulla terra trova nell'Inferno la sua pena in un continuo dibattersi delle anime travolte da una tempesta.

34. *ruina:* la frana causata dal terremoto che si produsse alla morte di Gesù, come si dirà al canto XII.
36. *bestemmian quivi la virtù divina:* non seppero meritare la redenzione portata da Cristo sulla terra e perciò la bestemmiano.
38. *ènno:* sono.
39. *la ragion sommettono al talento:* i lussuriosi che sottomettono la ragione all'appetito sensuale.
40-42. *E come gli stornei... spiriti mali:* come le ali portano gli storni a schiera larga e piena, quando emigrano, così quel vento (*fiato*) porta gli spiriti malvagi (*mali*).

nulla speranza li conforta mai,
non che di posa, ma di minor pena.

46 E come i gru van cantando lor lai
facendo in aer di sé lunga riga,
così vidi venir, traendo guai,

49 ombre portate dalla detta briga;
perch'io dissi: « Maestro, chi son quelle
genti che l'aura nera sì gastiga? ».

52 « La prima di color di cui novelle
tu vuo' saper », mi disse quegli allotta,
« fu imperadrice di molte favelle.

55 A vizio di lussuria fu sì rotta
che libito fe' licito in sua legge,
per tòrre il biasmo in che era condotta.

58 Ell'è Semiramìs, di cui si legge
che succedette a Nino e fu sua sposa;
tenne la terra che il Soldan corregge.

61 L'altra è colei che s'ancise amorosa,
e ruppe fede al cener di Sicheo;
poi è Cleopatràs lussuriosa.

64 Elena vedi, per cui tanto reo
tempo si volse, e vedi il grande Achille
che con amore al fine combatteo.

67 Vedi Paris, Tristano... »; e più di mille
ombre mostrommi, e nominommi, a dito,
che amor di nostra vita dipartille.

70 Poscia ch'io ebbi il mio dottore udito
nomar le donne antiche e i cavalieri,
pietà mi giunse, e fui quasi smarrito.

73 Io cominciai: « Poeta, volentieri

44. *nulla:* nessuna.
45. *posa:* sosta.
46. *i gru:* le gru - *lai:* lamenti.
48. *guai:* grida di dolore.
49. *briga:* bufera.
53. *allotta:* allora.
54. *di molte favelle:* di molte nazioni che parlavano diverse lingue.
55. *fu sì rotta:* sfrenatamente dedita.
56-57. *libito... condotta:* per far cessare (*tòrre*) il biasmo in cui era incorsa (*condotta*) dichiarò legalmente lecito ogni capriccio (*libito*).
60. *terra:* Babilonia - *Sol-*

dan: sultano - *corregge:* governa.
61-62. *L'altra... Sicheo:* Didone che si uccise (*ancise*) per amore di Enea, tradendo la memoria del defunto marito Sicheo.
65. *tempo si volse:* la decennale guerra di Troia.
66. *con amore al fine combatteo:* fu infatti ucciso dal fratello di Polissena, mentre stava per sposarla.
67. *Paris:* Paride.
69. *amor di nostra vita dipartille:* morirono per amore.
70. *dottore:* colui che sa, Virgilio.

parlerei a quei due che insieme vanno,
e paion sì al vento esser leggieri ».

76 Ed egli a me: «Vedrai quando saranno
più presso a noi; e tu, allor, li prega
per quell'amor che i mena, ed ei verranno ».

79 Sì tosto come il vento a noi li piega,
mossi la voce: « O anime affannate,
venite a noi parlar, s'altri nol niega! ».

82 Quali colombe, dal disìo chiamate,
con l'ali alzate e ferme al dolce nido
volan per l'aer dal voler portate;

85 cotali uscir della schiera ov'è Dido,
a noi venendo per l'aer maligno,
sì forte fu l'affettuoso grido.

88 « O animal grazioso e benigno
che visitando vai per l'aer perso
noi che tignemmo il mondo di sanguigno:

91 se fosse amico il re dell'universo,
noi pregheremmo lui della tua pace,
poi che hai pietà del nostro mal perverso.

94 Di quel che udire e che parlar vi piace,
noi udiremo e parleremo a vui,
mentre che il vento, come fa, si tace.

97 Siede la terra, dove nata fui,
su la marina dove il Po discende
per aver pace co' seguaci sui.

100 Amor, che al cor gentil ratto s'apprende,
prese costui della bella persona
che mi fu tolta; e il modo ancor m'offende.

103 Amor, che a nullo amato amar perdona,

78. *per quell'amor che i mena:* per quell'amore che li fece morire e che li trascinerà eternamente.

81. *s'altri nol niega:* se Iddio non lo vieta.

83. *alzate:* altre ed.: *aperte.*

85. *cotali:* nello stesso modo, con lo stesso slancio - *Dido:* Didone.

88. *animal:* essere animato - *grazioso:* gentile - *benigno:* pieno di benignità.

89. *perso:* scuro, fosco.

90. *tignemmo il mondo di sanguigno:* tingemmo la terra del nostro sangue.

95. *vui: voi,* Dante e Virgilio.

96. *come fa:* come talvolta suol fare.

97. *terra, dove nata fui:* Ravenna.

99. *per aver pace:* confondendosi al mare, dopo aver tanto corso - *seguaci sui:* i suoi affluenti.

100. *al cor gentil ratto s'apprende:* che rapidamente s'appiglia ai cuori gentili.

103. *Amor, che a nullo amato amar perdona:* che non consente che chi è amato non riami.

mi prese del costui piacer sì forte,
che, come vedi, ancor non m'abbandona.

106 Amor condusse noi ad una morte:
Caina attende chi vita ci spense ».
Queste parole da lor ci fur porte.

109 Quand'io intesi quelle anime offense,
chinai 'l viso, e tanto il tenni basso
fin che il poeta mi disse: « Che pense? ».

112 Quando risposi, cominciai: « Oh lasso!
Quanti dolci pensier, quanto disìo
menò costoro al doloroso passo! ».

115 Poi mi rivolsi a loro e parla' io,
e cominciai: « Francesca, i tuoi martìri
a lagrimar mi fanno tristo e pio.

118 Ma dimmi: al tempo de' dolci sospiri,
a che e come concedette amore
che conosceste i dubbiosi desiri? ».

121 E quella a me: « Nessun maggior dolore
che ricordarsi del tempo felice
nella miseria; e ciò sa il tuo dottore.

124 Ma se a conoscer la prima radice
del nostro amor tu hai cotanto affetto,
farò come colui che piange e dice.

127 Noi leggevamo un giorno per diletto
di Lancillotto, come amor lo strinse:
soli eravamo e sanza alcun sospetto.

130 Per più fiate, gli occhi ci sospinse
quella lettura, e scolorocci il viso;
ma solo un punto fu quel che ci vinse.

104. *piacer:* sua bellezza.
105. *ancor non m'abbandona:* i due stanno, infatti, ancora insieme.
107. *Caina:* la bolgia dell'Inferno ove sono puniti i traditori dei congiunti (canto XXXII).
109. *offense:* afflitte, offese.
111. *pense:* pensi.
112. *lasso:* ahimè!
116. *Francesca:* Francesca da Rimini, che amò il cognato Paolo e insieme a lui fu uccisa dal marito Gianciotto Malatesta.
118. *al tempo de' dolci sospiri:* quando ancora non vi eravate manifestati il vostro

reciproco amore.
119. *a che e come:* per quel segno, in qual modo.
120. *i dubbiosi desiri:* l'uno l'amore dell'altro, di cui ancora non sapeva.
123. *e ciò sa il tuo dottore:* Virgilio, già felice nel mondo ed ora infelice nel Limbo.
124. *la prima radice:* l'origine.
125. *affetto:* desiderio.
127. *diletto:* passatempo.
128. *Lanci'lotto:* la storia di Lancillotto del Lago, racconto francese del XII secolo.
130. *fiate:* volte - *gli occhi ci sospinse:* a guardarci negli occhi.

133   Quando leggemmo il disïato riso
        esser baciato da cotanto amante,
        questi, che mai da me non fia diviso,

136   la bocca mi baciò tutto tremante.
        Galeotto fu il libro e chi lo scrisse:
        quel giorno più non vi leggemmo avante ».

139   Mentre che l'uno spirto questo disse,
        l'altro piangeva sì, che di pietade
        io venni men così com'io morisse;

142   e caddi come corpo morto cade.

CANTO SESTO

1   Al tornar della mente, che si chiuse
        dinanzi alla pietà de' duo cognati,
        che di tristizia tutto mi confuse,

4   novi tormenti e novi tormentati
        mi veggio intorno, come ch'io mi mova,
        e ch'io mi volga, e come che io guati.

7   Io sono al terzo cerchio, della piova
        eterna, maledetta, fredda e greve:
        regola e qualità mai non l'è nova.

10   Grandine grossa, acqua tinta e neve
        per l'aere tenebroso si riversa:
        pute la terra che questo riceve.

13   Cerbero, fiera crudele e diversa,
        con tre gole caninamente latra
        sopra la gente che quivi è sommersa.

16   Gli occhi ha vermigli, la barba unta ed atra,
        e il ventre largo, e unghiate le mani:

133. *il disïato riso:* l'amata bocca di Ginevra, l'amante di Lancillotto.

135. *fia:* sarà.

137. *Galeotto fu il libro e chi lo scrisse:* il libro ed il suo autore furono intermediari dell'amore fra me e Paolo, come Galeotto fu l'intermediario degli amori fra Lancillotto e Ginevra.

138. *quel giorno più non vi leggemmo avante:* per quel giorno la lettura terminò.

5. *come ch'io:* ovunque.

7. *terzo cerchio:* quello dei golosi - *piova:* pioggia.

9. *regola e qualità mai non l'è nova:* è sempre d'uno stesso modo.

10. *tinta:* sudicia.

12. *pute:* puzza - *questo:* questo miscuglio di acqua sporca, grandine e neve.

13. *Cerbero:* cane a tre teste, che, secondo la mitologia pagana, stava a guardia dell'Inferno. Dante fa anche di lui un demonio - *diversa:* mostruosa.

16. *atra:* nera, orrida.

graffia gli spiriti, scuoia ed isquatra.

19 Urlar li fa la pioggia come cani:
dell'un de' lati fanno all'altro schermo;
volgonsi spesso i miseri profani.

22 Quando ci scorse Cerbero, il gran vermo,
le bocche aperse e mostrocci le sanne:
non avea membro che tenesse fermo.

25 Lo duca mio distese le sue spanne,
prese la terra e, con piene le pugna,
la gittò dentro alle bramose canne.

28 Qual è quel cane ch'abbaiando agugna,
e si racqueta poi che il pasto morde,
ché solo a divorarlo intende e pugna,

31 cotai si fecer quelle facce lorde
dello demonio Cerbero, che introna
l'anime sì, ch'esser vorrebber sorde.

34 Noi passavam su per l'ombre che adona
la greve pioggia, e ponevam le piante
sopra lor vanità che par persona.

37 Elle giacean per terra tutte quante,
fuor d'una che a seder si levò, ratto
ch'ella ci vide passarsi davante.

40 « O tu che se' per questo Inferno tratto »,
mi disse, « riconoscimi, se sai;
tu fosti, prima ch'io disfatto, fatto ».

43 E io a lei: « L'angoscia che tu hai
forse ti tira fuor della mia mente,
sì che non par ch'io ti vedessi mai.

18. *isquatra:* squarcia.
19. *Urlar li fa:* sono i golosi che, pronti a sacrificar tutto, nella vita, per ingordigia di cibo, nell'Inferno son dannati a trangugiare acqua sudicia e neve.
21. *volgendosi spesso:* si voltano spesso su un fianco, non potendone più, per fare schermo all'altro - *miseri profani:* reprobi.
22. *il gran vermo:* l'animale vile.
23. *sanne:* zanne.
24. *non avea membro che tenesse fermo:* tremava convulsamente.
25. *spanne:* mani aperte.
27. *bramose canne:* le tre fameliche gole.
28. *agugna:* brama cibo.
30. *intende e pugna:* lotta con il cibo stesso, nell'avidità di addentarlo.
32. *introna:* stordisce coi latrati.
34. *ombre:* anime, spiriti - *adona:* abbatte, doma.
36. *che par persona:* sembrano corpi, ma non sono che ombre vane.
38-39. *ratto ‖ ch'ella:* appena.
40. *tratto:* condotto.
42. *tu fosti, prima ch'io disfatto, fatto:* nascesti prima che io fossi disfatto, morissi.
43. *L'angoscia che tu hai:* il dolore che ti deforma.

46   Ma dimmi chi tu se', che in sì dolente
loco se' messa, ed a sì fatta pena
che, s'altra è maggio, nulla è sì spiacente ».

49   Ed egli a me: « La tua città ch'è piena
d'invidia sì che già trabocca il sacco,
seco mi tenne in la vita serena.

52   Voi cittadini mi chiamaste Ciacco:
per la dannosa colpa della gola,
come tu vedi, alla pioggia mi fiacco.

55   E io anima trista non son sola,
ché tutte queste a simil pena stanno
per simil colpa ». E più non fe' parola.

58   Io gli risposi: « Ciacco, il tuo affanno
mi pesa sì, che al lagrimar m'invita:
ma dimmi, se tu sai, a che verranno

61   li cittadin della città partita;
s'alcun v'è giusto; e dimmi la cagione
perché l'ha tanta discordia assalita ».

64   Ed egli a me: « Dopo lunga tenzone
verranno al sangue, e la parte selvaggia
caccerà l'altra con molta offensione.

67   Poi appresso convien che questa caggia
infra tre soli, e che l'altra sormonti
con la forza di tal che testé piaggia.

70   Alte terrà lungo tempo le fronti
tenendo l'altra sotto gravi pesi,
come che di ciò pianga, o che n'adonti.

73   Giusti son due, e non vi sono intesi:

48. *maggio:* maggiore.
51. *seco mi tenne in la vita serena:* abitavo a Firenze durante la vita terrena.
52. *Ciacco:* sembra trattarsi del poeta fiorentino Ciacco dell'Anguillara, che ebbe fama di uomo estremamente ghiotto.
54. *mi fiacco:* mi sfibro, mi abbatto.
60. *a che verranno:* dove li porteranno le loro discordie.
61. *partita:* divisa nei due partiti dei Bianchi e dei Neri.
62. *s'alcun v'è giusto:* se v'è qualche cittadino saggio.
64. *tenzone:* lotta.
65. *parte selvaggia:* quella dei Bianchi, perché di essa era a capo la famiglia dei Cerchi, venuta a Firenze dai boschi della Val di Sieve.
66. *caccerà:* esilierà - *offensione:* danno.
67. *convien:* è fatale - *caggia:* cada.
68. *tre soli:* tre anni.
69. *tal:* il papa Bonifazio VIII - *piaggia:* si barcamena.
70. *Alte terrà lungo tempo le fronti:* la parte Nera si mostrerà orgogliosa e superba per molti anni.
72. *come che:* benché essa - *n'adonti:* se ne sdegni.
73. *Giusti son due:* sembra che in uno di questi ignoti due cittadini, Dante abbia voluto indicare se stesso.

superbia, invidia ed avarizia sono
le tre faville ch'hanno i cuori accesi ».

76 Qui pose fine al lagrimabil suono.
Ed io a lui: « Ancor vo' che m'insegni,
e che di più parlar mi facci dono.

79 Farinata e il Tegghiaio, che fur sì degni,
Jacopo Rusticucci, Arrigo e il Mosca,
e gli altri che a ben far poser gl'ingegni,

82 dimmi ove sono, e fa ch'io li conosca,
ché gran disìo mi stringe di sapere
se il ciel gli addolcia, o lo 'nferno li attosca ».

85 E quegli: « Ei son tra l'anime più nere:
diversa colpa giù li grava al fondo;
se tanto scendi, là i potrai vedere.

88 Ma quando tu sarai nel dolce mondo,
priegoti che alla mente altrui mi rechi:
più non ti dico e più non ti rispondo ».

91 Li diritti occhi torse allora in biechi:
guardommi un poco, e poi chinò la testa;
cadde con essa a par degli altri ciechi.

94 E il duca disse a me: « Più non si desta
di qua dal suon dell'angelica tromba,
quando verrà la nimica podesta.

97 Ciascun rivederà la trista tomba,
ripiglierà sua carne e sua figura,
udirà quel che in eterno rimbomba ».

100 Sì trapassammo per sozza mistura
dell'ombre e della pioggia, a passi lenti,
toccando un poco la vita futura.

103 Perch'io dissi: « Maestro, esti tormenti
cresceranno ei dopo la gran sentenza,
o fien minori, o saran sì cocenti? ».

106 Ed egli a me: « Ritorna a tua scienza,

79-80. *Farinata... Mosca:* salvo l'Arrigo, che non si sa di preciso chi fosse, ritroveremo Farinata degli Uberti, Tegghiaio Aldobrandi, Jacopo Rusticucci e Mosca dei Lamberti, rispettivamente ai canti X, XVI, XVI, XXVII dell'Inferno.
89. *alla mente altrui mi rechi:* ricordami ai vivi.
95. *di qua dal suon dell'angelica tromba:* prima che suonino le angeliche trombe del Giudizio Universale.
96. *nimica podesta:* Gesù Cristo giudice, nemico dei malvagi.
102. *toccando... la:* accennando alla.
103. *esti:* questi.
105. *fien:* saranno - *saran sì cocenti:* rimarranno gli stessi.
106. *Ritorna a tua scienza:* ricordati della filosofia aristotelica.

che vuol, quanto la cosa è più perfetta,
più senta il bene, e così la doglienza.

109 Tutto che questa gente maledetta
in vera perfezion giammai non vada,
di là più che di qua essere aspetta ».

112 Noi aggirammo a tondo quella strada,
parlando più assai ch'io non ridico;
venimmo al punto dove si digrada:

115 quivi trovammo Pluto, il gran nimico.

CANTO SETTIMO

1 « Papè Satan, Papè Satan, aleppe!... »,
cominciò Pluto con la voce chioccia:
e quel savio gentil, che tutto seppe,

4 disse, per confortarmi: « Non ti noccia
la tua paura; ché, poter ch'egli abbia,
non ci torrà lo scender questa roccia ».

7 Poi si rivolse a quella enfiata labbia,
e disse: « Taci, maledetto lupo:
consuma dentro te con la tua rabbia.

10 Non è senza cagion l'andare al cupo;
vuolsi nell'alto là dove Michele
fe' la vendetta del superbo strupo ».

13 Quali dal vento le gonfiate vele
caggiono avvolte, poi che l'alber fiacca,
tal cadde a terra la fiera crudele.

107. *vuol:* afferma.
108. *doglienza:* dolore.
109. *Tutto che:* benché.
111. *di là più che di qua essere aspetta:* saranno più vicini alla perfezione dopo il Giudizio, perché allora avranno un corpo, che non ora; e soffriranno quindi più di ora.
114. *si digrada:* scende.
115. *Pluto:* dio della ricchezza nella mitologia greco-romana. Un altro demonio.

1. *Papè Satan,* ecc.: le interpretazioni di questo verso non si contano. Ma di sicuro non v'è che la ripetizione del nome di Satana.
2. *chioccia:* rauca.
3. *savio gentil, che tutto seppe:* Virgilio, che capì anche quel linguaggio.
4. *Non ti noccia:* non ti vinca.
5. *ché, poter ch'egli abbia:* per quanto grande sia il suo potere.
6. *non ci torrà:* non ci impedirà.
7. *enfiata labbia:* volto gonfiato dall'ira.
8. *lupo:* simbolo dell'avarizia.
10. *cupo:* nel più profondo e nero Inferno.
11-12. *Michele... strupo:* l'arcangelo che punì la violenta ribellione (*strupo* per *stupro,* atto di violenza).
14. *caggiono:* cadono - *fiacca:* si rompe.

16   Così scendemmo nella quarta lacca,
         pigliando più della dolente ripa
         che il mal dell'universo tutto insacca.

19   Ahi, giustizia di Dio, tante chi stipa
         nuove travaglie e pene, quante io viddi?
         E perché nostra colpa sì ne scipa?

22   Come fa l'onda là sovra Cariddi,
         che si frange con quella in cui s'intoppa,
         così convien che qui la gente riddi.

25   Qui vidi gente più che altrove troppa,
         e d'una parte e d'altra, con grand'urli
         voltando pesi per forza di poppa.

28   Percoteansi incontro; e poscia pur li
         si rivolgea ciascun, voltando a retro,
         gridando: « Perché tieni? », e: « Perché burli? ».

31   Così tornavan per lo cerchio tetro,
         da ogni mano, all'opposito punto,
         gridandosi anche loro ontoso metro;

34   poi si volgea ciascun, quand'era giunto,
         per lo suo mezzo cerchio all'altra giostra.
         E io, che avea lo cor quasi compunto,

37   dissi: « Maestro mio, or mi dimostra
         che gente è questa, e se tutti fur cherci
         questi chercuti alla sinistra nostra ».

40   Ed egli a me: « Tutti quanti fur guerci
         sì della mente in la vita primaia,
         che con misura nullo spendio ferci.

16. *lacca:* il quarto cerchio. quello degli avari e dei prodighi.
17. *pigliando più:* inoltrandoci ancora.
19. *giustizia di Dio, tante chi stipa:* se non tu stessa, giustizia di Dio.
20. *travaglie:* tormenti.
21. *ne scipa:* ci strazia.
22. *Cariddi:* nel vorticoso stretto di Messina.
26. *d'una parte e d'altra:* gli avari e i prodighi.
27. *poppa:* petto.
28. *Percoteansi:* si urtavano - *pur li:* proprio lì.
30. *gridando: « Perché tieni? » e: « Perché burli? »:* i prodighi rimproverano gli avari: « Perché conservate il denaro? », e sono rimproverati a loro volta dagli avari: « Perchè lo gettate via? » (*burli,* sperperi).
33. *anche:* ancora, sempre - *loro ontoso metro:* la loro ingiuriosa cantilena.
34-35. *poi si volgea... giostra:* dopo lo scontro ritornava indietro.
38-39. *se fur tutti cherci... sinistra nostra:* se questi tonsurati che sono alla nostra sinistra (gli avari) furono tutti chierici, ecclesiastici.
40-41. *guerci ǀǀ sì della mente:* ebbero la mente ottenebrata - *vita primaia:* la vita terrena.
42. *con misura nullo spendio ferci:* non fecero mai alcuna spesa con retto discernimento.

43   Assai la voce lor chiaro l'abbaia,
       quando vegnono a' due punti del cerchio,
       dove colpa contraria li dispaia.

46   Questi fur cherci, che non han coperchio
       piloso al capo, e papi e cardinali,
       in cui usa avarizia il suo soperchio ».

49   Ed io: « Maestro, tra questi cotali
       dovre' io ben riconoscere alcuni
       che furo immondi di cotesti mali ».

52   Ed egli a me: « Vano pensiero aduni:
       la sconoscente vita che i fe' sozzi,
       ad ogni conoscenza or li fa bruni.

55   In eterno verranno alli duo cozzi:
       questi risurgeranno dal sepolcro
       col pugno chiuso, e questi coi crin mozzi.

58   Mal dare e mal tener lo mondo pulcro
       ha tolto loro, e posti a questa zuffa:
       qual ella sia, parole non ci appulcro.

61   Or puoi veder, figliuol, la corta buffa
       de' ben che son commessi alla Fortuna,
       per che l'umana gente si rabbuffa;

64   ché tutto l'oro ch'è sotto la luna,
       e che già fu, di quest'anime stanche
       non poterebbe farne posar una ».

67   « Maestro », diss'io lui, « or mi di' anche:
       questa Fortuna, di che tu mi tocche,
       che è, che i ben del mondo ha sì tra branche? ».

70   Ed egli a me: « O creature sciocche,
       quanta ignoranza è quella che v'offende!
       Or vo' che tu mia sentenza ne imbocche.

---

43. *abbaia:* grida.

45. *colpa contraria li dispaia:* le loro opposte colpe li dividono dopo l'incontro.

46-47. *coperchio* ‖ *piloso al capo:* capelli.

48. *avarizia il suo soperchio:* nei quali l'avarizia è smisurata.

52. *aduni:* accogli nella tua mente.

53-54. *la sconoscente vita... bruni:* l'ignobile vita che li fece sozzi di questi vizi li rende ora sconosciuti ed oscuri a tutti.

58-59. *Mal dare... loro:* lo spendere esagerato dei prodighi e lo smisurato mettere da parte degli avari hanno tolto agli uni ed agli altri il Paradiso (*io mondo pulcro*). - *pulcro:* bello.

60. *parole non ci appulcro:* non tento di abbellirla con le parole.

61. *buffa:* beffa.

63. *rabbuffa:* accapiglia.

66. *posar:* riposare.

68. *tocche:* mi fai cenno.

69. *tra branche:* in suo dominio.

72. *mia sentenza ne imbocche:* ricevi il mio insegnamento come un bambino a cui si imbocchi il cibo.

73 Colui lo cui saper tutto trascende,
   fece li cieli, e diè lor chi conduce,
   sì che ogni parte ad ogni parte splende,

76 distribuendo egualmente la luce:
   similemente, agli splendor mondani
   ordinò general ministra e duce

79 che permutasse a tempo li ben vani
   di gente in gente e d'uno in altro sangue,
   oltre la difension di senni umani;

82 per che una gente impera ed altra langue,
   seguendo lo giudicio di costei
   che è occulto come in erba l'angue.

85 Vostro saver non ha contrasto a lei;
   ella provvede, giudica, e persegue
   suo regno come il loro gli altri Dei.

88 Le sue permutazion non hanno triegue;
   necessità la fa esser veloce;
   sì spesso vien chi vicenda consegue.

91 Quest'è colei, ch'è tanto posta in croce
   pur da color che le dovrian dar lode,
   dandole biasmo a torto e mala voce.

94 Ma ella s'è beata e ciò non ode:
   con l'altre prime creature lieta
   volve sua spera e beata si gode.

97 Or discendiamo omai a maggior pièta;
   già ogni stella cade che saliva
   quando mi mossi, e il troppo star si vieta ».

73. *Colui:* Dio - *tutto trascende:* è al di sopra di tutto.
74. *diè lor chi conduce:* una intelligenza celeste che muove ciascun cielo.
75. *splende:* allo splendore di ogni cielo corrisponde il brillare di una gerarchia celeste, angelica.
78. *ordinò general ministra e duce:* in quello stesso modo prepose (*ordinò*) una dispensatrice (*ministra e duce*) dei beni mondani.
81. *la difension di senni umani:* al di là di qualsiasi ostacolo che mente umana possa opporre.
82. *per che:* per la qual cosa.
84. *angue:* serpente.
85. *contasto:* contrasto.

87. *gli altri Dei:* le altre intelligenze celesti.
89. *necessità:* di obbedire alla volontà divina.
90. *vien chi vicenda consegue:* così v'è spesso chi cambi sorte.
95. *prime creature:* gli angeli.
96. *volve sua spera:* gira la sua sfera, governa il suo regno, quello dei destini degli uomini.
97. *a maggior pièta:* verso uno spettacolo più triste.
98. *già ogni stella cade:* le stelle tramontano, è passata la mezzanotte.
99. *il troppo star si vieta:* in quanto l'intero viaggio nell'Inferno non dovrà durare più di ventiquattro ore.

100   Noi ricidemmo il cerchio all'altra riva,
      sopra una fonte che bolle e riversa
      per un fossato che da lei deriva.

103   L'acqua era buia assai più che persa;
      e noi, in compagnia dell'onde bige,
      entrammo giù per una via diversa.

106   Una palude fa, che ha nome Stige,
      questo tristo ruscel, quando è disceso
      al piè delle maligne piagge grige.

109   E io, che di mirare stava inteso,
      vidi genti fangose in quel pantano,
      ignude tutte, con sembiante offeso.

112   Queste si percotean, non pur con mano,
      ma con la testa e col petto e co' piedi,
      troncandosi co' denti a brano a brano.

115   Lo buon maestro disse: « Figlio, or vedi
      l'anime di color cui vinse l'ira;
      e anche vo' che tu per certo credi

118   che sotto l'acqua ha gente che sospira,
      e fanno pullular quest'acqua al summo,
      come l'occhio ti dice, u' che s'aggira.

121   Fitti nel limo, dicon: — Tristi fummo
      nell'aer dolce che dal sol s'allegra,
      portando dentro accidioso fummo;

124   or ci attristiam nella belletta negra. —
      Quest'inno si gorgoglian nella strozza,
      ché dir nol posson con parola integra ».

127   Così girammo della lorda pozza
      grand'arco, tra la ripa secca e il mézzo,
      con gli occhi vòlti a chi del fango ingozza:

130   venimmo al piè d'una torre, al da sezzo.

CANTO OTTAVO

1   Io dico, seguitando, ch'assai prima
      che noi fussimo al piè dell'altra torre,
      gli occhi nostri n'andar suso alla cima

100. *ricidemmo:* attraversammo. Giungono così nel quinto cerchio, quello degli iracondi.

103. *persa:* quasi nera.

104. *in compagnia dell'onde bige:* lungo il fiume.

106. *Stige:* il secondo fiume dell'Inferno.

109. *inteso:* attento.

111. *offeso:* sdegnoso.

112. *non pur:* non soltanto.

1. *seguitando:* si è ancora nel cerchio degli iracondi.

4   per due fiammette che i vedemmo porre,
     e un'altra da lungi render cenno,
     tanto, ch'a pena il potea l'occhio tòrre.

7   E io, rivolto al mar di tutto 'l senno,
     dissi: « Questo che dice? E che risponde
     quell'altro foco? E chi son quei che il fenno? ».

10   Ed egli a me: « Su per le sucide onde
     già scorgere puoi quello che s'aspetta,
     se il fummo del pantan nol ti nasconde ».

13   Corda non pinse mai da sé saetta
     che sì corresse via per l'aere snella,
     com'io vidi una nave piccioletta

16   venir per l'acqua verso noi in quella,
     sotto il governo d'un sol galeoto
     che gridava: « Or se' giunta, anima fella! ».

19   « Flegiàs, Flegiàs, tu gridi a vòto »,
     disse lo mio signore, « a questa volta:
     più non ci avrai che sol passando il loto ».

22   Qual è colui che grande inganno ascolta
     che gli sia fatto, e poi se ne rammarca;
     tal si fe' Flegiàs nell'ira accolta.

25   Lo duca mio discese nella barca,
     e poi mi fece entrare appresso lui,
     e sol quand'io fui dentro parve carca.

4. *i:* ivi.
5. *altra:* fiammella. Le prime due segnalavano l'avvicinarsi di Dante e di Virgilio, e la terza risponde da lontano che il segnale è stato raccolto (*render cenno*).
6. *tanto, ch'a pena il potea l'occhio tòrre:* da tanto lontano (*da lungi... tanto*) che l'occhio poteva s c o r g e r l o (*tòrre*) appena.
7. *mar di tutto 'l senno:* Virgilio, colui che tutto sa.
8. *Questo:* fuoco.
9. *il fenno:* che lo fecero (il segnale)?
11. *quello che s'aspetta:* la navicella che sta per giungere.
12. *fummo:* il fumo, la caligine.
13. *Corda non pinse mai:* una corda d'arco non spinse (*pinse*) mai una saetta che corresse tanto snella nell'aria quanto veloce corre la barca.
16. *in quella:* in quel mentre.
17. *sotto il governo d'un sol galeoto:* governata da un marinaio (*galeoto*) soltanto.
18. *Or:* finalmente - *fella:* malvagia.
19. *Flegiàs:* altro personaggio mitologico trasformato in demonio - *a vòto:* invano.
20. *a:* per.
21. *più:* più a lungo - *sol passando:* solo per quanto durerà il passaggio - *il loto:* il fango, la palude fangosa.
22-23. *Qual... fatto:* c o m e chi apprende di essere stato ingannato.
24. *accolta:* repressa.
27. *parve carca:* carica per il peso del corpo di Dante: gli altri due non pesano perché sono solo anime.

28   Tosto che il duca ed io nel legno fui,
            segando se ne va l'antica prora
            dell'acqua più che non suol con altrui.

31   Mentre noi correvam la morta gora,
            dinanzi mi si fece un pien di fango,
            e disse: « Chi se' tu, che vieni anzi ora? ».

34   E io a lui: « S'io vegno, non rimango:
            ma tu chi se', e che sì se' fatto brutto? ».
            Rispose: « Vedi che son un che piango ».

37   E io a lui: « Con piangere e con lutto,
            spirito maledetto, ti rimani;
            ch'io ti conosco, ancor sie lordo tutto ».

40   Allora stese al legno ambo le mani;
            per che il maestro accorto lo sospinse,
            dicendo: « Via costà con gli altri cani! ».

43   Lo collo poi con le braccia mi cinse,
            baciommi il vólto, e disse: « Alma sdegnosa,
            benedetta colei che in te s'incinse!

46   Quei fu al mondo persona orgogliosa;
            bontà non è che sua memoria fregi:
            così s'è l'ombra sua qui furiosa.

49   Quanti si tengon or lassù gran regi,
            che qui staranno come porci in brago,
            di sé lasciando orribili dispregi! ».

52   E io: « Maestro, molto sarei vago
            di vederlo attuffare in questa broda,
            prima che noi uscissimo del lago ».

30. *più che non suol con al_trui:* la navicella, immersa a causa del peso di Dante, taglia più acqua del solito, di quando trasporta solo anime.

31. *correvam:* percorrevamo - *morta gora:* la palude stagnante.

32. *un:* un tale. È Filippo Argenti degli Adimari, uomo di grande alterigia, che Dante odiava assieme a tutta la famiglia.

33. *anzi ora:* prima della tua ora, della morte.

35. *che sì se' fatto brutto:* che ti sei tanto imbrattato (*brutto,* sporco).

36. *un che piango:* un infelice.

38. *ti rimani:* imperativo: e rimani a piangere e a dolerti!

39. *ancor sie:* sebbene tu sia.

41. *per che:* per il quale atto.

44. *Alma sdegnosa:* anima dotata di nobile sdegno.

45. *colei che in te s'incinse:* tua madre.

46. *Quei:* quegli, Filippo Argenti.

47. *bontà non è che sua memoria fregi:* non ci sono nella sua vita buone azioni che rendano caro il ricordo di lui.

48. *così:* perciò - *s'è:* è.

49. *si tengon:* si ritengono - *lassù:* sulla terra - *gran regi:* importanti personaggi.

51. *lasciando orribili dispregi:* memoria di fatti orribili e spregevoli.

52. *vago:* desideroso.

76

55 Ed egli a me: « Avanti che la proda
    ti si lasci veder, tu sarai sazio;
    di tal disìo converrà che tu goda ».

58 Dopo ciò poco, vidi quello strazio
    far di costui alle fangose genti,
    che Dio ancor ne lodo e ne ringrazio.

61 Tutti gridavano: « A Filippo Argenti! ».
    E 'l fiorentino spirito bizzarro
    in se medesmo si volgea co' denti.

64 Quivi il lasciammo, che più non ne narro;
    ma nelle orecchie mi percosse un duolo,
    perch'io avanti l'occhio intento sbarro.

67 Lo buon maestro disse: « Omai, figliuolo,
    s'appressa la città ch'ha nome Dite,
    coi gravi cittadin, col grande stuolo ».

70 Ed io: « Maestro, già le sue meschite
    là entro certe nella valle cerno
    vermiglie, come se di foco uscite

73 fossero ». Ed ei mi disse: « Il foco eterno,
    ch'entro le affoca, le dimostra rosse,
    come tu vedi, in questo basso Inferno ».

76 Noi pur giugnemmo dentro all'alte fosse
    che vallan quella terra sconsolata:
    le mura mi parean che ferro fosse.

79 Non sanza prima far grande aggirata,
    venimmo in parte dove il nocchier forte
    « Uscite », ci gridò; « qui è l'entrata ».

55-56. *Avanti... veder:* prima che ti appaia la riva (*proda*) - *sazio:* soddisfatto.

58-59. *vidi... fangose genti:* vidi fare di costui siffatto (*quello*) strazio dalle (*alle*) anime fangose, infangate, gli iracondi.

61. *A Filippo Argenti:* Dàgli addosso, a Filippo Argenti!

62. *bizzarro:* bizzoso.

63. *in se medesmo si volgea co' denti:* si mordeva le mani per la rabbia.

65. *duolo:* un lamento di dolore.

66. *perch'io:* per cui - *avanti:* davanti a me - *intento:* attento.

68. *s'appressa la città ch'ha nome Dite:* si avvicina la parte bassa dell'Inferno chiamata Dite, da uno dei nomi di Satana.

69. *gravi:* oppressi da gravi colpe e, quindi, da gravi pene - *cittadin:* i dannati - *grande stuolo:* grande moltitudine, esercito di diavoli.

70. *meschite:* torri.

71. *certe nella valle cerno:* scorgo (*cerno*) chiaramente (*certe*) là, dentro la valle.

74. *affoca:* infoca - *le dimostra:* le fa apparire.

76. *pur:* infine.

77. *vallan:* circondano come fossati.

79. *Non sanza prima far grande aggirata:* non senza aver fatto prima un lungo giro delle mura.

80. *in parte:* in un luogo - *forte:* fortemente, a voce alta.

82   Io vidi più di mille in su le porte,
       dal ciel piovuti, che stizzosamente
       dicean: « Chi è costui che sanza morte

85   va per lo regno della morta gente? ».
       E il savio mio maestro fece segno
       di voler lor parlar segretamente.

88   Allor chiusero un poco il gran disdegno,
       e disser: « Vien tu solo, e quei sen vada,
       che sì ardito entrò per questo regno.

91   Sol si ritorni per la folle strada;
       provi, se sa; ché tu qui rimarrai,
       che gli hai scorta sì buia contrada ».

94   Pensa, lettor, se io mi sconfortai
       al suon delle parole maledette;
       ch'io non credetti ritornarci mai.

97   « O caro duca mio, che più di sette
       volte m'hai sicurtà renduta e tratto
       d'alto periglio che incontra mi stette,

100   non mi lasciar », diss'io, « così disfatto;
       e se 'l passar più oltre ci è negato,
       ritroviam l'orme nostre insieme ratto ».

103   E quel signor, che lì m'avea menato,
       mi disse: « Non temer, ché il nostro passo
       non ci può tòrre alcun, da tal n'è dato.

106   Ma qui m'attendi, e lo spirito lasso
       conforta e ciba di speranza buona,
       ch'io non ti lascerò nel mondo basso ».

109   Così sen va, e quivi m'abbandona,
       lo dolce padre, ed io rimango in forse,
       ché no e sì nel capo mi tenzona.

112   Udir non pote' quello ch'a lor porse;

82-83. *mille... dal ciel piovuti:* diavoli (erano stati angeli).

91. *Sol si ritorni per la folle strada:* se ne torni da solo per la strada che ha follemente percorsa.

93. *che gli ha scorta sì buia contrada:* lo hai guidato fin qui, in così buia contrada.

96. *ritornarci mai:* ritornar sulla terra.

97-98. *che più di sette || volte:* più e più volte.

99. *incontra mi stette:* mi si presentò davanti.

100. *disfatto:* abbattuto.

102. *ritroviam l'orme nostre insieme ratto:* ritorniamo subito (*ratto*) indietro.

104. *passo:* viaggio.

105. *tal:* un essere talmente potente, Dio.

106. *lasso:* affaticato.

108. *mondo basso:* l'Inferno.

111. *no e sì nel capo mi tenzona:* la speranza e la paura si combattono tra loro nella mia mente.

112. *non pote':* non potei - *quello ch'a lor porse:* quello che disse loro.

        ma ei non stette là con essi guari,
        che ciascun dentro a prova si ricorse.
115   Chiuser le porte que' nostri avversari
        nel petto al mio signor, che fuor rimase
        e rivolsesi a me con passi rari.
118   Gli occhi alla terra e le ciglia avea rase
        d'ogni baldanza, e dicea ne' sospiri:
        « Chi m'ha negate le dolenti case! ».
121   E a me disse: « Tu, perch'io m'adiri
        non sbigottir, ch'io vincerò la prova,
        qual ch'alla difension, dentro, s'aggiri.
124   Questa lor tracotanza non è nuova,
        ché già l'usaro a men segreta porta,
        la qual sanza serrame ancor si trova.
127   Sopr'essa vedestù la scritta morta:
        e già, di qua da lei, discende l'erta
        passando per li cerchi, sanza scorta,
130   tal che per lui ne fia la terra aperta ».

CANTO NONO

1   Quel color che viltà di fuor mi pinse
        veggendo il duca mio tornare in volta,
        più tosto dentro il suo novo ristrinse.

113. *guari:* a lungo.
114. *ciascun dentro a prova si ricorse:* fecero tutti a gara (*a prova*) nello scappare dentro.
116. *nel petto:* oggi diciamo in faccia.
117. *rivolsesi:* tornò - *rari:* lenti.
118-119. *le ciglia... baldanza:* gli occhi privati (*rase*) d'ogni aria di sicurezza.
120. *Chi:* vedi un po' chi mai m'ha negato di entrare in questa parte dell'Inferno!
121. *perch'io m'adiri:* per il fatto che io mi ràttristi.
123. *qual ch'allo difension, dentro, s'aggiri:* chiunque, qualunque sia la potenza che si aggira dentro le mura per vietarcene l'ingresso (*alla difension*).
125. *usaro:* usarono - *a men segreta porta:* appartata, ripo-

sta. La porta del Limbo, che fu spezzata da Gesù e si trova ancora aperta (*senza serrame*).
127. *vedestù:* tu vedesti - *la scritta morta:* la triste iscrizione del canto III.
128. *e: ma - di qua da lei:* oltre quella porta - *discende l'erta:* la discesa c h e m e n a verso Dite.
129. *senza scorta:* senza bisogno di guida.
130. *tal che per lui ne fia la terra aperta:* un tale essere che per sua virtù la città (*terra*) ci sarà (*ne fia*) aperta.

1. *Quel color che viltà di fuor mi pinse:* quel pallore che la paura mi aveva dipinto (*pinse*) sul volto (*di fuor*).
2. *in volta:* indietro.
3. *più tosto dentro il suo novo ristrinse:* fece che Vir-

4   Attento si fermò com'uom ch'ascolta:
       ché l'occhio nol potea menare a lunga,
       per l'aere nero e per la nebbia folta.

7   « Pur, a noi converrà vincer la punga »,
       cominciò ei, « se non... tal ne s'offerse...
       Oh, quanto tarda a me ch'altri qui giunga! ».

10   Io vidi ben sì com'ei ricoperse
       lo cominciar con l'altro che poi venne,
       che fur parole alle prime diverse.

13   Ma nondimen paura il suo dir dienne,
       perch'io traeva la parola tronca
       forse a peggior sentenzia che non tenne.

16   « In questo fondo della trista conca
       discende mai alcun del primo grado,
       che sol per pena ha la speranza cionca? ».

19   Questa question fec'io; e quei: « Di rado
       incontra », mi rispose, « che di nui
       faccia il cammino alcun pel quale io vado.

22   Ver è ch'altra fiata quaggiù fui,
       congiurato da quella Eritón cruda

gilio più presto respingesse entro di sé il suo stesso pallore, insolito (*novo*) in lui.

5. *l'occhio nol potea menare a lunga:* non poteva spingere lontano lo sguardo.

7. *converrà:* occorrerà - *la punga:* la pugna, la lotta con i diavoli.

8. *Se non... tal ne s'offerse:* non termina la prima frase e ricorda che chi si presentò a lui per indurlo al viaggio (Beatrice) è tale che non mancherà certo di soccorrerli, ora.

9. *Oh, quanto tarda a me:* non vedo l'ora - *altri:* il messaggero celeste che è già in cammino e che dovrà aiutarli.

10-11. *com'ei ricoperse ‖ lo cominciar:* celò (*ricoperse*) l'inizio del suo discorso - *con l'altro che poi venne:* mutando argomento.

13. *dienne:* ne dié.

14. *perch'io traeva la parola tronca:* interpretavo (*traeva*) il *se non* della frase interrotta.

15. *forse a peggior sentenzia che non tenne:* con un si-

gnificato (*sentenzia*) peggiore che esso non avesse (*non tenne*).

16. *In questo fondo:* la città di Dite - *trista conca:* l'Inferno.

17. *primo grado:* il Limbo.

18. *che sol per pena ha la speranza cionca:* la cui sola pena è il non aver speranza (*cionca*, azzoppata, che non va).

19. *question:* domanda.

20. *incontra:* avviene.

21. *alcun:* qualcuno di noi (*di nui*).

22. *altra fiata:* altra volta.

23. *congiurato:* evocato per mezzo di scongiuri, di magia - *Eritòn:* maga che, pregata dal figlio di Pompeo, ridiede corpo all'anima di un morto perché predicesse l'esito delle controversie fra Pompeo e Cesare. Dante immagina che essa costringesse Virgilio, morto da poco (*di poco era di me la carne nuda*), a scendere nel cerchio dei traditori (*di Giuda*) per trarne l'anima del morto - *cruda:* crudele.

che richiamava l'ombre a' corpi sui.

25 Di poco era di me la carne nuda,
   ch'ella mi fece entrar dentro a quel muro
   per trarne un spirto del cerchio di Giuda.

28 Quell'è il più basso loco, e il più oscuro,
   e il più lontan dal ciel che tutto gira:
   ben so il cammin; però ti fa sicuro.

31 Questa palude che il gran puzzo spira,
   cinge d'intorno la città dolente,
   u' non potemo entrare omai sanz'ira ».

34 Ed altro disse, ma non l'ho a mente;
   però che l'occhio m'avea tutto tratto
   vér l'alta torre, alla cima rovente,

37 dove in un punto furon dritte ratto
   tre Furïe infernal di sangue tinte,
   che membra femminili aveano, ed atto,

40 e con idre verdissime eran cinte;
   serpentelli e ceraste avean per crine,
   onde le fiere tempie erano avvinte.

43 E quei, che ben conobbe le meschine
   della regina dell'eterno pianto,
   « Guarda », mi disse, « le feroci Erine.

46 Quest'è Megera, dal sinistro canto;
   quella che piange dal destro, è Aletto;
   Tesìfone è nel mezzo ». E tacque a tanto.

49 Con l'unghie si fendea ciascuna il petto;
   batteansi a palme; e gridavan sì alto,
   ch'io mi strinsi al poeta per sospetto.

52 « Vegna Medusa: sì 'l farem di smalto! »,
   dicevan tutte, riguardando in giuso:

28-29. Quell'è... tutto gira: il cerchio di Giuda è il più distante dal Cielo che circonda l'universo *che tutto gira*).

30. *però ti fa sicuro*: perciò rassicurati.

33. *u'*: dove - *potemo*: possiamo - *sanz'ira*: senza lotta.

35. *tratto*: attratto.

36. *vèr*: verso - *alla*: dalla.

37. *in un punto*: ad un tratto - *dritte ratto*: erette rapidamente.

38. *Furïe*: mostri infernali della mitologia, dette anche Erinni (*Erine*).

39. *atto*: aspetto.

40. *idre*: serpenti - *eran cin-*

te: avevan per cintura.

41. *ceraste*: serpi cornute.

42. *onde*: di cui - *fiere*: orride.

44. *della regina dell'eterno pianto*: Prosèrpina, regina dell'Inferno.

46. *dal sinistro canto*: dal lato sinistro.

50. *a palme*: con le mani.

51. *sospetto*: paura.

52. *Vegna Medusa: sì 'l farem di smalto!*: Medusa, figura mitologica che aveva il potere di trasformare in pietra (*di smalto*) chi la guardasse. Le Furie l'invocano perché pietrifichi Dante.

« Mal non vengiammo, in Teseo, l'assalto ».

55 « Vòlgiti indietro e tien lo viso chiuso;
ché, se il Gorgón si mostra e tu il vedessi,
nulla sarebbe del tornar mai suso ».

58 Così disse il maestro; ed egli stessi
mi volse, e non si tenne alle mie mani,
che con le sue ancor non mi chiudessi.

61 O voi ch'avete gl'intelletti sani,
mirate la dottrina che s'asconde
sotto il velame de li versi strani.

64 E già venìa su per le torbid'onde
un fracasso d'un suon pien di spavento,
per che tremavan amendue le sponde,

67 non altrimenti fatto che d'un vento
impetuoso per gli avversi ardori,
che fier la selva e sanza alcun rattento

70 li rami schianta, abbatte e porta fuori;
dinanzi polveroso va superbo
e fa fuggir le fiere e li pastori:

73 gli occhi mi sciolse e disse: « Or drizza il nerbo

54. *Mal non vengiammo, in Teseo, l'assalto:* Facemmo male quando non vendicammo (*vengiammo*) su (*in*) Teseo l'assalto. Teseo, un eroe mitico greco, scese nell'Inferno per rapire Prosèrpina; se allora le Furie avessero punito il suo assalto, ora Dante non avrebbe avuto l'audacia di violare anche lui il regno dei morti.

55. *viso:* occhi.

56. *Gorgón:* il capo di Medusa.

57. *nulla sarebbe del tornar mai suso:* non sarebbe più possibile tornar su, nel mondo, poiché diverresti di pietra.

58. *egli stessi:* egli stesso:

59-60. *non si tenne... mi chiudessi:* non si tenne pago, non si fidò ch'io mi chiudessi gli occhi con le mie sole mani, me le coprì anche con le sue.

61. *gl'intelletti sani:* disposti a comprendere.

62. *dottrina:* il senso allegorico.

63. *velame:* velo - *de li versi strani:* misteriosi. Dante dichiara che i suoi versi hanno un senso allegorico. Se alle volte il simbolo è evidente, altre volte, però, invano i commentatori hanno tra loro discusso su questa o su quella interpretazione. Non è chiaro, per esempio, il significato delle Furie, di Medusa e dell'angelo che sta per giungere.

67. *Non altrimenti fatto:* non differente dallo strepito di un vento impetuoso.

68. *per gli avversi ardori:* a causa delle correnti calde che incontra.

69. *fier:* ferisce - *sanza alcun rattento:* senza che nulla possa trattenerlo.

70. *porta fuori:* trascina con sé.

71. *polveroso va superbo:* procede impetuoso pieno di polvere.

73. *gli occhi mi sciolse:* Virgilio mi scoprì gli occhi - *or drizza il nerbo:* aguzza lo sguardo (*del viso*).

del viso su per quella schiuma antica,
per indi ove quel fummo è più acerbo ».

76 Come le rane innanzi alla nemica
biscia per l'acqua si dileguan tutte,
fin che alla terra ciascuna s'abbica,

79 vid'io più di mille anime distrutte
fuggir così dinanzi ad un che al passo
passava Stige con le piante asciutte.

82 Dal vólto rimovea quell'aer grasso,
menando la sinistra innanzi spesso;
e sol di quell'angoscia parea lasso.

85 Ben m'accorsi ch'egli era da ciel messo,
e volsimi al maestro; e quei fe' segno
ch'io stessi queto ed inchinassi ad esso.

88 Ahi quanto mi parea pien di disdegno!
Giunse alla porta, e con una verghetta
l'aperse, che non v'ebbe alcun ritegno.

91 « O cacciati del ciel, gente dispetta »,
cominciò egli in su l'orribil soglia,
« ond'esta oltracotanza in voi s'alletta?

94 Perché ricalcitrate a quella voglia
a cui non può il fin mai esser mozzo,
e che più volte v'ha cresciuta doglia?

97 Che giova nelle fata dar di cozzo?
Cerbero vostro, se ben vi ricorda,

ne porta ancor pelato il mento e il gozzo ».

100 Poi si rivolse per la strada lorda,
    e non fe' motto a noi, ma fe' sembiante
    d'omo cui altra cura stringa e morda,

103 che quella di colui che gli è davante:
    e noi movemmo i piedi inver la terra,
    sicuri appresso le parole sante.

106 Dentro v'entrammo, senz'alcuna guerra;
    ed io, ch'avea di riguardar disìo
    la condizion che tal fortezza serra,

109 com'io fui dentro, l'occhio intorno invio
    e veggio ad ogni man grande campagna,
    piena di duolo e di tormento rio.

112 Sì come ad Arli, ove Rodano stagna,
    sì com'a Pola, presso del Carnaro
    che Italia chiude e suoi termini bagna,

115 fanno i sepulcri tutto il loco varo;
    così facevan quivi, d'ogni parte,
    salvo che il modo v'era più amaro;

118 ché, tra gli avelli, fiamme erano sparte,
    per le quali eran sì del tutto accesi
    che ferro più non chiede verun'arte.

121 Tutti li lor coperchi eran sospesi,
    e fuor n'uscivan sì duri lamenti,

entrata che era stata decre-
tata dal volere del Fato, e
l'eroe, allora, lo punì legan-
dolo per il collo e trascinan-
dolo fuori. Il mento ed il gozzo di Cerbero sono ancora
spelati per la catena che lo
avvinse.
100. *si rivolse:* ritornò indietro.
101. *non fe' motto:* non
parlò - *fe' sembiante:* mostrò
l'espressione.
102. *cura:* necessità, occu-
pazione - *morda:* urga, incom-
ba. Egli pensa ormai al cielo,
infatti.
104. *terra:* la città di Dite.
105. *appresso:* dopo.
106. *guerra:* resistenza. Ed
ecco il sesto cerchio, quello
degli eretici.
108. *la condizion:* dei dannati.
110. *ad ogni man:* a destra
ed a sinistra, ovunque - *cam-*

pagna: pianura.
111. *duolo:* lamenti - *rio.*
terribile, intollerabile.
112. *Arli:* Arles, in Proven-
za - *stagna:* s'impaluda.
113. *Carnaro:* il golfo del
Quarnaro.
114. *termini:* confini.
115. *fanno i sepulcri tutto
il loco varo:* i molti sepolcri
romani rendono diseguale,
mosso (*varo*) il terreno.
117. *salvo che il modo v'era
più amaro:* qui lo stato (*modo*) dei sepolcreti era più
triste.
118. *sparte:* sparse.
119. *per le quali eran sì:*
così roventi erano quei sepolcri.
120. *che ferro più non chiede verun'arte:* nessun'arte me-
tallurgica richiede ferro più
arroventato di quanto non lo
fossero i sepolcri.
121. *sospesi:* alzàti.

che ben parean di miseri e d'offesi

124 E io: « Maestro, quai son quelle genti
che, seppellite dentro da quell'arche,
si fan sentir con li sospir dolenti? ».

127 Ed egli a me: « Qui son gli eresiarche,
coi·lor seguaci d'ogni setta, e molto
più che non credi son le tombe carche.

130 Simile qui con simile è sepolto;
e i monimenti son più e men caldi ».
E, poi ch'alla man destra si fu vòlto,

133 passammo tra i martìri e gli alti spaldi.

CANTO DECIMO

1 Ora sen va, per un secreto calle,
tra il muro della terra e li martìri,
lo mio maestro, e io dopo le spalle.

4 « O virtù somma che per gli empi giri
mi volvi », cominciai, « com'a te piace,
parlami, e satisfammi a' miei desiri.

7 La gente che per li sepolcri giace
potrebbesi veder? Già son levati
tutti i coperchi, e nessun guardia face ».

10 Ed egli a me: « Tutti saran serrati,
quando, di Giosaffat, qui torneranno
coi corpi che lassù hanno lasciati.

13 Suo cimitero da questa parte hanno
con Epicuro tutti i suoi seguaci,
che l'anima col corpo morta fanno.

125. *da quell'arche:* in quelle tombe.
127. *eresiarche:* gli eresiarchi, i capi delle sètte eretiche.
131. *i monimenti son più e men caldi:* i monumenti, i sepolcri, sono più o meno infocati, a seconda della gravità dell'eresia di ciascun dannato.
132. *alla man destra si fu vòlto:* ebbe, contrariamente al solito, girato verso destra.
133. *martìri:* le tombe - *spaldi:* spalti, l'alto delle mura.

1. *secreto:* appartato.
2. *terra:* città - *martìri:* tombe.

3. *dopo le spalle:* dietro di lui.
4. *O virtù somma:* Virgilio - *empi giri:* i cerchi dell'Inferno.
5. *volvi:* conduci.
6. *satisfammi:* soddisfami.
9. *face:* fa.
10. *Tutti:* i sepolcri.
11. *Giosaffat:* da Giosafatte, la valle ove avrà luogo il Giudizio Universale e dove le anime riprenderanno il loro corpo - *qui torneranno:* soggetto, i dannati.
14. *Epicuro:* filosofo greco, negatore dell'immortalità dell'anima.

16   Però alla dimanda che mi faci,
         quinc'entro satisfatto sarà tosto,
         ed al disìo ancor, che tu mi taci ».

19   E io: « Buon duca, non tegno riposto
         a te mio cor, se non per dicer poco;
         e tu m'hai non pur mo a ciò disposto ».

22   « O Tósco che per la città del foco
         vivo ten vai così parlando onesto,
         piacciati di restare in questo loco.

25   La tua loquela ti fa manifesto
         di quella nobil patria natìo
         alla qual forse fui troppo molesto ».

28   Subitamente questo suono uscìo
         d'una dell'arche: però m'accostai,
         temendo, un poco più al duca mio.

31   Ed ei mi disse: « Vòlgiti; che fai?
         Vedi là Farinata, che s'è dritto:
         dalla cintola in su tutto il vedrai ».

34   I' aveva già 'l mio viso nel suo fitto;
         ed ei s'ergea col petto e con la fronte,
         com'avesse l'Inferno in gran dispitto:

37   e l'animose man del duca e pronte
         mi spinser tra le sepolture a lui,
         dicendo: « Le parole tue sien conte ».

40   Com'io al piè della sua tomba fui,
         guardommi un poco, e poi, quasi sdegnoso,

16. *faci:* fai.

17. *quinc'entro:* tra queste tombe.

18. *e al disìo ancor, che tu mi taci:* ed anche al desiderio che non mi palesi.

19. *riposto:* nascosto.

20. *mio cor:* il mio pensiero - *se non per dicer poco:* solamente per parlare troppo.

21. *pur mo:* non soltanto ora, ma anche altre volte - *a ciò disposto:* a tacere.

22. *Tósco:* toscano - *città del foco:* la città di Dite.

23. *onesto:* con garbo, con riverenza.

24. *piacciati di restare in questo loco:* compiàciti di soffermarti un poco.

25. *loquela:* linguaggio - *ti fa manifesto:* ti dà a conoscere.

26. *natìo:* nativo.

28. *uscìo:* uscì.

32. *Farinata:* Farinata degli Uberti, capo dei Ghibellini di Firenze. Bandito dalla città, vinse a Montaperti, nella valle del fiume Arbia, presso Siena, l'esercito guelfo e ritornò trionfatore in patria. Ma si oppose con ogni forza alla proposta dei suoi compagni di abbattere le mura di Firenze e di ridurre la città in piccoli borghi per togliere al popolo, che era quasi tutto guelfo, ogni possibilità di riscossa - *che s'è dritto:* che si è alzato in piedi.

34. *mio viso nel suo fitto:* fissato il mio sguardo nel suo.

36. *dispitto:* disprezzo.

38. *pinser:* spinsero.

39: *conte:* chiare, degne.

mi dimandò: « Chi fur li maggior tui? ».

43   Io, ch'era d'ubbidir desideroso,
non gliel celai, ma tutto gliel'apersi;
ond'ei levò le ciglia un poco in soso,

46   poi disse: « Fieramente furo avversi
a me e a' miei primi e a mia parte,
sì che per due fiate li dispersi ».

49   « S'ei fur cacciati, ei tornar d'ogni parte »,
risposi lui, « l'una e l'altra fiata;
ma i vostri non appreser ben quell'arte ».

52   Allor surse alla vista scoperchiata
un'ombra lungo questa infino al mento:
credo che s'era in ginocchie levata.

55   D'intorno mi guardò, come talento
avesse di veder s'altri era meco;
ma, poi che 'l sospecciar fu tutto spento,

58   piangendo disse: « Se per questo cieco
carcere vai per altezza d'ingegno,
mio figlio ov'è? E perché non è teco? ».

61   E io a lui: « Da me stesso non vegno:
colui ch'attende là per qui mi mena
forse cui Guido vostro ebbe a disdegno ».

42. *li maggior tui:* i tuoi antenati.

44. *ma tutto gliel'apersi:* gli manifestai il nome di tutti.

45. *in soso:* in alto.

46. *furo:* furono.

47. *primi:* antenati - *parte:* partito.

48. *fiate:* volte - *dispersi* esiliai.

51. *i vostri non appreser ben quell'arte:* furono banditi, ma ritornarono entrambe le volte da tutti i luoghi ove s'erano rifugiati; ma quelli del vostro partito non hanno appreso l'arte di ritornare in patria.

52. *surse:* apparve - *alla vista scoperchiata:* all'apertura del sepolcro.

55. *talento:* desiderio, ansia.

57. *sospecciar:* scrutare - *spento:* finito.

58-59. *Se per questo cieco... ingegno:* se il privilegio di visitare l'Inferno (*cieco carcere:* carcere privo di luce) ti è stato concesso per premio al tuo alto ingegno, perché mai anche a mio figlio, tuo pari quanto ad intelletto, non è stato dato? Si tratta infatti di Cavalcante de' Cavalcanti, padre di Guido Cavalcanti, poeta ed amico di Dante.

62. *colui:* Virgilio.

63. *forse cui Guido vostro ebbe a disdegno:* verso di difficile interpretazione. Vuol forse significare che ci fu un periodo della vita di Guido Cavalcanti (che, come si vedrà, è, durante il viaggio dantesco, ancora vivente) in cui egli non apprezzò Virgilio, o forse non seguì la verità (a seconda che il *cui* voglia intendere Virgilio o invece Beatrice, il senso allegorico della quale è appunto la Verità rivelata).

64   Le sue parole e il modo della pena
      m'avean di costui già letto il nome;
      però fu la risposta così piena.

67   Di sùbito drizzato gridò: « Come
      dicesti? Egli ebbe? Non viv'egli ancora?
      Non fiere gli occhi suoi il dolce lome? ».

70   Quando s'accorse d'alcuna dimora
      ch'io faceva dinanzi alla risposta,
      supin ricadde, e più non parve fuora.

73   Ma quell'altro magnanimo, a cui posta
      restato m'era, non mutò aspetto,
      né mosse collo, né piegò sua costa.

76   « E se », continuando al primo detto,
      « egli han quell'arte », disse, « male appresa,
      ciò mi tormenta più che questo letto.

79   Ma non cinquanta volte fia raccesa
      la faccia della donna che qui regge,
      che tu saprai quanto quell'arte pesa.

82   E se tu mai nel dolce mondo regge,
      dimmi, perché quel popolo è sì empio
      incontr'a' miei in ciascuna sua legge? »

85   Ond'io a lui: « Lo strazio e il grande scempio

64. *Le sue parole*: l'accenno a Guido - *il modo della pena*: il tipo di castigo, poiché Cavalcante era stato anch'egli un seguace di Epicuro.

65. *letto*: rivelato.

66. *però*: perciò - *piena*: precisa, esauriente.

68. *Egli ebbe?*: il verbo al passato, da parte di Dante, fa arguire al padre che il figlio sia morto.

69. *Non fiere*: non ferisce più - *dolce lome*: la luce del sole.

70. *alcuna dimora*: di un certo indugio.

71. *dinanzi alla risposta*: prima di rispondergli.

73. *magnanimo*: Farinata.

74. *restato m'era*: a richiesta (*posta*) del quale m'ero soffermato - *non mutò aspetto*: rimase impassibile.

75. *costa*: il fianco. Farinata è rimasto colpito da quel che Dante gli ha ricordato e

vi ripensa durante tutto il colloquio fra il poeta e Cavalcante.

76. *prima detto*: il discorso di prima.

77. *egli*: essi.

78. *letto*: il sepolcro infocato.

79-80. *Ma non... regge*: la faccia di Prosèrpina, regina dell'Inferno e cioè la luna (che nella mitologia è appunto identificata con quella) non si sarà riaccesa cinquanta volte: non saranno, quindi trascorsi cinquanta mesi.

81. *che tu saprai quanto quell'arte pesa*: che tu conoscerai quanto quell'arte (di ritornare in patria) sia difficile. Dante, infatti, sarà presto anch'egli esiliato.

82. *regge*: ritornerai.

83. *empio*: spietato.

84. *incontr'a' miei*: verso i familiari di Farinata.

85. *strazio*: strage - *grande scempio*: le molte uccisioni.

che fece l'Arbia colorata in rosso,
tale orazion fa far nel nostro tempio ».

88 Poi ch'ebbe sospirando il capo scosso:
« A ciò non fu' io sol », disse, « né, certo,
senza cagion con gli altri sarei mosso;

91 ma fu' io solo, là dove sofferto
fu per ciascun di tòrre via Fiorenza,
colui che la difesi a viso aperto ».

94 « Deh, se riposi mai vostra semenza »,
prega' io lui, « solvetemi quel nodo
che qui ha inviluppata mia sentenza.

97 E' par che voi veggiate, se ben odo,
dinanzi quel che il tempo seco adduce,
e nel presente tenete altro modo ».

100 « Noi veggiam come quei che ha mala luce
le cose », disse, « che ne son lontano;
cotanto ancor ne splende il sommo Duce.

103 Quando s'appressano, o son, tutto è vano
nostro intelletto; e, s'altri non ci apporta,
nulla sapem di vostro stato umano.

86. *l'Arbia colorata in rosso:* tinsero di sangue il fiume Arbia presso il quale avvenne la battaglia di Montaperti.

87. *tale orazion fa far nel nostro tempio:* è il ricordo di quell'aspra battaglia che induce a prendere una tale deliberazione nel tempio di San Giovanni, ove si decretavano le leggi di Firenze.

89. *A ciò:* alla battaglia.

90. *sarei mosso:* avrei combattuto. Erano in tanti, egli dice, e avevano buoni motivi per combattere i Guelfi.

91. *sofferto:* tollerato.

92. *per ciascun:* da tutti - *di tòrre via:* (il consiglio di) distruggere Firenze (vedi nota al verso 32 di questo stesso canto).

94. *se riposi mai vostra semenza:* è un augurio: che i vostri discendenti (*semenza*) possano aver pace (*riposi*) dalle lotte civili.

95. *solvetemi quel nodo:* risolvete il mio dubbio.

96. *inviluppata:* turbato -

sentenza: giudizio.

97. *E' par:* sembra - *voi:* dannati.

98. *dinanzi:* va' con il *veggiate* del verso antecedente. Sta per prevediate - *il tempo seco adduce:* gli eventi che il tempo porta con sé.

99. *e nel:* mentre invece quanto al... - *tenete altro modo:* vi comportate altrimenti. Sia Ciacco che Farinata hanno predetto l'avvenire, mentre Cavalcante non sa se suo figlio è morto o no.

100. *mala luce:* la vista imperfetta.

101. *ne:* ci.

102. *ne splende:* ci illumina - *sommo Duce:* Dio ci è ancora largo di questo privilegio.

103. *quando s'appressano:* quando gli eventi si approssimano - *o son:* o diventano presenti.

104. *nostro intel'etto:* la nostra mente diventa cieca - *s'altri non ci apporta:* se qualcuno non ce ne informa.

106 Però comprender puoi che tutta morta
fia nostra conoscenza da quel punto
che del futuro fia chiusa la porta ».

109 Allor, come di mia colpa compunto,
dissi: « Or direte dunque a quel caduto,
che il suo nato è co' vivi ancor congiunto.

112 E s'io fui dianzi alla risposta muto,
fate i saper che il feci che pensava
già nell'error, che m'avete soluto ».

115 E già il maestro mio mi richiamava;
perch'io pregai lo spirto più avaccio
che mi dicesse chi con lui si stava.

118 Dissemi: « Qui con più di mille giaccio:
qua dentro è il secondo Federico,
e il Cardinale; e degli altri mi taccio ».

121 Indi s'ascose: ed io inver l'antico
poeta volsi i passi, ripensando
a quel parlar che mi parea nemico.

124 Egli si mosse; e poi, così andando,
mi disse: « Perché sei tu sì smarrito? ».
Ed io gli satisfeci al suo dimando.

127 « La mente tua conservi quel ch'udito
hai contra te », mi comandò quel saggio;
« ed ora attendi qui! », e drizzò 'l dito:

130 « Quando sarai dinanzi al dolce raggio
di quella il cui bell'occhio tutto vede,
da lei saprai di tua vita il viaggio ».

107. *fia:* sarà.
108. *del futuro fia chiusa la porta:* dal giorno del Giudizio Universale, poiché da quel momento non esisterà più futuro, ogni cosa sarà compiuta.
109. *compunto:* addolorato.
110. *quel caduto:* Cavalcante.
111. *nato:* figlio - *è co' vivi ancor congiunto:* è ancora vivo.
113. *fate i:* fateglj - *che:* poiché.
114. *error:* dubbio circa il sapere e il prevedere dei dannati - *soluto:* risolto.
116. *più avaccio:* più presto, con maggior fretta.
119. *secondo Federico:* l'imperatore Federico II di Sve-

via e di Sicilia, epicureo.
120. *Cardinale:* Ottaviano degli Ubaldini, che parteggiò per i Ghibellini, e disse che per essi aveva perduto l'anima. Eresia che gli valse la dannazione.
123. *a quel parlar:* la predizione fattagli da Farinata - *che mi parea nemico:* perché gli presagiva sventure.
124. *Egli:* Virgilio.
127. *La mente:* la memoria.
129. *attendi qui:* sta attento a quello che ti dico.
130. *dolce raggio:* gli occhi.
131. *di quella il cui bell'occhio tutto vede:* Beatrice, che tutto sa perché è nel regno dei beati.
132. *viaggio:* il corso.

133 Appresso volse a man sinistra il piede:
lasciammo il muro e gimmo inver lo mezzo,
per un sentier ch'a una valle fiede
136 che infin lassù facea spiacer suo lezzo.

CANTO UNDICESIMO

1 In su l'estremità d'un'alta ripa
che facevan gran pietre rotte in cerchio,
venimmo sopra più crudele stipa:
4 e quivi, per l'orribile soperchio
del puzzo che il profondo abisso gitta,
ci raccostammo dietro ad un coperchio
7 d'un grand'avello, ov'io vidi una scritta
che diceva: "Anastasio papa guardo,
lo qual trasse Fotin della via dritta".
10 « Lo nostro scender conviene esser tardo,
sì che s'aùsi prima un poco il senso
al tristo fiato; e poi non fia riguardo ».
13 Così il maestro; e ìo: « Alcun compenso »,
dissi lui, « trova, che il tempo non passi
perduto ». Ed egli: « Vedi che a ciò penso.
16 Figliuol mio, dentro da cotesti sassi »,
cominciò poi a dir, « son tre cerchietti,
di grado in grado, come que' che lassi.
19 Tutti son pien di spiriti maledetti:
ma perché poi ti basti pur la vista,
intendi come e perché son costretti.

134. *gimmo inver lo mezzo:* andammo verso il centro del cerchio.
135. *fiede:* sbocca.
136. *infin lassù facea spiacer suo lezzo:* valle che faceva fin lassù salire la nausea (*spiacer*) del suo puzzo (*lezzo*).

3. *stipa:* quasi catasta, mucchio di anime.
4. *soperchio:* eccesso.
8. *guardo:* custodisco.
9. *Fotin:* Fotino, diacono di Tessalonica, indusse Papa Anastasio II a seguire l'eresia di Acacio, che non riconosceva la natura divina di Cristo. Ma è tradizione erronea: l'ere-tico fu invece l'omonimo imperatore bizantino Anastasio I.
10. *tardo:* lento.
11. *s'aùsi:* si assuefaccia.
12. *triste fiato:* l'ignobile lezzo - *poi non fia riguardo:* e dopo non occorreranno precauzioni.
13-15. *Alcun compenso... perduto:* trova qualcosa per impiegare il tempo che dobbiamo perdere.
16. *sassi.* vedi verso 2.
18. *di grado in grado:* digradanti - *come que' che lassi:* i cerchi già visti e che stai per lasciare.
20. *pur:* soltanto.
21. *son costretti:* nei cerchi.

22   D'ogni malizia, ch'odio in cielo acquista,
          ingiuria è il fine, ed ogni fin cotale
          o con forza o con frode altrui contrista.

25   Ma perché frode è dell'uom proprio male,
          più spiace a Dio; e però stan di sutto
          li frodolenti, e più dolor li assale.

28   De' violenti il primo cerchio è tutto;
          ma perché si fa forza a tre persone,
          in tre gironi è distinto e costrutto.

31   A Dio, a sé, al prossimo si puone
          far forza; dico in loro ed in lor cose,
          come udirai con aperta ragione.

34   Morte per forza e ferute dogliose,
          nel prossimo, si dànno, e, nel suo avere,
          ruine, incendi e tollette dannose;

37   onde omicide, e ciascun che mal fiere,
          guastatori e predon, tutti tormenta
          lo giron primo, per diverse schiere.

40   Puote uomo avere in sé man violenta
          e ne' suoi beni: e però, nel secondo
          giron convien che sanza pro si penta

43   qualunque priva sé del vostro mondo,
          biscazza e fonde la sua facultade,
          e piange là dove esser dée giocondo.

46   Puossi far forza nella Deitade

22. *D'ogni malizia, ch'odio in cielo acquista:* di ogni cattiva azione che offende Dio.
23. *ingiuria:* ingiustizia.
24. *forza:* violenza - *contrista:* nuoce.
26. *di sutto:* più in basso.
27. *più dolor li assale:* la loro pena è maggiore.
28. *dutto:* interamente.
31-32. *si puone ‖ far forza:* si può far violenza - *dico in loro ed in lor cose:* si può essere violenti, cioè, contro Dio, contro se stessi e contro il prossimo: ed anche contro le cose di Dio, di se stessi e del prossimo.
33. *con aperta ragione:* mediante il mio chiaro ragionamento.
34. *Morte per forza:* morte violenta, omicidio - *ferute dogliose:* ferite dolorose.

36. *tollette:* rapine, ruberie.
39. *lo giron primo, per diverse schiere:* il primo girone, quindi, del cerchio dei violenti racchiude omicidi, chiunque ferisce indebitamente, devastatori delle cose altrui e predoni.
40. *in sé:* contro se stesso.
41. *ne' suoi beni:* contro i propri beni.
42. *sanza pro:* senza giovamento, inutilmente.
43. *qualunque priva sé del vostro mondo:* i suicidi.
44-45. *biscazza... giocondo:* azzarda al gioco e sperpera le sue ricchezze, ragion per cui si rattrista proprio (*là*) per quelle cose che avrebbero dovuto allietarlo.
46. *Puossi far forza nella Deitade:* si può usare violenza contro la Divinità.

col cor negando e bestemmiando quella,
e spregiando natura e sua bontade:

49 e però lo minor giron suggella
del segno suo e Sodoma e Caorsa,
e chi, spregiando Dio col cor, favella.

52 La frode, ond'ogni coscienza è morsa,
può l'omo usare in colui che 'n lui fida
ed in quel che fidanza non imborsa.

55 Questo modo di retro par che uccida
pur lo vincol d'amor che fa natura,
onde nel cerchio secondo s'annida

58 ipocrisia, lusinghe e chi affattura,
falsità, ladroneccio e simonia,
ruffian, baratti e simile lordura.

61 Per l'altro modo quell'amor s'oblia
che fa natura, e quel ch'è poi aggiunto,
di che la fede spezial si cria;

64 onde, nel cerchio minore, ov'è il punto
dell'universo in su che Dite siede,
qualunque trade in eterno è consunto ».

67 Ed io: « Maestro, assai chiara procede
la tua ragione, ed assai ben distingue

47-48. *col cor negando... sua bontade:* passionalmente negandola (non razionalmente come è degli atei) - *spregiando natura e sua bontade;* peccando contro la natura ed offendendo la bontà divina.

50. *Sodoma:* città biblica che fu distrutta da Dio con una pioggia di fuoco in pena alle turpitudini contro natura che vi si commettevano: qui indica appunto i sodomiti - *Caorsa:* città francese in cui si praticava largamente l'usura: sta pertanto ad indicare gli usurai.

51. *chi, spregiando Dio col cor, favella:* i bestemmiatori.

52-54. *La frode... non imborsa:* la frode si può usare verso chi si fida e verso chi non si fida (*che fidanza non imborsa:* che non serba fiducia nella sua borsa, nell'animo, cioè).

55. *Questo modo di retro:* il secondo di quelli ora detti.

56. *pur:* solamente - *vincol d'amor che fa natura:* l'amore verso il prossimo.

60. *simile lordura:* ipocriti, lusingatori, fattucchieri, falsari, ladri, simoniaci, ruffiani, barattieri e simili.

61. *Per l'altro modo:* la frode verso chi si fida: il tradimento, cioè.

62. *quel ch'è poi aggiunto:* si offende non soltanto il vincolo naturale dell'amor prossimo, ma anche l'amicizia.

63. *la fede spezial si cria:* che crea (*si cria*) la particolare fiducia.

64. *cerchio minore:* il nono ed ultimo dell'Inferno.

65. *in su che Dite siede:* il centro della terra e quindi — secondo le dottrine dell'epoca — di tutto l'universo: è qui che ha sede Dite, cioè il demonio.

66. *trade:* tradisce - *consunto:* tormentato.

68. *ragione:* ragionamento.

questo baratro e il popol ch' e' possiede.

70 Ma, dimmi, quei della palude pingue,
che mena il vento e che batte la pioggia
e che s'incontran con sì aspre lingue,

73 perché non dentro della città roggia
son ei puniti, se Dio li ha in ira?
E se non li ha, perché sono a tal foggia? ».

76 Ed egli a me: « Perché tanto delira »,
disse, « l'ingegno tuo da quel che suole?
Over la mente dove altrove mira?

79 Non ti rimembra di quelle parole
con le quai la tua Etica pertratta
le tre disposizion che il ciel non vuole,

82 incontinenza, malizia, e la matta
bestialitade? E come incontinenza
men Dio offende e men biasimo accatta?

85 Se tu riguardi ben questa sentenza,
e rechiti alla mente chi son quelli
che su di fuor sostegnon penitenza,

88 tu vedrai ben perché da questi felli
sien dipartiti, e perché men crucciata
la divina giustizia li martelli ».

91 « O sol, che sani ogni vista turbata,
tu mi contenti sì quando tu solvi,
che, non men che saper, dubbiar m'aggrata.

94 Ancora un poco indietro ti rivolvi »,
diss'io, « là dove di' che usura offende
la divina bontade, e il groppo solvi ».

97 « Filosofia », mi disse, « a chi la intende,
nota, non pure in una sola parte,

70. *quei della palude pin-gue:* gli iracondi.
71. *che mena il vento:* (sottinteso *quei*), i lussuriosi - *che batte la pioggia:* i golosi.
72. *s'incontran con sì aspre lingue:* gli avari ed i prodighi.
73. *città roggia:* la rovente città di Dite.
75. *a tal foggia:* tormentati in tal guisa.
76. *Perché tanto delira:* esce dal diritto intendimento.
78. *Over:* oppure - *la mente dove altrove mira:* da quale altro pensiero è distratta.
80. *la tua Etica:* di Aristotele: *tua* perché Dante ben la

conosceva - *pertratta:* diffusamente espone.
84. *accatta:* riscuote.
87. *su di fuor:* nei cerchi superiori fuori della città di Dite.
88. *felli:* malvagi.
91. *O sol:* Virgilio.
92. *quando tu solvi:* ogni qualvolta sciogli i miei dubbi.
93. *dubbiar m'aggrata:* mi è grato anche il dubitare.
94. *ti rivolvi:* ripòrtati.
96. *groppo solvi:* scioglimi il dubbio (*groppo:* nodo).
97. *Filosofia:* la filosofia aristotelica.
98. *non pure in una sola parte:* in più passi.

come natura lo suo corso prende
100 dal divino intelletto e da sua arte:
e se tu ben la tua Fisica note,
tu troverai, non dopo molte carte,
103 che l'arte vostra quella, quanto puote,
segue, come il maestro fa il discente:
sì che vostr'arte a Dio quasi è nepote.
106 Da queste due, se tu ti rechi a mente
lo Genesì dal principio, conviene
prender sua vita ed avanzar la gente;
109 e perché l'usuriere altra via tiene,
per sé natura e per la sua seguace
dispregia, poi che in altro pon la spene.
112 Ma seguimi oramai, ché il gir mi piace;
ché i Pesci guizzan su per l'orizzonta
e il Carro tutto sovra il Coro giace,
115 e il balzo via là oltre si dismonta ».

CANTO DODICESIMO

1 Era lo loco ove a scender la riva
venimmo, alpestro e, per quel ch'ivi er'anco,
tal ch'ogni vista ne sarebbe schiva.

100. *dal divino intelletto e da sua arte:* da Dio e dall'opera di Dio.
101. *ben la tua Fisica note:* se osservi bene la fisica aristotelica.
102. *non dopo molte carte:* al principio della trattazione.
103. *arte vostra:* l'operare degli uomini - *quella:* la natura.
104-105. *segue... nepote:* l'operare degli uomini segue la natura, che è figlia dell'opera di Dio: esso è quindi come nipote dell'opera stessa di Dio.
106. *Da queste due:* la natura e l'operare.
107. *lo Genesì dal principio:* i primi capoversi della Genesi (che racconta come Dio impose all'uomo il lavoro, l'operare).
108. *prender sua vita ed avanzar la gente:* la gente deve (*da queste due*) trarre la vita propria ed il progresso.

110. *per sé natura e per la sua seguace:* disprezza la natura direttamente ed attraverso il suo operare (che è *seguace* della natura).
111. *in altro:* nei frutti del denaro prestato - *pon la spene:* pone le sue speranze.
112. *ché il gir mi piace:* gradisco riprendere il cammino.
113. *i Pesci guizzan su per l'orizzonta:* la costellazione dei Pesci è all'orizzonte.
114. *il Carro tutto sovra il Coro giace:* l'Orsa (*il Carro*) è sul Coro (la parte onde spira il maestrale, nordovest). È l'alba quindi.
115. *balzo:* la ripa - *là oltre:* molto più in là - *si dismonta:* dà modo di scendere.

2. *quel ch'ivi er'anco:* il Minotauro, di cui si dirà appresso.
3. *ogni vista ne sarebbe schiva:* rifuggirebbe dal posarvisi.

4   Qual è quella ruina che nel fianco
       di qua da Trento l'Adice percosse,
       o per tremoto o per sostegno manco;

7   che da cima del monte, onde si mosse,
       al piano è sì la roccia discoscesa
       ch'alcuna via darebbe a chi su fosse,

10   cotal di quel burrato era la scesa:
       e in su la punta della rotta lacca
       l'infamia di Creti era distesa

13   che fu concetta nella falsa vacca:
       e quando vide noi, se stesso morse,
       sì come quei cui l'ira dentro fiacca.

16   Lo savio mio inver lui gridò: « Forse
       tu credi che qui sia il duca d'Atene,
       che su nel mondo la morte ti porse?

19   Pàrtiti, bestia: ché questi non viene
       ammaestrato dalla tua sorella,
       ma vassi per veder le vostre pene ».

22   Qual è quel toro che si slaccia in quella
       che ha ricevuto già 'l colpo mortale,
       che gir non sa, ma qua e là saltella;

25   vid'io lo Minotauro far cotale;
       e quegli accorto gridò: « Corri al varco;
       mentre ch'è in furia, è buon che tu ti cale ».

28   Così prendemmo via giù per lo scarco
       di quelle pietre, che spesso moviènsi
       sotto i miei piedi, per lo nuovo carco.

31   Io già pensando; e quei disse: « Tu pensi,

4-5. *quella ruina... percorse:* gli Slavini di Marco, grande frammento sulla sinistra dell'Adige, presso Rovereto.

6. *sostegno manco:* per erosione del fiume.

10. *cotal:* tale - *burrato:* burrone, precipizio.

11. *rotta lacca:* sull'estremità della roccia.

12. *l'infamia di Creti:* il disonore di Creta, il Minotauro, mitico mostro del corpo di uomo e dalla testa di toro.

13. *concetta nella falsa vacca:* che fu concepito da Pasifae, nascosta in una mucca di legno, e da un toro.

15. *come quei cui l'ira dentro fiacca:* come chi, vinto dall'ira, non può sfogarsi che contro se stesso.

16. *inver:* verso.

17. *duca d'Atene:* Teseo che, guidato da Arianna, anch'essa figlia di Pasifae, con un filo nel labirinto in cui trovavasi il Minotauro, l'uccise.

21. *vassi:* se ne va, viaggia.

22. *si slaccia:* si svincola dal laccio.

26. *quegli:* Virgilio.

28. *scarco:* lo scarico.

30. *nuovo carco:* l'insolito peso (di un uomo vivo).

31. *Io già:* andavo.

forse, a questa ruina ch'è guardata
da quell'ira bestial ch'io ora spensi.

34 Or vo' che sappi che l'altra fiata
ch'io discesi quaggiù nel basso Inferno,
questa roccia non era ancor cascata.

37 Ma, certo poco pria, se ben discerno,
che venisse Colui che la gran preda
levò a Dite del cerchio superno,

40 da tutte parti l'alta valle feda
tremò sì, ch'io pensai che l'universo
sentisse amor, per lo qual è chi creda

43 più volte il mondo in caòs converso:
ed in quel punto questa vecchia roccia
qui e altrove tal fece riverso.

46 Ma ficca gli occhi a valle, ché s'approccia
la riviera del sangue, in la qual bolle
qual che per violenza in altrui noccia ».

49 O cieca cupidigia e ira folle,
che sì ci sproni nella vita corta
e nell'eterna poi sì mal c'immolle!

52 Io vidi un'ampia fossa in arco torta,
come quella che tutto il piano abbraccia,
secondo ch'avea detto la mia scorta;

55 e tra il piè della ripa ed essa, in traccia,
corrìen Centauri armati di saette,
come solean nel mondo andare a caccia.

34. *l'altra fiata:* l'altra volta, il viaggio cui Virgilio ha già alluso più sopra: canto IX, versi 22 e seguenti.
38. *Colui:* Gesù Cristo.
39. *levò a Dite del cerchio superno:* tolse a Dite le anime (*gran preda*) del Limbo (*cerchio superno*).
40. *l'alta valle feda:* la profonda e fetida valle, l'Inferno.
42-43. *per lo qual è... converso:* secondo la teoria di Empedocle, l'universo è formato da quattro elementi: fuoco, acqua, aria, terra, che, mescolati insieme dall'amore, generano il caos. Ma il terremoto udito da Virgilio era invece quello che, secondo il Vangelo di Matteo, seguì alla morte di Gesù.

44. *in quel punto:* in quel momento.
45. *riscrvo:* rovesciamento, rovina.
46. *s'approccia:* si avvicina.
47. *la riviera del sangue:* è il Flegetonte, fiume di sangue bollente in cui sono immersi i violenti contro il prossimo, gli omicidi.
51. *sì mal c'immolle:* ci bagni con tanto dolore.
52-53. *Io vidi... abbraccia:* una fossa curvata ad arco perché abbracciava tutto il cerchio.
55. *in traccia:* in fila.
56. *Centauri:* mostri mitologici con il busto ed il capo di uomo ed il corpo di cavallo: anch'essi fatti demoni, violenti e torturatori dei violenti.

58 Vedendoci calar, ciascun ristette,
    e della schiera tre si dipartiro,
    con archi ed asticciuole prima elette;

61 e l'un gridò da lungi: « A qual martìro
    venite voi che scendete la costa?
    Ditel costinci; se non, l'arco tiro ».

64 Lo mio maestro disse: « La risposta
    farem noi a Chiron costà di presso:
    mal fu la voglia tua, sempre, sì tosta ».

67 Poi mi tentò, e disse: « Quegli è Nesso,
    che morì per la bella Deianira,
    e fe' di sé la vendetta egli stesso.

70 E quel di mezzo, che al petto si mira,
    è il gran Chiron, il qual nudrì Achille;
    quell'altro è Folo, che fu sì pien d'ira.

73 D'intorno al fosso vanno a mille a mille,
    saettando qual anima si svelle
    del sangue più che sua colpa sortille ».

76 Noi ci appressammo a quelle fiere snelle:
    Chiron prese uno strale, e, con la cocca,
    fece la barba indietro, alle mascelle.

79 Quando s'ebbe scoperta la gran bocca,
    disse ai compagni: « Siete voi accorti
    che quel di retro move ciò ch'ei tocca?

82 Così non soglion fare i piè de' morti ».
    E il mio buon duca, che già gli era al petto,

60. *asticciuole prima elette:* frecce scelte prima di avvicinarsi.

63. *costinci:* di costà, di dove siete.

65. *Chiron:* il sapiente Centauro che educò Achille - *costà di presso:* qui vicino.

66. *mal fu la voglia tua, sempre, sì tosta:* il centauro che ha parlato è Nesso, che fu ucciso da Ercole al quale aveva tentato di rapire la moglie Deianira. E Virgilio gli ricorda che mal gli venne dal seguire tanto prontamente (*tosta*) le proprie voglie.

67. *mi tentò:* mi toccò leggermente.

69. *fe' di sé la vendetta egli stesso:* per aver Nesso preparato la camicia che avrebbe dovuto guadagnare amore a Deianira e che invece, indossata da Ercole, lo rese pazzo.

72. *Folo:* tentò di rapire Ippodamia alle sue nozze con Piriteo e lanciò, *pieno d'ira,* una grande tazza contro coloro che si opponevano.

73-75. *D'intorno... sortille:* i centauri lanciano frecce contro le anime che si rialzano (*si svelle*) dal sangue più di quanto la propria colpa ha loro decretato (*sortille*). Esse sono, infatti, immerse più o meno profondamente a seconda della gravità dell'atto commesso.

77. *cocca:* il fondo della freccia, col solco.

78. *fece:* mandò.

81. *quel di retro:* Dante.

dove le due nature son consorti,

85 rispose: « Ben è vivo, e, sì soletto,
mostrargli mi convien la valle buia:
necessità 'l c'induce e non diletto.

88 Tal si partì da cantare alleluia,
che mi commise quest'officio novo:
non è ladron, né io anima fuia.

91 Ma per quella virtù per cui io movo
li passi miei per sì selvaggia strada,
dànne un de' tuoi, a cui noi siamo a provo,

94 e che ne mostri là dove si guada,
e che porti costui in su la groppa,
ché non è spirto, che per l'aer vada ».

97 Chiron si volse in su la destra poppa,
e disse a Nesso: « Torna, e sì li guida,
e fa cansar, s'altra schiera v'intoppa ».

100 Or ci movemmo con la scorta fida,
lungo la proda del bollor vermiglio,
ove i bolliti facean alte strida.

103 Io vidi gente sotto infino al ciglio;
e il gran Centauro disse: « Ei son tiranni,
che dièr nel sangue e nell'aver di piglio.

106 Quivi si piangon gli spietati danni:
quivi è Alessandro, e Dionisio fero,
che fe' Cicilia aver dolorosi anni.

109 E quella fronte ch'ha il pel così nero
è Azzolino; e quell'altro, ch'è biondo,
è Opizzo da Esti, il qual, per vero,

112 fu spento dal figliastro su nel mondo ».
Allor mi volsi al poeta, e quei disse:

84. *dove le due nature son consorti:* dove si congiungono la parte umana e quella equina del corpo del centauro.
88. *Tal:* un'anima beata - *si partì da cantare alleluia:* si mosse dal luogo ove si cantano le lodi del Signore.
90. *fuia:* ladra.
93. *dànne:* dacci - *a provo:* accanto.
98-99. *Torna... v'intoppa:* se un'altra schiera di centauri v'incontra (*v'intoppa*), falla scansar (*cansar*).
105. *dièr nel sangue e nel-* *l'aver di piglio:* violentarono (*dièr di piglio*) i cittadini nel corpo e negli averi.
106. *gli spietati danni:* le ingiurie inferte al prossimo.
107. *Alessandro:* Alessandro, il Macedone - *Dionisio fero:* Dionigi di Siracusa (*fero,* cioè feroce).
108. *Cicilia:* la Sicilia.
110. *Azzolino:* Ezzelino da Romano, tiranno di Padova.
111. *Opizzo da Esti:* Obizzo II d'Este, signore di Ferrara, che, si dice, fu strozzato da Azzo VIII. suo figlio naturale.

« Questi ti sia or primo, ed io secondo ».

115 Poco più oltre, il Centauro s'affisse
sopr'una gente che, infino alla gola,
parea che di quel bulicame uscisse.

118 Mostrocci un'ombra dall'un canto, sola,
dicendo: « Colui fésse, in grembo a Dio,
lo cor che in su Tamigi ancor si cola ».

121 Poi vidi gente che di fuor del rio
tenea la testa ed ancor tutto il casso:
e di costoro assai riconobb'io.

124 Così a più a più si facea basso
quel sangue, sì che cocea pur li piedi;
e quindi fu del fosso il nostro passo.

127 « Sì come tu da questa parte vedi
lo bulicame, che sempre si scema »,
disse il Centauro, « voglio che tu credi

130 che da quest'altra a più a più giù prema
lo fondo suo, infin ch'el si raggiunge
ove la tirannia convien che gema.

133 La divina giustizia, di qua, punge
quell'Attila che fu flagello in terra,
e Pirro e Sesto; ed in eterno munge

136 le lagrime che, col bollor, disserra
a Rinier da Corneto, a Rinier Pazzo,
che fecero alle strade tanta guerra ».

139 Poi si rivolse, e ripassossi il guazzo.

114. *Questi ti sia or primo, ed io secondo:* per ora la guida principale sia il centauro.

117. *bulicame:* sorgente calda presso Viterbo: e qui il nome viene preso per analogia dal fiume di sangue.

119. *fésse:* fendette, ruppe - *in grembo a Dio:* in chiesa.

120. *lo cor che in su Tamigi ancor si cola:* si venera. È il conte Guido di Montfort, che ammazzò Arrigo, cugino di re Edoardo d'Inghilterra. Per ordine di quest'ultimo il cuore dell'ucciso fu posto in un calice d'oro nell'abbazia di Westminster.

122. *casso:* la cassa toracica, il petto.

125. *pur:* soltanto.

126. *il nostro passo:* passammo ivi il fiume.

132. *ove la tirannia convien che gema:* il fiume ridiventa sempre più profondo, fino a ricongiungersi col punto ove si sono incontrati i tiranni.

133. *di qua:* da quest'altra parte.

134. *Attila:* il condottiero unno, detto "flagello di Dio".

135. *Pirro:* forse il re dell'Epiro, nemico dei romani - *Sesto:* forse il figlio di Pompeo, grande pirata.

137. *Rinier da Corneto, a Rinier Pazzo:* entrambi famosi briganti toscani.

139. *ripassossi il guazzo:* Nesso tornò indietro, ripassando il fiume.

CANTO TREDICESIMO

1   Non era ancor di là Nesso arrivato,
    quando noi ci mettemmo per un bosco
    che da nessun sentiero era segnato.

4   Non fronda verde, ma di color fosco;
    non rami schietti, ma nodosi e involti;
    non pomi v'eran, ma stecchi con tòsco.

7   Non han sì aspri sterpi, né sì folti,
    quelle fiere selvagge che in odio hanno,
    tra Cecina e Corneto, i luoghi colti.

10   Quivi le brutte Arpìe lor nidi fanno,
    che cacciàr delle Stròfade i Troiani
    con tristo annunzio di futuro danno.

13   Ali hanno late, e colli e visi umani,
    piè con artigli, e pennuto il gran ventre;
    fanno lamenti in su gli alberi strani.

16   E il buon maestro: « Prima che più entre,
    sappi che se' nel secondo girone »,
    mi cominciò a dire, « e sarai, mentre

19   che tu verrai nell'orribil sabbione;
    però riguarda ben, e sì vedrai
    cose che torrìen fede al mio sermone ».

22   Io sentìa d'ogni parte tragger guai,
    e non vedea persona che il facesse;
    perch'io tutto smarrito m'arrestai.

25   Io credo ch'ei credette ch'io credesse
    che tante voci uscisser tra quei bronchi
    da gente che per noi si nascondesse.

28   Però disse il maestro: « Se tu tronchi
    qualche fraschetta d'una d'este piante,

1. *di là:* oltre il fiume.
5. *involti:* contorti.
6. *tòsco:* veleno.
8. *fiere selvagge:* i cinghiali.
9. *tra Cecina e Corneto:* in tutta la Maremma toscana - *colti:* coltivati.
10. *Arpìe:* sudici mostri mitologici col viso di donna ed il corpo di uccello. che predissero ad Enea ed ai troiani una terribile fame, e li costrinsero ad abbandonare le isole Stròfadi, ov'eran approdati.
13. *late:* ampie e larghe.

15. *strani:* orribili.
18-19. *e sarai... sabbione:* e vi resterai fin quando (*mentre*) passerai sul deserto infocato che costituisce il terzo girone.
21. *cose che torrìen fede al mio sermone:* che non sarebbero credute, se le dicessi.
22. *tragger guai:* uscir lamenti.
26. *bronchi:* gli sterpi.
27. *per noi:* a noi.
28. *Però:* perciò.
29. *fraschetta:* ramoscello - *d'este:* di queste.

li pensier ch'hai si faran tutti monchi ».

31   Allor porsi la mano un poco avante,
      e colsi un ramicel da un gran pruno;
      e il tronco suo gridò: « Perché mi schiante? ».

34   Da che fatto fu poi di sangue bruno,
      ricominciò a gridar: « Perché mi scerpi?
      Non hai tu spirto di pietate alcuno?

37   Uomini fummo, ed or siam fatti sterpi:
      ben dovrebb'esser la tua man più pia,
      se state fossimo anime di serpi ».

40   Come d'un stizzo verde, che arso sia
      dall'un de' capi, che dall'altro geme
      e cigola per vento che va via,

43   sì della scheggia rotta usciva insieme
      parole e sangue; ond'io lasciai la cima
      cadere, e stetti come l'uom che teme.

46   « S'egli avesse potuto creder prima »,
      rispose il savio mio, « anima lesa,
      ciò ch'ha veduto pur con la mia rima,

49   non averebbe in te la man distesa;
      ma la cosa incredibile mi fece
      indurlo ad opra che a me stesso pesa.

52   Ma digli chi tu fosti, sì che in vece
      d'alcuna ammenda tua fama rinfreschi
      nel mondo su, dove tornar gli lece ».

55   E il tronco: « Sì col dolce dir m'adeschi,
      ch'io non posso tacere; e voi non gravi
      perch'io un poco a ragionar m'inveschi.

30. *li pensier ch' hai:* che, cioè ci sia gente nascosta fra gli alberi - *monchi:* manchevoli: questa tua idea cadrà.

33. *schiante:* rompi.

34. *Da che fatto fu poi di sangue bruno:* quando divenne bruno per il sangue che sgorgava dal ramoscello spezzato.

35. *scerpi:* strazi.

39. *se:* finanche se.

40. *stizzo:* tizzone.

41. *geme:* trasuda, gocciola.

47. *savio mio:* Virgilio.

48. *ciò ch'ha veduto pur con la mia rima:* nell'*Eneide*, infatti, v'è un episodio consimile:

Enea, strappati alcuni virgulti che eran nati sulla tomba di Polidoro, ne vide uscir sangue ed udì la voce di Polidoro rimproverargli il suo gesto.

49. *in te:* contro di te.

51. *che a me stesso pesa:* che impietosisce anche me.

53. *alcuna ammenda:* invece di fare altra ammenda per il male che ora ti ha fatto.

54. *gli lece:* gli è lecito, gli è concesso.

55. *Sì:* tanto.

56. *non gravi:* non dispiaccia.

57. *a ragionar m' inveschi:* mi lasci andare a discorrere.

58 Io son colui che tenni ambo le chiavi
  del cor di Federigo, e che le volsi,
  serrando e disserrando, sì soavi,

61 che dal secreto suo quasi ogni uom tolsi.
  Fede portai al glorioso offizio,
  tanto ch'io ne perderei li sonni e i polsi.

64 La meretrice che mai dall'ospizio
  di Cesare non torse gli occhi putti,
  morte comune, delle corti vizio,

67 infiammò contra me gli animi tutti,
  e gl'infiammati infiammar sì Augusto,
  che i lieti onor tornaro in tristi lutti.

70 L'animo mio, per disdegnoso gusto,
  credendo col morir fuggir disdegno,
  ingiusto fece me contra me giusto.

73 Per le nuove radici d'esto legno
  vi giuro che giammai non ruppi fede
  al mio signor, che fu d'onor sì degno;

76 e se di voi alcun nel mondo riede,
  conforti la memoria mia, che giace
  ancor del colpo che invidia le diede ».

79 Un poco attese, e poi: « Da ch'ei si tace »,

58. *Io son colui:* Pier della Vigna, cancelliere dell'imperatore Federigo II e suo confidente. Alcuni invidiosi lo denunciarono come colpevole di tradimento; Federigo lo fece imprigionare ed acciecare ed egli si tolse la vita, sfracellandosi la testa contro il muro. Dante non crede al suo tradimento e lo pone nell'Inferno solo in quanto suicida. - *ambo:* quella del sì e quella del no.

59. *del cor di Federigo:* per aprirlo e chiuderlo ad ogni sentimento.

60. *serrando e disserrando, sì soavi:* così soavemente le maneggiai, dissuadendo o persuadendo (*serrando e disserrando*).

61. *dal secreto suo quasi ogni uom tolsi:* che riuscii a togliere a quasi ogni altro uomo la sua confidenza.

62. *Fede portai al glorioso offizio:* esercitai le mie alte mansioni con fedeltà.

63. *li sonni e i polsi:* la salute.

64. *La meretrice:* l'invidia.

65. *Cesare:* la corte imperiale - *putti:* sfacciati.

66. *morte comune, delle corti vizio:* rovina comune a tutti gli uomini (quella dell'invidia), ma speciale vizio delle corti.

68. *Augusto:* l'imperatore, cioè Federigo.

69. *lieti onor:* dei quali era stato sin allora fatto segno - *tornaro:* si mutarono.

70. *per disdegnoso gusto:* per soddisfare il suo sdegno.

71. *credendo col morir fuggir disdegno:* credendo di sottrarmi, morendo, allo sdegno che mi straziava.

72. *ingiusto fece me contra me giusto:* uccidendomi, io che ero innocente (*giusto*), mi resi colpevole (*ingiusto*).

73. *Per le nuove radici:* e cioè per la sua anima.

79. *Da ch'ei:* poiché egli.

disse il poeta a me, « non perder l'ora;
ma parla, e chiedi a lui, se più ti piace ».

82 Ond'io a lui: « Dimanda tu ancora
di quel che credi che a me satisfaccia;
ch'io non potrei, tanta pietà m'accora ».

85 Perciò ricominciò: « Se l'uom ti faccia
liberamente ciò che il tuo dir prega,
spirito incarcerato, ancor ti piaccia

88 di dirne come l'anima si lega
in questi nocchi; e dinne, se tu puoi,
s'alcuna mai da tai membra si spiega ».

91 Allor soffiò lo tronco forte, e poi
si convertì quel vento in cotal voce:
« Brevemente sarà risposto a voi.

94 Quando si parte l'anima feroce
dal corpo ond'ella stessa s'è divelta,
Minòs la manda alla settima foce.

97 Cade in la selva, e non l'è parte scelta;
ma là dove fortuna la balestra,
quivi germoglia come gran di spelta.

100 Surge in vermena ed in pianta silvestra;
l'Arpìe, pascendo poi delle sue foglie,
fanno dolore, e al dolor finestra.

103 Come l'altre verrem per nostre spoglie,
ma non però ch'alcuna sen rivesta;
ché non è giusto aver ciò ch'om si toglie.

106 Qui le strascineremo, e per la mesta

82. *a lui:* a Virgilio.
83. *satisfaccia:* possa esser-
mi utile a conoscere.
85. *ricominciò:* Virgilio.
86. *ciò che il tuo dir prega:*
se vuoi che Dante (*l'uom*) ti
renda spontaneamente il servizio che chiedi (di esser ricordato al mondo).
89. *nocchi:* rami nodosi.
90. *s'alcuna mai da tai membra si spiega:* se mai qualche
anima riesce a sciogliersi (*si
spiega*) dai rami (*tai membra*).
96. *Minòs:* il giudice incontrato nel canto V - *settima foce:* il settimo cerchio ove son
puniti i suicidi.
97-99. *Cade... spelta:* all'ani-

ma non viene assegnato un
posto determinato, ma, là dove essa cade, nella gran selva
del settimo cerchio, comincia
a germogliare come chicco di
farro.
100. *Surge in vermena ed
in pianta silvestra:* vien su
prima come un ramoscello e
diventa poi pianta selvatica.
101. *pascendo:* nutrendosi.
102. *al dolor finestra:* attraverso le rotture dei rami, dàn-
no voce al dolore.
103. *Come l'altre verrem per
nostre spoglie:* come le altre
anime, anche noi, il giorno
del Giudizio, ritorneremo sulla terra a raccogliere il nostro corpo.

selva saranno i nostri corpi appesi,
ciascuno al prun dell'ombra sua molesta ».

109 Noi eravamo ancora al tronco attesi
credendo ch'altro ne volesse dire,
quando noi fummo d'un romor sorpresi,

112 similemente a colui che venire
sente il porco e la caccia alla sua posta,
ch'ode le bestie, e le frasche stormire.

115 Ed ecco due dalla sinistra costa,
nudi e graffiati, fuggendo sì forte
che della selva rompìeno ogni rosta.

118 Quel dinanzi: « Or accorri, accorri, morte! »,
e l'altro, cui pareva tardar troppo,
gridava: « Lano, sì non furo accorte

121 le gambe tue alle giostre del Toppo! ».
E poi che forse gli fallìa la lena,
di sé e d'un cespuglio fece un groppo.

124 Diretro a loro era la selva piena
di nere cagne, bramose e correnti
come veltri ch'uscisser di catena.

127 In quel che s'appiattò miser li denti,
e quel dilaceraro a brano a brano;
poi sen portàr quelle membra dolenti.

130 Presemi allor la mia scorta per mano
e menommi al cespuglio, che piangea,
per le rotture sanguinenti, invano.

133 « O Giacomo », dicea, « da Sant'Andrea,
che t'è giovato di me fare schermo?
Che colpa ho io della tua vita rea? ».

107-108. *i nostri corpi... molesta:* ciascun corpo all'albero ove è racchiusa l'anima che gli fu molesta, di cui si liberò volontariamente.

109. *attesi:* intenti.

113. *la caccia:* i cacciatori - *posta:* al luogo ove è appostato.

115. *sinistra costa:* dal lato sinistro.

117. *rosta:* viluppo di rami.

119. *cui pareva tardar troppo:* a cui non sembrava di correr molto velocemente.

120-121. *Lano... Toppo:* le tue gambe non furono altrettanto svelte alla battaglia della Pieve del Toppo, ove ap-

punto il Lano (Ercolano da Siena) fu ucciso. Colui che parla è, come si vedrà pochi versi dopo, Giacomo da Sant'Andrea, cavaliere padovano. L'uno e l'altro furono scialacquatori in vita e cioè violenti contro i propri beni. E il castigo per tali peccatori è l'esser rincorsi e sbranati da feroci cani, nella selva ove i suicidi, violenti contro le proprie persone, son mutati in alberi e cespugli, e anche essi straziati dalle Arpìe, dagli scialacquatori e dai cani.

123. *fece un groppo:* entrò in un cespuglio annodandosi (*fece groppo*) ad esso.

136   Quando il maestro fu sopr'esso fermo,
       disse: « Chi fosti, che per tante punte
       soffi con sangue doloroso sermo? ».

139   Ed egli a noi: « O anime, che giunte
       siete a veder lo strazio disonesto
       ch'ha le mie fronde sì da me disgiunte,

142   raccoglietele al piè del tristo cesto.
       Io fui della città che nel Batista
       mutò il primo padrone: ond'ei per questo

145   sempre con l'arte sua la farà trista.
       E se non fosse che in sul passo d'Arno
       rimane ancor di lui alcuna vista,

148   quei cittadin che poi la rifondarno
       sovra il cener che d'Attila rimase,
       avrebber fatto lavorare indarno.

151   Io fei giubbetto a me delle mie case ».

CANTO QUATTORDICESIMO

1   Poi che la carità del natìo loco
       mi strinse, raunai le fronde sparte
       e rende'le a colui, ch'era già fioco.

138. *soffi con sangue doloroso sermo:* che insieme col sangue emetti dolorose parole (*sermo*) dai tanti ramoscelli spezzati.

139. *anime:* ignora che Dante è ancora vivo.

140. *disonesto:* crudele.

142. *tristo cesto:* dell'infelice cespuglio.

143-144. *nel Batista... padrone:* Firenze, che, già protetta da Marte, gli preferì San Giovanni Battista.

145. *sempre con l'arte sua la farà trista:* per la qual cosa Marte (*ei*) l'affliggerà sempre (*la farà trista*) con la guerra (*l'arte sua*).

146. *sul passo d'Arno:* sul Ponte Vecchio.

147. *rimane ancor di lui alcuna vista:* un'immagine (*vista*) di Marte (*lui*), un rudere romano, che fu poi travolto dalla piena del 1333.

148-149. *quei cittadin... rimase:* i cittadini che ricostruirono Firenze dopo la distruzione compiuta da Attila (450).

150. *avrebber fatto lavorare indarno:* avrebbero lavorato invano, perché Marte avrebbe di nuovo fatto distruggere Firenze.

151. *fei:* feci - *giubbetto:* forca, patibolo - *a me delle mie case:* mi impiccai alle travi di casa mia. Questo fiorentino che s'impiccò, non è stato individuato. Si tratta forse di un Rocco dei Mozzi che si impiccò dopo aver dilapidato tutte le sue sostanze.

1. *carità del natìo loco:* l'amor patrio.

2. *mi strinse:* mi costrinse, mi obbligò - *raunai le fronde sparte:* radunai le fronde sparse.

3. *rende'le:* le resi - *ch'era già fioco:* per aver troppo parlato.

4   Indi venimmo al fine ove si parte
      lo secondo giron dal terzo, e dove
      si vede di giustizia orribil arte.

7   A ben manifestar le cose nove,
      dico che arrivammo ad una landa
      che dal suo letto ogni pianta rimove.

10   La dolorosa selva l'è ghirlanda
      intorno, come il fosso tristo ad essa;
      quivi fermammo i passi a randa a randa.

13   Lo spazzo era una rena arida e spessa,
      non d'altra foggia fatta che colei
      che fu da' piè di Caton già soppressa.

16   O vendetta di Dio, quanto tu dèi
      esser temuta da ciascun che legge
      ciò che fu manifesto agli occhi miei!

19   D'anime nude vidi molte gregge
      che piangean tutte assai miseramente;
      e parea posta lor diversa legge.

22   Supin giacea in terra alcuna gente,
      alcuna si sedea tutta raccolta,
      e altra andava continuamente.

25   Quella che giva intorno era più molta,
      e quella men che giaceva al tormento;
      ma più al duolo avea la lingua sciolta.

28   Sopra tutto il sabbion, d'un cader lento,
      piovean di foco dilatate falde,

4. *fine:* confine - *si parte:* si divide.

6. *si vede di giustizia orribil arte:* si vede più tremenda la giustizia divina: nel terzo girone del settimo cerchio, infatti, vengono puniti i violenti contro Dio e contro l'arte; le loro pene sono più gravi di quelle inflitte ai precedenti dannati.

8. *landa:* terra squallida e desertica.

9. *che dal suo letto ogni pianta rimove:* nella quale non può attecchire alcuna pianta.

10. *La dolorosa selva:* dei suicidi.

11. *come il fosso tristo ad essa:* come Flegetonte circonda a sua volta la selva.

12. *a randa a randa:* rasente, rasente l'orlo.

13. *lo spazzo:* lo spazio.

15. *da' pie' di Caton già soppressa:* quella calpestata (*soppressa*) da Catone. Questi guidò i resti dell'esercito romano attraverso il deserto libico.

21. *parea posta lor diversa legge:* sembrava che ciascuno avesse un diverso modo di ricevere la pena.

25. *giva:* andava.

27. *ma più al duolo avea la lingua sciolta:* gli sdraiati a terra sono i violenti contro Dio, i bestemmiatori: essi sono in minor numero, ma si lamentano più degli altri, proprio perché nella vita avvezzi ad offender Dio con la parola. I seduti sono gli usurai, che furono violenti contro l'arte; quelli che corrono sono i violenti contro la natura.

come di neve in alpe senza vento.

31 Quali Alessandro in quelle parti calde
dell'India vide sopra il suo stuolo
fiamme cadere infin a terra salde;

34 perch'ei provvide a scalpitar lo suolo
con le sue schiere, a ciò che lo vapore
mei s'estingueva mentre ch'era solo;

37 tale scendeva l'eternale ardore:
onde la rena s'accendea, com'ésca
sotto focile, a doppiar lo dolore.

40 Senza riposo mai era la tresca
delle misere mani, or quindi or quinci
iscotendo da sé l'arsura fresca.

43 Io cominciai: « Maestro, tu che vinci
tutte le cose fuor che i demon duri
che all'entrar della porta incontro uscinci,

46 chi è quel grande che non par che curi
l'incendio, e giace dispettoso e torto,
sì che la pioggia non par che il maturi? ».

49 E quel medesmo, che si fu accorto
ch'io domandava il mio duca di lui,
gridò: « Qual io fui vivo, tal son morto.

52 Se Giove stanchi il suo fabbro da cui

30. *come di neve:* cader di neve - *alpe:* sta per montagna in genere.

31-37. *Quali Alessandro... eternale ardore:* le eterne fiamme scendevano come quelle che Alessandro il Macedone, nella spedizione indiana, vide cadere sul suo esercito (*stuolo*) e continuare ad ardere a terra (*a terra salde*); per cui provvide a far calpestare (*scalpitare*) il suolo dai soldati, perché le fiamme cadute si spegnessero più f a c i l m e n t e, meglio (*mei*), prima che altre cadessero ancora.

39. *focile:* acciarino - *a doppiar lo dolore:* a raddoppiare il tormento: le fiamme cadenti dall'alto e il bruciar della sabbia.

40. *tresca:* il ballo, l'agitarsi.

42. *fresca:* nuova, recente.

44. *tutte le cose:* tutti gli ostacoli.

45. *all'entrar della porta incontro uscinci:* i diavoli che si opposero alla loro entrata nella città di Dite (canto VIII, v. 82 e segg.).

46. *grande:* quell'uomo dall'alta figura.

47. *torto:* bieco.

48. *il maturi:* lo fiacchi.

51. *Qual io fui vivo, tal son morto:* sono da morto quel che fui in vita: benché dannato egli non si pente della sua empietà. È Capaneo, uno dei sette re che assediarono Tebe, e che, di sulle mura della città assediata, sfidò Giove a difendere quella terra. Giove gli scagliò un fulmine che lo incenerì. Giove non è Dio per Dante, ma lo era per Capaneo: l'empietà del suo atto, quindi, è piena.

52. *se Giove stanchi il suo fabbro:* se Giove stancasse ora Vulcano (*il suo fabbro*) chiedendogli sempre nuove folgo-

crucciato prese la folgore aguta
onde l'ultimo dì percosso fui;

55 o s'egli stanchi gli altri, a muta a muta,
in Mongibello alla fucina negra,
chiamando: — Buon Vulcano, aiuta! aiuta! —

58 sì com'ei fece alla pugna di Flegra,
e me saetti con tutta sua forza,
non ne potrebbe aver vendetta allegra ».

61 Allora il duca mio parlò di forza
tanto, ch'io non l'avea sì forte udito:
« O Capaneo, in ciò che non s'ammorza

64 la tua superbia, se' tu più punito:
nullo martìro, fuor che la tua rabbia,
sarebbe al tuo furor dolor compito ».

67 Poi si rivolse a me con miglior labbia,
dicendo: « Quei fu l'un de' sette regi
ch'assiser Tebe; ed ebbe, e par ch'egli abbia,

70 Dio in disdegno, e poco par che il pregi:
ma, com'io dissi lui, li suoi dispetti
sono al suo petto assai debiti fregi.

73 Or mi vien dietro, e guarda che non metti
ancor li piedi nella rena arsiccia;
ma sempre al bosco li ritieni stretti ».

76 Tacendo divenimmo là ove spiccia,
fuor della selva, un picciol fiumicello,
lo cui rossore ancor mi raccapriccia.

ri (queste erano, infatti, fab-
bricate da Vulcano e dai Ciclopi, che avevano la loro offi-
cina sotto l'Etna, il Mongibello).

55. *gli altri:* gli altri fabbri,
i Ciclopi - *a muta a muta:*
cambiandoli successivamente.

57. *Buon Vulcano, aiuta! aiuta!:* invocando (Giove) l'aiuto
di Vulcano.

58. *alla pugna di Flegra:* come Giove dové fare alla battaglia di Flegra contro i Giganti, i quali, tre volte tenta-
rono di assalire il regno celeste, e furono infine vinti da
Giove con i suoi fulmini.

60. *non ne potrebbe aver
vendetta allegra:* non potrebbe rallegrarsi della vittoria,
perché io, anche folgorato,

continuerò ad inveire contro
di lui.

63-64. *O Capaneo... più punito:* la tua maggior punizione
consiste proprio in ciò, che la
tua superbia, la tua rabbia non
cede (*non s'ammorza*), continua a tormentarti.

65. *Nullo:* nessuno.

66. *al tuo furor dolor compito:* pena adeguata al tuo tormento.

71-72. *li suoi dispetti... debiti fregi:* la sua ira (*dispetti*) sono ornamenti appropriati (*debiti fregi*) al suo animo (*petto*).

76. *divenimmo:* arrivammo -
spiccia: sgorga.

77. *picciol fiumicello:* è ancora Flegetonte, il fiume in-
sanguinato.

79   Quale del Bulicame esce il ruscello
        che parton poi tra lor le peccatrici,
        tal per la rena giù sen giva quello.

82   Lo fondo suo ed ambo le pendici
        fatt'eran pietra, e i margini da lato;
        perch'io m'accorsi che il passo era lici.

85   « Tra tutto l'altro ch'io t'ho dimostrato
        poscia che noi entrammo per la porta
        lo cui sogliare a nessuno è negato,

88   cosa non fu dalli tuoi occhi scorta
        notabile com'è il presente rio,
        che sopra sé tutte fiammelle ammorta ».

91   Queste parole fur del duca mio:
        perch'io 'l pregai che mi largisse il pasto
        di cui largito m'avea il disìo.

94   « In mezzo mar siede un paese guasto »,
        diss'egli allora, « che s'appella Creta,
        sotto il cui rege fu già il mondo casto.

97   Una montagna v'è, che già fu lieta
        d'acque e di fronde, che si chiamò Ida;
        or è diserta come cosa vieta.

100   Rea la scelse già per cuna fida
        del suo figliolo, e, per celarlo meglio,
        quando piangea vi facea far le grida.

103   Dentro dal monte sta dritto un gran veglio
        che tien volte le spalle inver Damiata

79. *Bulicame:* sorgente d'acqua calda presso Viterbo.

80. *che parton poi tra lor le peccatrici:* le cortigiane dividono (*partono*) tra loro, per i loro bagni, le acque calde che sgorgano e scendono dalla sorgente.

81. *sen giva:* se ne veniva.

84. *lici:* lì. Poiché i margini erano di pietra e non di sabbia infocata, si poteva attraversare il fiume in quel punto.

87. *sogliare:* soglia. È un sostantivo. - *a nessuno è negato:* poiché, come si è visto nel canto VIII, v. 126, la porta fu spezzata da Gesù e lasciata aperta.

89. *notabile:* notevole.

90. *ammorta:* spegne.

92-93. *mi largisse... disìo:* soddisfacesse il desiderio di sa-

pere che mi aveva suscitato con quell'accenno.

94. *guasto:* decaduto.

96. *rege:* Saturno - *fu già il mondo casto:* era l'età dell'oro.

99. *vieta:* vecchia.

100. *Rea:* moglie di Saturno e madre di Giove - *per cuna fida:* poiché gli era stato predetto che un figlio lo avrebbe detronizzato, Saturno (Crono) ingoiò tutti i suoi figli, meno Giove, che fu dalla madre nascosto sul monte Ida.

102. *vi facea far le grida:* ordinava ai sacerdoti di far frastuono per coprire il pianto del bambino.

103. *veglio:* vecchio. Sembra che voglia simboleggiare il genere umano.

104. *Damiata:* Dumyat, Damietta, nella foce del Nilo.

e Roma guarda sì come suo speglio.
106 La sua testa è di fino oro formata,
e puro argento son le braccia e il petto,
poi è di rame infino alla forcata:
109 da indi in giuso è tutto ferro eletto,
salvo che il destro piede è terra cotta;
e sta in su quel, più che in su l'altro, eretto.
112 Ciascuna parte, fuor che l'oro, è rotta
d'una fessura che lagrime goccia,
le quali, accolte, fòran quella grotta.
115 Lor corso in questa valle si diroccia:
fanno Acheronte, Stige e Flegetonta;
poi sen van giù, per questa stretta doccia,
118 infin là ove più non si dismonta:
fanno Cocito; e qual sia quello stagno,
tu lo vedrai; però qui non si conta ».
121 E io a lui: « Se il presente rigagno
si deriva così dal nostro mondo,
perché ci appar pur a questo vivagno? ».
124 Ed egli a me: « Tu sai che il luogo è tondo,
e, tutto che tu sie venuto molto
pur a sinistra, giù calando al fondo,
127 non se' ancor per tutto il cerchio vòlto:
perché, se cosa n'apparisce nova,
non dée addur maraviglia al tuo vólto ».

105. *speglio:* specchio. Il genere umano, quindi, volge le spalle alla civiltà egiziana, orientale, e guarda verso quella di Roma e dell'occidente.

106-111. *La sua testa... eretto:* il progressivo peggioramento dell'umanità: i vari metalli corrisponderebbero alle varie favolose età dell'oro, dell'argento, del bronzo (fino all'inguine: *forcata*) e del ferro. La creta del piede destro, sul quale riposa ora l'umanità, indicherebbe un ulteriore peggioramento.

115. *Lor corso in questa valle si diroccia:* il corso delle lacrime vien giù, in questa valle, riversandosi di roccia in roccia (*si diroccia*).

116-117. *fanno Acheronte... stretta doccia:* con le lacrime dell'umanità si formano quindi i fiumi infernali Acheronte, Stige, Flegetonte e, in ultimo, Cocito. - *stretta doccia:* angusto rigagnolo.

118. *là ove più non si dismonta:* il centro della terra, oltre il quale non si può scendere.

120. *però qui non si conta:* perciò qui non lo si descrive.

121. *rigagno:* rigagnolo.

123. *pur:* soltanto - *vivagno:* qui al margine della selva.

124. *luogo:* l'Inferno.

126. *pur:* soltanto.

127. *non se' ancor per tutto il cerchio vòlto:* non hai ancora percorso tutto il cerchio.

128-129. *perché... vólto:* per cui, se ti appaiono ancora cose nuove, non deve il tuo volto esprimerne meraviglia.

130   Ed io ancor: « Maestro, ove si trova
        Flegetonta e Letè? Ché dell'un taci,
        e l'altro di' che si fa d'esta piova? ».

133   « In tutte tue question certo mi piaci »,
        rispose; « ma il bollor dell'acqua rossa
        dovea ben solver l'una che tu faci.

136   Letè vedrai, ma fuor di questa fossa,
        là dove vanno l'anime a lavarsi,
        quando la colpa pentuta è rimossa ».

139   Poi disse: « Omai è tempo da scostarsi
        dal bosco: fa che diretro a me vegne:
        li margini fan via, che non son arsi,

142   e sopra loro ogni vapor si spegne ».

CANTO QUINDICESIMO

1   Ora cen porta l'un de' duri margini,
        e il fummo del ruscel di sopra aduggia,
        sì che dal foco salva l'acqua e gli argini.

4   Quale i Fiamminghi, tra Guizzante e Bruggia,
        temendo il fiotto che inver lor s'avventa,
        fanno lo schermo perché il mar si fuggia;

7   e quale i Padovan lungo la Brenta,
        per difender lor ville e lor castelli,
        anzi che Chiarentana il caldo senta;

10   a tale imagine eran fatti quelli,
        tutto che né sì alti né sì grossi,

130. *si trova:* si trovano.
131. *Letè:* Lete, un altro fiume d'oltretomba, che si trova nel Purgatorio, e precisamente nel Paradiso Terrestre, come si vedrà.
132. *esta piova:* le lacrime umane.
133. *question:* domande. - *mi piaci:* mi fai piacere.
134-135. *ma il bollor... tu faci:* se questo fiume è formato d'acqua bollente, non può essere che Flegetonte, il cui nome significa appunto "fiume bollente".
136. *fuor di questa fossa:* fuor dall'Inferno.
138. *rimossa:* tolta, purgata.

1. *cen porta:* ci porta - *duri:* perché di pietra e non di sabbia.
2. *fummo:* il vapore che si alza dal ruscello - *aduggia:* fa ombra.
3. *Quale:* come - *Guizzante e Bruggia:* Wissant e Bruges.
6. *fanno lo schermo:* erigono una diga - *si fuggia:* sia respinto.
7. *e quale:* e come fanno.
9. *anzi che Chiarentana il caldo senta:* prima che in Carinzia (*Chiarentana*) avvenga lo scioglimento delle nevi.
10. *a tale imagine:* a simiglianza delle dighe di Fiandra e dei ripari lungo la Brenta.

qual che si fosse, lo maestro félli.

13 Già eravam dalla selva rimossi
tanto, ch'io non avrei visto dov'era,
perch'io indietro rivolto mi fossi,

16 quando incontrammo d'anime una schiera,
che venìan lungo l'argine, e ciascuna
ci riguardava come suol da sera

19 guardare uno altro sotto nuova luna;
e sì vèr noi aguzzavan le ciglia,
come vecchio sartor fa nella cruna.

22 Così adocchiato da cotal famiglia,
fui conosciuto da un, che mi prese
per lo lembo e gridò: « Qual maraviglia! ».

25 E io, quando il suo braccio a me distese,
ficcai gli occhi per lo cotto aspetto,
sì che il viso abbruciato non difese

28 la conoscenza sua al mio intelletto:
e chinando la mano alla sua faccia,
risposi: « Siete voi qui, ser Brunetto? ».

31 E quegli: « O figliuol mio, non ti dispiaccia
se Brunetto Latini un poco teco
ritorna indietro e lascia andar la traccia ».

34 Io dissi lui: « Quanto posso, ven preco:
e se volete che con voi m'asseggia,
faròl, se piace a costui; ché vo seco ».

37 « Oh figliuol », disse, « qual di questa greggia

12. *qual che si fosse, lo maestro félli:* qualunque sia stato l'artefice che li ha costruiti.

13. *rimossi:* allontanati.

15. *perch'io,* ecc.: quand'anche mi fossi voltato indietro.

16. *d'anime una schiera:* sono i sodomiti o violenti contro natura.

19. *nuova luna:* che manda scarsa luce.

21. *sartor:* sarto - *fa nella cruna:* fa per infilare l'ago.

22. *adocchiato:* sogguardato - *famiglia:* schiera, gruppo, brigata.

23. *un:* è Brunetto Latini, cancelliere guelfo del comune di Firenze. Ambasciatore in Castiglia, ritornò in patria dopo la battaglia di Benevento nel 1266. Fu uno dei maestri spirituali di Dante, ed anche

suo amico, e scrisse in francese ed in prosa un *Trésor,* sorta di enciclopedia, ed in versi italiani il *Tesoretto.*

24. *lembo:* il lembo dell'abito.

26. *cotto:* arso dalle fiamme e dal fuoco.

27-28. *il viso abbruciato... al mio intelletto:* sì che, per quanto sfigurato, potei riconoscerlo.

33. *lasciar andar la traccia:* non segue i suoi compagni.

34. *Quanto posso, ven preco:* vi prego con tutte le mie forze.

35. *m'asseggia:* mi soffermi.

36. *farò!, se piace a costui; ché vo seco:* lo farò se lo permette Virgilio in compagnia del quale sono.

37. *qual di questa greggia:* chiunque della schiera della quale faccio parte.

s'arresta punto, giace poi cent'anni
senz'arrostarsi quando il foco il feggia.

40 Però va oltre; io ti verrò a' panni,
e poi rigiugnerò la mia masnada,
che va piangendo i suoi eterni danni ».

43 Io non osava scender della strada
per andar par di lui; ma il capo chino
tenea com'uom che reverente vada.

46 Ei cominciò: « Qual fortuna o destino
anzi l'ultimo dì quaggiù ti mena?
E chi è questi che mostra il cammino? ».

49 « Lassù di sopra, in la vita serena »,
rispos'io lui, « mi smarrì' in una valle,
avanti che l'età mia fosse piena.

52 Pur ier mattina le volsi le spalle:
questi m'apparve, tornand'io in quella,
e riducemi a ca' per questo calle ».

55 Ed egli a me: « Se tu segui tua stella,
non puoi fallire a glorioso porto,
se ben m'accorsi nella vita bella:

58 e s'io non fossi sì per tempo morto,
veggendo il cielo a te così benigno,
dato t'avrei all'opera conforto.

61 Ma quello ingrato popolo maligno,
che discese di Fiesole *ab antico*
e tiene ancor del monte e del macigno,

64 ti si farà, per tuo ben far, nimico:

39. *senz'arrostarsi quando il foco il feggia:* senza potersi riparare e schermire quando il fuoco lo ferisca (*il feggia*).
40. *Però:* perciò - *a' panni:* allato, al tuo fianco.
41. *rigiugnerò:* raggiungerò - *masnada:* compagnia.
42. *eterni danni:* le pene eterne.
44. *per andar par di lui:* per andare allo stesso suo livello.
47. *anzi l'ultimo dì:* prima che tu sia morto.
49. *Lassù di sopra:* nel mondo - *serena:* rispetto alla vita che conducono i dannati.
51. *avanti che l'età mia fosse piena:* prima di aver compiuto i trentacinque anni. Ricorda il primo verso del primo canto.

52. *Pur:* soltanto.
53. *questi:* Virgilio.
54. *riducemi a ca':* mi riconduce a casa - *calle:* strada, via.
58. *sì per tempo morto:* se io non fossi morto troppo presto per darti ulteriori consigli.
60. *dato t'avrei all'opera conforto:* ti avrei potuto consigliare ed aiutare nel tuo lavoro.
61. *ingrato popolo maligno:* i fiorentini.
62. *che discese di Fiesole ab antico:* secondo la tradizione, gli abitanti di Fiesole, etruschi, avendo avuto la loro città distrutta dai romani, insieme ai romani stessi fondarono Firenze.
63. *tiene ancor del monte e del macigno:* ha ancora la natura dura della pietra.

114

ed è ragion, ché tra li lazzi sorbi
si disconvien fruttare al dolce fico.

67   Vecchia fama nel mondo li chiama orbi,
gente avara, invidiosa e superba:
dai lor costumi fa che tu ti forbi.

70   La tua fortuna tanto onor ti serba,
che l'una parte e l'altra avranno fame
di te; ma lungi fia dal becco l'erba.

73   Faccian le bestie fiesolane strame
di lor medesme, e non tocchin la pianta,
s'alcuna surge ancora in lor letame,

76   in cui riviva la sementa santa
di que' Roman che vi rimaser quando
fu fatto il nido di malizia tanta ».

79   « Se fosse tutto pieno il mio dimando »,
risposi lui, « voi non sareste ancora
dell'umana natura posto in bando;

82   ché in la mente m'è fitta, ed or m'accora,
la cara e buona imagine paterna
di voi, quando nel mondo ad ora ad ora

85   m'insegnavate come l'uom s'eterna:
e quant'io l'abbia in grado, mentr'io vivo,
convien che nella mia lingua si scerna.

88   Ciò che narrate di mio corso scrivo,
e serbolo, a chiosar con altro testo,

65-66. *ché tra li lazzi... dolce fico:* tra i sorbi di aspro sapore (*lazzi*) il dolce fico non può fruttificare. Allude ai fiorentini (*li sorbi*) e a Dante (*dolce fico*).
67. *Vecchia fama:* un'antica tradizione.
69. *fa che tu ti forbi:* fa in modo di tenerti mondo dai loro vizi.
72. *lungi fia dal becco l'erba:* ma l'erba sarà lontana dal capro (*becco*) che la vorrebbe mangiare.
73-74. *Faccian... di lor medesme:* i fiorentini se la sbrighino fra di loro.
75. *s'alcuna surge ancora:* se sorge ancora qualche virgulto.
76. *sementa santa:* Dante si gloria di essere discendente di quei romani che, insieme ai fiesolani, fondarono Firenze.

79. *Se fosse tutto pieno il mio dimando:* se le mie preghiere fossero esaudite.
81. *dell'umana natura posto in bando:* voi non sareste ancora morto.
82. *ché in la mente m'è fitta:* che ricordo tuttavia benissimo.
84. *ad ora ad ora:* quando se ne presentava l'occasione.
85. *come l'uom s'eterna:* come l'uomo per integrità di vita e per gli studi possa immortalarsi.
86. *quant'io l'abbia in grado:* e quanta gratitudine ve ne serbi - *mentr'io:* finché io.
87. *si scerna:* si mostri.
88. *di mio corso:* sul mio avvenire.
89. *chiosar con altro testo:* ad esplicare con altre spiegazioni.

a donna che saprà, s'a lei arrivo.

91   Tanto vogl'io che vi sia manifesto,
      pur che mia coscienza non mi garra,
      che alla Fortuna, come vuol, son presto.

94   Non è nuova agli orecchi miei tale arra:
      però giri Fortuna la sua rota
      come le piace, e il villan la sua marra ».

97   Lo mio maestro allora in su la gota
      destra si volse indietro, e riguardommi;
      poi disse: « Bene ascolta, chi la nota ».

100   Né per tanto di men parlando vommi
      con ser Brunetto, e dimando chi sono
      li suoi compagni più noti e più sommi.

103   Ed egli a me: « Saper d'alcuno è buono;
      degli altri fia laudabile tacerci,
      ché il tempo sarìa corto a tanto suono.

106   In somma, sappi che tutti fur cherci,
      e letterati grandi e di gran fama,
      d'un peccato medesmo al mondo lerci.

109   Priscian sen va con quella turba grama,
      e Francesco d'Accorso anche, e vedervi,
      s'avessi avuto di tal tigna brama,

90. *donna che saprà:* Beatrice - *s'a lei arrivo:* se riuscirò a giungere fino a lei.

91. *Tanto vogl'io che vi sia manifesto:* voglio però che sappiate.

92. *pur:* purché - *non mi garra:* non mi rimproveri.

93. *son presto:* sono pronto a sopportare i colpi della fortuna.

94. *arra:* anticipazione, predilezione.

95. *però:* per la qual cosa.

96. *il villan la sua marra:* giri pure la fortuna come vuole, io non me ne curerò, come non mi curo da qual parte il contadino gira la sua marra.

97. *maestro:* Virgilio.

98. *si volse indietro:* si volse sulla parte destra.

99. *Bene ascolta, chi la nota:* sembra che sia da interpretare nel senso che i consigli tornano di giovamento a colui il quale sappia fissarseli bene nella memoria.

100. *parlando vommi:* continuo a camminare parlando.

104. *fia laudabile tacerci:* sarà meglio non parlarne.

105. *ché il tempo sarìa corto a tanto suono:* perché il tempo sarebbe troppo breve per un discorso così lungo.

106. *cherci:* ecclesiastici.

108. *d'un peccato medesmo al mondo lerci:* si macchiarono tutti di uno stesso sozzo peccato.

109. *Priscian:* non si sa se Dante alluda qui a Prisciano di Cesarea, grammatico del VI secolo d. C., oppure a Prisciano, maestro di grammatica del secolo XIII e collega nell'università di Bologna di quel Francesco d'Accorso, nominato nel verso successivo - *turba grama:* schiera triste e trista.

110. *Francesco d'Accorso:* celebre giurista che insegnò a Bologna ed a Oxford.

111. *di tal tigna brama:* desiderio di tale sozzura.

112   colui potei che dal servo de' servi
         fu trasmutato d'Arno in Bacchiglione,
         dove lasciò li mal protesi nervi.

115   Di più direi: ma il venire e il sermone
         più lungo esser non può, però ch'io veggio
         là surger nuovo fummo dal sabbione.

118   Gente vien con la quale esser non deggio;
         sìeti raccomandato il mio *Tesoro*,
         nel qual io vivo ancora; e più non cheggio ».

121   Poi si rivolse, e parve di coloro
         che corrono a Verona il drappo verde
         per la campagna; e parve, di costoro,

124   quegli che vince, non colui che perde.

CANTO SEDICESIMO

1   Già era in loco onde s'udìa il rimbombo
         dell'acqua che cadea nell'altro giro,
         simile a quel che l'arnie fanno rombo;

4   quando tre ombre insieme si partiro,
         correndo, d'una torma che passava
         sotto la pioggia dell'aspro martìro.

7   Venìan vèr noi; e ciascuna gridava:
         « Sòstati, tu che all'abito ne sembri
         esser alcun di nostra terra prava ».

10   Ahimè, che piaghe vidi ne' lor membri,
         recenti e vecchie dalle fiamme incese!
         Ancor men duol, pur ch'io me ne rimembri.

13   Alle lor grida il mio dottor s'attese;
         volse il viso vèr me, e disse: « Aspetta,

112-113. *colui potei... Bacchiglione:* potevi vedervi il vescovo Andrea de' Mozzi che dal papa (*servo de' servi*) Bonifacio VIII fu trasferito (*trasmutato*) da Firenze (*d'Arno*) a Vicenza (*Bacchiglione*).
114. *dove lasciò li mal protesi nervi:* ove morì.
115. *venire:* l'andare lentamente - *sermone:* discorso.
122. *che corrono a Verona il drappo verde:* uno dei corridori che a Verona correvano in una gara il cui premio consisteva in un drappo verde.

2. *dell'acqua:* quella del Flegetonte - *altro giro:* l'ottavo cerchio.
3. *arnie fanno rombo:* simile al ronzìo (*rombo*) delle api nell'alveare.
4. *insieme si partiro:* si staccarono insieme dai loro compagni.
7. *vèr noi:* verso di noi.
8. *Sòstati:* fèrmati - *all'abito:* dalla foggia del vestire.
11. *incese:* arse.
13. *mio dottor:* Virgilio - *s'attese:* si fermò facendo attenzione.

                a costor si vuol essere cortese:
16   e se non fosse il foco che saetta
             la natura del loco, io dicerei
             che meglio stesse a te che a lor la fretta ».

19   Ricominciàr, come noi restammo, ei
             l'antico verso; e, quando a noi fur giunti,
             fenno una rota di sé tutti e trei,

22   qual sogliono i campion far nudi e unti
             avvisando lor presa e lor vantaggio,
             prima che sien tra lor battuti e punti;

25   e sì rotando, ciascuno il visaggio
             drizzava a me, sì che in contrario il collo
             faceva ai piè continuo viaggio.

28   E: « Se miseria d'esto loco sollo
             rende in dispetto noi e i nostri preghi »,
             cominciò l'uno, « e il tinto aspetto e brollo,

31   la fama nostra il tuo animo pieghi
             a dirne chi tu se', che i vivi piedi
             così sicuro per lo Inferno freghi.

34   Questi, l'orme di cui pestar mi vedi,
             tutto che nudo e dipelato vada,
             fu di grado maggior che tu non credi.

37   Nepote fu della buona Gualdrada;
             Guido Guerra ebbe nome, ed in sua vita
             fece col senno assai e con la spada.

40   L'altro, che appresso me la rena trita,

15. *si vuol,* ecc.: si deve usare cortesia.

16-18. *se non fosse il foco... fretta:* se non fosse per il fuoco che dardeggia, toccherebbe piuttosto a te correre loro incontro che non l'opposto.

19. *come noi restammo:* appena ci fermammo.

20. *l'antico verso:* il consueto lamento.

21-24. *fenno una rota... punti:* tutti e tre (*trei*) si disposero a circolo (*rota*) correndo intorno perché non potevano fermarsi, così come sono soliti fare i lottatori (*campioni*) che si studiano (*avvisando*) prima di cominciar la lotta fra di loro.

25. *visaggio:* viso.

26-27. *sì che in contrario... viaggio:* in modo che girando a tondo voltavano sempre il viso verso Dante.

28. *esto loco sollo:* questo luogo cedevole e molliccio.

29. *rende in dispetto:* ti fa parer degni di disprezzo.

30. *tinto aspetto e brollo:* il viso bene nudo e spelacchiato.

33. *Freghi;* stropicci.

35. *tutto che nudo e dipelato:* sebbene nudo e spelacchiato.

36. *grado maggior:* condizione sociale più elevata.

37-39. *Nepote... spada:* il conte Guido Guerra, nipote di Gualdrada Berti de' Ravignani, fu comandante insigne per valore e per intelligenza dei guelfi fiorentini contro i ghibellini di Arezzo.

40. *trita:* calpesta.

è Tegghiaio Aldobrandi, la cui voce
nel mondo su dovrìa esser gradita.

43 E io, che posto son con loro in croce,
Jacopo Rusticucci fui; e certo
la fiera moglie più ch'altro mi nuoce ».

46 S'io fussi stato dal foco coperto,
gittato mi sarei tra lor di sotto;
e credo che il dottor l'avria sofferto.

49 Ma perch'io mi sarei bruciato e cotto,
vinse paura la mia buona voglia
che di loro abbracciar mi facea ghiotto;

52 poi cominciai: « Non dispetto, ma doglia
la vostra condizion dentro mi fisse,
tanta che tardi tutta si dispoglia,

55 tosto che questo mio signor mi disse
parole per le quali io mi pensai
che, qual voi siete, tal gente venisse.

58 Di vostra terra sono, e sempre mai
l'ovra di voi e gli onorati nomi
con affezion ritrassi ed ascoltai.

61 Lascio lo fele e vo per dolci pomi
promessi a me per lo verace duca;
ma fino al centro pria convien ch'i' tomi ».

64 « Se lungamente l'anima conduca
le membra tue », rispose quegli ancora,

41. *Tegghiaio Aldobrandi:* il nobile cavaliere Tegghiaio Aldobrandi degli Adimari sconsigliò i fiorentini dall'attaccare battaglia a Montaperti.
42. *dovrìa:* dovrebbe - *esser gradita:* proprio per il consiglio che Tegghiaio Aldobrandi aveva dato di non attaccare i nemici.
44. *Jacopo Rusticucci:* nobile cavaliere fiorentino, la cui moglie fu quanto mai aspra e ritrosa (*fiera*).
46. *coperto:* riparato.
48. *il dottor l'avria sofferto:* Virgilio l'avrebbe permesso.
51. *ghiotto:* desideroso, voglioso.
52. *doglia:* dolore.
53. *dentro mi fisse:* mi si impresse in cuore.
54. *tanta che tardi tutta si dispoglia:* il dolore e la pena

che provo per voi soltanto difficilmente dileguerà.
55. *tosto che:* appena che - *questo mio signor:* Virgilio.
56-57. *parole... venisse:* Virgilio mi parlò in maniera tale che io arguii che venissero persone di nobile condizione, quali appunto voi siete.
59. *ovra:* opera.
60. *ritrassi:* appresi.
61. *Lascio lo fele e vo per dolci pomi:* lascio l'amarezza del peccato (*lo fele*) e vado verso le dolcezze del Paradiso (*dolci pomi*).
62. *per lo verace duca:* da Virgilio che mi dice sempre la verità.
63. *centro:* della terra - *tomi:* scenda.
64-65. *Se lungamente... le membra tue:* così possa tu vivere a lungo.

« e se la fama tua dopo te luca,

67 cortesia e valor di' se dimora
    nella nostra città, sì come suole,
    o se del tutto se n'è gita fora;

70 ché Guglielmo Borsiere, il qual si duole
    con noi per poco, e va là coi compagni,
    assai ne cruccia con le sue parole ».

73 « La gente nova e i sùbiti guadagni
    orgoglio e dismisura han generata,
    Fiorenza, in te, sì che tu già ten piagni! ».

76 Così gridai con la faccia levata:
    e i tre, che ciò inteser per risposta,
    guardar l'un l'altro come al ver si guata.

79 « Se l'altre volte sì poco ti costa »,
    risposer tutti, « il satisfare altrui,
    felice te, se sì parli a tua posta!

82 Però, se campi d'esti lochi bui
    e torni a riveder le belle stelle,
    quando ti gioverà dicere: — Io fui —

85 fa che di noi alla gente favelle ».
    Indi rupper la rota, ed a fuggirsi
    ali sembiar le gambe loro snelle.

88 Un *amen* non sarìa potuto dirsi
    tosto così, com'e' furo spariti;
    per che al maestro parve di partirsi.

91 Io lo seguiva, e poco eravam iti
    che il suon dell'acqua n'era sì vicino

66. *la fama tua dopo te luca:* così possa la tua fama risplendere anche dopo la tua morte.

67. *se dimora:* se perdura.

69. *gita fora:* se ne è andata.

70. *Guglielmo Borsieri:* nobile cavaliere fiorentino.

71. *per poco:* da poco tempo, essendo appunto morto da poco.

72. *assai ne cruccia:* ci fa molto soffrire - *parole:* notizie.

73. *La gente nova:* la gente che da poco è venuta ad abitare a Firenze - *sùbiti:* facili ed improvvisi.

74. *dismisura:* intemperanza, sfrenatezza.

75. *ten piagni:* te ne duoli.

79-81. *Se l'altre volte... posta:* se tutte le altre volte ti è così facile (*sì poco ti costa*) soddisfare i desideri altrui, felice te che parli come più ti piace.

82. *Però:* perciò - *campi:* scampi - *esti lochi bui:* l'Inferno.

84. *ti gioverà:* ti piacerà - *Io fui:* io fui nei regni di oltretomba.

85. *favelle:* parla.

88-89. *Un amen... furo spariti:* non si sarebbe potuto dire un amen, tanto rapidamente scomparvero.

90. *per che:* per la qual cosa - *parve:* sembrò opportuno - *di partirsi:* di riprendere il cammino.

91. *poco eravam iti:* da poco avevamo camminato.

che per parlar saremmo a pena uditi.

94 Come quel fiume ch'ha proprio cammino
prima da monte Veso inver levante,
dalla sinistra costa d'Appennino,

97 che si chiama Acquacheta suso, avante
che si divalli giù nel basso letto,
e a Forlì di quel nome è vacante,

100 rimbomba là sovra San Benedetto
dell'Alpe, per cadere ad una scesa
ove dovrìa per mille esser ricetto;

103 così, giù d'una ripa discoscesa,
trovammo risonar quell'acqua tinta,
sì che in poc'ora avrìa l'orecchia offesa.

106 Io avea una corda intorno cinta,
e con essa pensai alcuna volta
prender la lonza alla pelle dipinta.

109 Poscia che l'ebbi tutta da me sciolta,
sì come il duca m'avea comandato,
porsila a lui aggroppata e ravvolta.

112 Ond'ei si volse inver lo destro lato,
e alquanto di lungi dalla sponda
la gittò giuso, in quell'alto burrato.

115 E' pur convien che novità risponda »,
dicea fra me medesmo, « al nuovo cenno
che il maestro con l'occhio sì seconda ».

94-102. *Come quel fiume...
esser ricetto:* come quel fiume
il quale, dal versante sinistro dell'Appennino, si but-
ta in mare senza esser emis-
sario di alcun altro (*ha proprio
cammino*) e si chiama Acquacheta nel tratto montuoso (*suso, avante ǁ che si divalli giù
nel basso letto*) e che a Forlì
cambia il primitivo nome (*di
quel nome è vacante*) in quello di Montone, rimbomba sopra San Benedetto dell'Alpe
perché cade (*per cadere*) in
una cascata molto grande rispetto all'entità stessa del fiume (*ove dovrìa per mille esser
ricetto*).

104. *tinta:* di rosso.
105. *in poc'ora:* in breve -
avrìa l'orecchia offesa: mi

avrebbe intronato l'orecchio.

106. *corda:* la corda che cinge i fianchi a Dante è eviden-
temente simbolica oltre che
reale. Le interpretazioni sono
piuttosto incerte: tuttavia sembra che Dante alluda al cordi-
glio francescano.

108. *la lonza alla pelle dipinta:* con il praticare le virtù
francescane Dante sperò di poter vincere la *lonza*, simbolo,
come abbiam visto nel canto I,
della malizia e della frode.

111. *aggroppata e ravvolta:*
fatta a mo' di gomitolo.

114. *burrato:* precipizio.

115. *E' pur convien che novità risponda:* eppure alcun che
di insolito bisogna ben che
faccia riscontro.

116. *nuovo:* insolito:
117. *con l'occhio sì seconda:*
segue con l'occhio.

118   Ahi quanto cauti gli uomini esser denno
presso a color che non veggon pur l'ovra,
ma per entro i pensier miran col senno!

121   Ei disse a me: « Tosto verrà di sovra
ciò ch'io attendo e che il tuo pensier sogna;
tosto convien ch'al tuo viso si scovra ».

124   Sempre a quel ver ch'ha faccia di menzogna
de' l'uom chiuder le labbra fin ch'ei puote,
però che sanza colpa fa vergogna;

127   ma qui tacer nol posso; e per le note
di questa Commedìa, lettor, ti giuro,
s'elle non sien di lunga grazia vòte,

130   ch'io vidi, per quell'aere grosso e scuro,
venir notando una figura in suso,
maravigliosa ad ogni cor sicuro,

133   sì come torna colui che va giuso
talora a solver l'àncora ch'aggrappa
o scoglio o altro che nel mare è chiuso,

136   che in su si stende, e da piè si rattrappa.

CANTO DICIASSETTESIMO

1   « Ecco la fiera con la coda aguzza,
che passa i monti e rompe i muri e l'armi;
ecco colei che tutto il mondo appuzza! ».

4   Sì cominciò lo mio duca a parlarmi;
ed accennolle che venisse a proda,
vicino al fin de' passeggiati marmi.

118. *denno:* devono.

119-120. *presso a color... senno:* vicino a coloro che essendo molto accorti sanno leggere nel pensiero prima che questo venga esternato.

122. *il tuo pensier sogna:* e che tu immagini vagamente.

124-126. *Sempre a quel ver... fin ch'ei puote:* fin che si può si deve sempre tacere (*chiuder le labbra*) quella verità che sembra una menzogna, per non passare da bugiardo, senza colpa.

127. *note:* versi.

129. *s'elle non sien di lunga grazia vòte:* così possano essere graditi.

130. *aere grosso e scuro:* aria densa e scura.

132. *ad ogni cor sicuro:* per ogni animo anche se saldo.

133-135. *sì come torna... chiuso:* come riaffiora il nuotatore che si è tuffato per liberare l'àncora che si era impigliata.

136. *che in su si stende, e da piè si rattrappa:* che mentre stende la parte superiore del corpo, ritira verso di sé i piedi per aver maggior spinta a nuotare verso la superficie.

3. *appuzza:* ammorba.

4. *lo mio duca:* Virgilio.

5. *a proda:* a riva.

6. *passeggiati marmi:* gli argini di pietra da noi percorsi.

7   E quella sozza immagine di froda
        sen venne, ed arrivò la testa e il busto;
        ma in su la riva non trasse la coda.

10   La faccia sua era faccia d'uom giusto,
        tanto benigna avea di fuor la pelle,
        e d'un serpente tutto l'altro fusto.

13   Duo branche avea pilose infin l'ascelle;
        lo dosso e il petto e ambedue le coste
        dipinte avea di nodi e di rotelle.

16   Con più color, sommesse e soprapposte,
        non fér mai drappi Tartari né Turchi,
        né fur tai tele per Aragne imposte.

19   Come talvolta stanno a riva i burchi,
        che parte sono in acqua e parte in terra;
        e come là tra li Tedeschi lurchi

22   lo bivero s'assetta a far sua guerra;
        così la fiera pessima si stava
        su l'orlo che, di pietra, il sabbion serra.

25   Nel vano tutta sua coda guizzava,
        torcendo in su la venenosa forca
        che, a guisa di scorpion, la punta armava.

28   Lo duca disse: « Or convien che si torca
        la nostra via un poco infino a quella
        bestia malvagia che colà si corca ».

31   Però scendemmo alla destra mammella,
        e dieci passi femmo in su lo stremo

8. *arrivò:* posò sulla riva.
10. *La faccia sua:* ecco Gerione, simbolo della frode. Nella mitologia era un gigante, figlio di Crisaore e di Calliroe, e fu ucciso da Ercole.
11. *tanto benigna avea di fuor la pelle:* aveva un ingannevole aspetto di benignità.
12. *tutto l'altro fusto:* il resto del corpo.
13. *branche:* zampe artigliate - *pilose:* pelose.
14. *lo dosso:* la schiena, il dorso.
16-17. *Con più color... Turchi:* i tartari ed i turchi, famosi nell'arte della tessitura non ebbero mai stoffe e drappi con maggior varietà di colori nei fondi (*sommesse*) e nei rilievi (*sovrapposte*).
18. *né fur tai tele per Aragne imposte:* la stessa Aracne, la famosa tessitrice mitologica che Minerva mutò in ragno, non tessé mai tele più variegate.
19. *burchi:* barche di fiume.
21. *lurchi:* ghiottoni e ubriaconi.
22. *lo bivero s'assetta a far sua guerra:* il castoro si prepara a prendere i pesci.
24. *il sabbion serra:* fa da confine al sabbione.
26-27. *la venenosa forca... armava:* la coda velenosa e biforcuta che sta a simboleggiare la frode verso chi si fida e verso chi non si fida.
28. *Lo duca:* Virgilio - *si torca:* dobbiamo deviare.
31. *alla destra mammella:* al lato destro.
32. *stremo:* l'orlo pietroso.

per ben cessar la rena e la fiammella.

34 E quando noi a lei venuti semo,
poco più oltre veggio in su la rena
gente seder propinqua al luogo scemo.

37 Quivi il maestro: « A ciò che tutta piena
esperïenza d'esto giron porti »,
mi disse, « va, e vedi la lor mena.

40 Li tuoi ragionamenti sien là corti:
mentre che torni, parlerò con questa,
che ne conceda i suoi omeri forti ».

43 Così, ancor su per la strema testa
di quel settimo cerchio tutto solo
andai dove sedea la gente mesta.

46 Per gli occhi fuori scoppiava lor duolo;
di qua, di là, soccorrìen con le mani
quando a' vapori, e quando al caldo suolo.

49 Non altrimenti fan, di state, i cani
or col ceffo, or col piè, quando son morsi
o da pulci o da mosche o da tafani.

52 Poi che nel viso a certi gli occhi porsi,
ne' quali il doloroso foco casca,
non ne conobbi alcun; ma io m'accorsi

55 che dal collo a ciascun pendea una tasca
che avea certo colore e certo segno;
e quindi par che il loro occhio si pasca.

58 E com'io riguardando tra lor vegno,
in una borsa gialla vidi azzurro
che d'un leone avea faccia e contegno.

33. *cessar:* scansare.
36. *gente:* sono gli usurai, violenti contro l'arte. - *propinqua al luogo scemo:* vicina al vuoto.
37. *A ciò che:* perché tu possa, al fin di...
38. *porti:* tu possa avere.
39. *la lor mena:* il loro modo di essere e di comportarsi.
41. *mentre che:* finché - *con questa:* sottinteso fiera: Gerione.
42. *che ne conceda i suoi omeri forti:* che ci permetta di salire sulle sue robuste spalle.
43. *strema testa:* l'orlo del girone.
46. *duolo:* dolore.
47. *soccorrìen:* si difendevano.

48. *vapori:* le fiamme.
49. *di state:* durante l'estate.
50. *ceffo:* muso.
52. *Poi che nel viso a certi gli occhi porsi:* quando ebbi guardato in faccia certuni.
56. *certo:* determinato.
57. *par che il loro occhio si pasca:* sembra che il loro occhio si bei.
59-60. *in una borsa gialla... contegno:* vidi su una borsa gialla una macchia azzurra simile ad un leone. Il leone azzurro in campo d'oro era lo stemma dei Gianfigliazzi di Firenze. Questo cui si allude, pare appunto esser stato quel Catello Gianfigliazzi che si arricchì in Francia esercitando l'usura.

61 Poi, procedendo di mio sguardo il curro,
vìdine un'altra come sangue rossa
mostrando un'oca bianca più che burro.

64 Ed un che d'una scrofa azzurra e grossa
segnato avea lo suo sacchetto bianco,
mi disse: « Che fai tu in questa fossa?

67 Or te ne va: e, perché se' vivo anco,
sappi che il mio vicino Vitaliano
sederà qui dal mio sinistro fianco.

70 Con questi Fiorentin son Padovano;
spesse fiate m'intronan gli orecchi,
gridando: — Vegna il cavalier sovrano,

73 che recherà la tasca co' tre becchi! — ».
Qui distorse la bocca e di fuor trasse
la lingua come bue che il naso lecchi.

76 E io, temendo no 'l più star crucciasse
lui che di poco star m'avea ammonito,
torna'mi indietro dall'anime lasse.

79 Trovai il duca mio ch'era salito
già sulla groppa del fiero animale,
e disse a me: « Or sie forte e ardito!

82 Omai si scende per sì fatte scale:
monta dinanzi, ch'io voglio esser mezzo,
sì che la coda non possa far male ».

85 Qual è colui, che sì presso ha il riprezzo
della quartana, ch'ha già l'unghie smorte,

61. *procedendo di mio sguar-do il curro:* quasi spingendo il carro del mio sguardo; per altri *curro* vale corso.

62-63. *vidine... burro:* un'altra borsa. L'oca bianca in campo rosso era il blasone degli Ubriachi, famiglia ghibellina di Firenze.

64-65. *scrofa... bianco:* la scrofa gravida azzurra in campo bianco forma lo stemma degli Scrovegni di Padova. Questo che si accinge a parlare è probabilmente Reginaldo degli Scrovegni, famoso usuraio, il cui figlio Enrico diede incarico a Giotto di affrescare la famosa cappella.

68. *vicino:* concittadino - *Vitaliano:* pare che qui si alluda a Vitaliano del Dante, usuraio e podestà di Padova.

71. *spesse fiate:* molte volte.

73. *la tasca co' tre becchi:* gli usurai attendono il fiorentino Giovanni Buiamonte, usuraio feroce, considerato il signore ed il re degli strozzini, il cui stemma portava tre capri neri in campo d'oro.

76-77. *temendo... ammonito:* temendo che un mio prolungato indugio avrebbe arrecato dispiacere a Virgilio che mi aveva ammonito di fermarmi poco.

78. *lasse:* afflitte.

79. *il duca mio:* Virgilio.

80. *fiero animale:* Gerione.

82. *sì fatte scale:* tal mezzo.

85. *sì presso ha:* si sente giungere addosso - *il riprezzo:* il brivido.

86. *quartana:* febbre quartana.

e triema tutto pur guardando il rezzo;

88   tal divenn'io alle parole pòrte;
   ma vergogna mi fe' le sue minacce,
   che innanzi a buon signor fa servo forte.

91   Io m'assettai in su quelle spallacce:
   sì volli dir, ma la voce non venne
   com'io credetti: « Fa che tu m'abbracce ».

94   Ma esso, che altra volta mi sovvenne
   ad altro forse, tosto ch'io montai
   con le braccia m'avvinse e mi sostenne;

97   e disse: « Gerion, moviti omai!
   Le rote larghe, e lo scender sia poco:
   pensa la nova soma che tu hai ».

100   Come la navicella esce di loco
   in dietro in dietro, sì quindi si tolse;
   e poi che al tutto si sentì a gioco,

103   là ov'era il petto la coda rivolse,
   e quella tesa, come anguilla, mosse,
   e con le branche l'aere a sé raccolse.

106   Maggior paura non credo che fosse,
   quando Fetón abbandonò li freni,
   per che il ciel, come pare ancor, si cosse;

109   né quando Icaro misero le reni
   sentì spennar per la scaldata cera.
   gridando il padre a lui: « Mala via tieni! »;

112   che fu la mia quando vidi ch'i' era
   nell'aer d'ogni parte, e vidi spenta
   ogni veduta, fuor che della fiera.

87. *pur guardando il rezzo:* al solo guardare l'ombra.

89-90. *vergogna... forte:* la vergogna, che fa sì che un servo sia forte davanti ad un buon padrone, mi minacciò di disonorarmi se mi fossi mostrato vile.

93. *Fa che tu m'abbracce:* abbracciami, ti prego.

94. *esso:* Virgilio - *mi sovvenne:* mi aiutò.

98. *Le rote larghe e lo scender sia poco:* discendi lentamente ad ampi giri.

99. *soma:* peso.

100. *di loco.* dal porto.

101. *si tolse:* si staccò.

102. *poi che al tutto si sentì a gioco:* appena si sentì completamente libero ed a proprio agio.

107-108: *quando Fetón... si cosse:* Fetonte, figlio del Sole, ebbe il permesso dal padre di guidare il carro solare, ma i cavalli gli presero la mano, così che Giove dovette fulminarlo per evitare maggiori danni.

109-111. *né quando Icaro... tieni:* Icaro, racchiuso con il padre Dedalo nel Labirinto di Creta, se ne fuggì per l'aria con il padre mediante ali saldate con cera. Preso dall'ebbrezza del volo, Icaro, noncurante degli avvertimenti paterni, si avvicinò troppo al sole che, sciogliendo la cera, lo fece precipitare in mare.

115   Ella sen va notando lenta lenta:
       rota e discende, ma non me n'accorgo
       se non ch'al viso e di sotto mi venta.

118   Io sentìa già, dalla man destra, il gorgo
       far sotto noi un orribile scroscio;
       per che con gli occhi in giù la testa sporgo.

121   Allor fu' io più timido allo scoscio,
       però ch'io vidi fuochi e sentii pianti;
       ond'io tremando tutto mi raccoscio.

124   E vidi poi, ché nol vedea davanti,
       lo scender e il girar, per li gran mali
       che s'appressavan da diversi canti.

127   Come il falcon ch'è stato assai su l'ali,
       che sanza veder lógoro o uccello
       fa dire al falconiere: « Oh me, tu cali! »,

130   discende lasso onde si mosse snello,
       per cento rote, e da lunge si pone
       dal suo maestro, disdegnoso e fello;

133   così ne pose al fondo Gerïone
       al piè al piè della stagliata ròcca;
       e, discarcate le nostre persone,

136   si dileguò come da corda cocca.

CANTO DICIOTTESIMO

1   Luogo è, in Inferno, detto Malebolge,
       tutto di pietra di color ferrigno
       come la cerchia che d'intorno il volge.

117. *al viso e di sotto mi venta:* il vento che sale dal basso e colpisce il viso di Dante.

118. *il gorgo:* la cascata di Flegetonte.

121. *fu'io più timido allo scoscio:* Dante, avendo voluto guardare all'ingiù, aveva allargato necessariamente le gambe, ma la vista dei fuochi e dei supplizi lo fece più timido nell'allargar le gambe (*scoscio*) per sporgersi a guardare.

128. *lógoro:* il richiamo.

130. *lasso:* abbattuto - *onde si mosse snello:* dal luogo ove aveva volato baldanzoso.

132. *dal suo maestro:* il falconiere.

133. *ne:* ci.

134. *al piè al piè della stagliata ròcca:* proprio vicino al piede della rocca tagliata a picco.

135. *discarcate:* scaricate.

136. *si dileguò come da corda cocca:* fuggì in un battibaleno, come una freccia scoccata dall'arco.

1. *Malebolge:* è il nome dato all'ottavo cerchio, che è diviso in dieci "bolge", fossati circolari concentrici in cui stanno i fraudolenti.

3. *cerchia:* la ripa circolare della roccia - *il volge:* l'attornia, lo circonda.

4   Nel dritto mezzo del campo maligno
       vaneggia un pozzo assai largo e profondo,
       di cui, suo loco, dicerò l'ordigno.

7   Quel cinghio che rimane adunque è tondo
       tra il pozzo e il piè dell'alta ripa dura,
       ed ha distinto in dieci valli il fondo.

10   Quale, dove per guardia delle mura
       più e più fossi cingon li castelli,
       la parte dove son rende figura;

13   tale imagine quivi facean quelli:
       e come a tai fortezze da' lor sogli
       alla ripa di fuor son ponticelli,

16   così da imo della roccia scogli
       movìen che ricidìen gli argini e i fossi
       infino al pozzo che i tronca e raccogli.

19   In questo loco, della schiena scossi
       di Gerion, trovammoci; e il poeta
       tenne a sinistra, ed io dietro mi mossi.

22   Alla man destra vidi nova pièta,
       novi tormenti e novi frustatori,
       di che la prima bolgia era repleta.

25   Nel fondo erano ignudi i peccatori:
       dal mezzo in qua ci venìen verso il vólto;
       di là con noi, ma con passi maggiori,

28   come i Roman, per l'esercito molto,

4. *Nel dritto mezzo:* nel giusto mezzo. - *maligno:* perché dimora di peccatori.

5. *vaneggia:* si apre un vuoto a mo' di pozzo.

6. *l'ordigno:* la struttura.

7. *cinghio:* lo spazio che circonda il pozzo.

8. *dura:* pietrosa.

9. *distinto:* diviso - *dieci valli:* sono le dieci bolge.

10-13. *Quale... figura:* come (*quale figura*) dove molti fossati difendono (*per guardia cingon*) i castelli, così (*tale imagine*) i fossi del cerchio ottavo (*quelli*) ricordano l'aspetto del luogo (*la parte*).

14. *sogli:* soglie.

15. *alla ripa di fuor son ponticelli:* ponti levatoi.

16. *da imo:* dal piede, dalla base.

17. *movìen:* si ripartivano - *ricidìen:* attraversavano.

18. *raccogli:* li raccoglie.

22. *pièta:* vista che muove a pietà.

24. *prima bolgia:* dove stanno i ruffiani ed i seduttori divisi in due schiere, delle quali quella che cammina in senso opposto a Dante ed a Virgilio è formata da coloro che sedussero le donne per conto altrui (i ruffiani), mentre l'altra è quella di coloro che sedussero le donne per conto proprio (i seduttori) - *era repleta:* era piena, era colma.

26. *verso il vólto:* incontro.

27. *con passi* maggiori: più velocemente di quanto non camminassero i poeti.

28. *esercito molto:* la gran folla.

l'anno del giubileo, su per lo ponte
hanno a passar la gente modo còlto,

31 che dall'un lato tutti hanno la fronte
    verso il castello e vanno a Santo Pietro;
    dall'altra sponda vanno verso il monte.

34 Di qua di là, su per lo sasso tetro
    vidi demon cornuti, con gran ferze,
    che li battìen crudelmente di retro.

37 Ahi, come facean lor levar le berze
    alle prime percosse! Già nessuno
    le seconde aspettava né le terze.

40 Mentr'io andava, gli occhi miei in uno
    furo scontrati; ed io sì tosto dissi:
    « Già di veder costui non son digiuno ».

43 Però a figurarlo i piedi affissi;
    e il dolce duca meco si ristette,
    e assentìo ch'alquanto indietro gissi.

46 E quel frustato celarsi credette
    bassando il viso; ma poco gli valse,
    ch'io dissi: « O tu, che l'occhio a terra gette,

49 se le fazion che porti non son false,
    Venedico se' tu Caccianemico:
    ma che ti mena a sì pungenti salse? ».

52 Ed egli a me: « Mal volentier lo dico;
    ma sforzami la tua chiara favella,
    che mi fa sovvenir del mondo antico.

29. *l'anno del giubileo:* il 1300 - *ponte:* il ponte di Castel S. Angelo a Roma.

30. *hanno a passar la gente modo còlto:* hanno trovato la maniera di far passare la moltitudine.

31-32. *hanno la fronte* ‖ *verso il castello:* si dirigono verso Castel S. Angelo.

33. *dall'altra sponda vanno verso il monte:* dall'altro lato, voltando le spalle al Castel S. Angelo, si dirigono verso il monte Giordano.

35. *ferze:* sferze, fruste.

37. *berze:* i calcagni.

41. *furo scontrati:* caddero su di un dannato.

42. *Già di veder costui non son digiuno:* ho già visto costui.

43. *Però:* perciò - *a figurarlo:* per richiamarlo alla memoria, raffigurarlo - *i piedi affissi:* mi fermai.

44. *dolce duca:* Virgilio.

45. *assentìo:* consentì - *gissi:* tornassi.

48. *l'occhio a terra gette:* che abbassi il viso.

49. *se le fazion che porti:* se le fattezze che hai.

50. *Venedico se' tu Caccianemico:* Venedico Caccianemico, magistrato bolognese, indusse la sorella Ghisolabella alle voglie del marchese d'Este, Obizzo (o, come altri vogliono, Azzo VIII).

51. *sa'se:* con probabile allusione al luogo omonimo presso Bologna, ove si gettavano i corpi dei giustiziati.

55   Io fui colui che la Ghisolabella
        condussi a far la voglia del Marchese,
        come che suoni la sconcia novella.

58   E non pur io qui piango Bolognese;
        anzi n'è questo loco tanto pieno,
        che tante lingue non son ora apprese

61   a dicer *sipa* tra Sàvena e Reno;
        e se di ciò vuoi fede o testimonio,
        récati a mente il nostro avaro seno ».

64   Così parlando, il percosse un demonio
        della sua scuriada, e disse: « Via,
        ruffian! Qui non son femmine da conio ».

67   Io mi raggiunsi con la scorta mia:
        poscia con pochi passi divenimmo
        là 'v' uno scoglio della ripa uscìa.

70   Assai leggeramente quel salimmo;
        e vòlti a destra sopra la sua scheggia,
        da quelle cerchie eterne ci partimmo.

73   Quando noi fummo là dov'ei vaneggia
        di sotto per dar passo agli sferzati,
        lo duca disse: « Attienti, e fa che feggia

76   lo viso in te di quest'altri mal nati,
        ai quali ancor non vedesti la faccia,
        però che son con noi insieme andati ».

79   Del vecchio ponte guardavam la traccia
        che venìa verso noi dall'altra banda,
        e che la ferza similmente scaccia.

82   Il buon maestro, sanza mia dimanda,
        mi disse: « Guarda quel grande, che viene
        e per dolor non par lagrime spanda.

58. *E non pur io qui piango Bolognese:* e non sono il solo bolognese che qui mi lamenti.

60-61. *che tante lingue... Reno:* ci sono qui, nell'Inferno, tanti bolognesi quanti mai ne son vissuti (*a dicer sipa*) fra Sàvena e Reno, i due fiumi che bagnano Bologna.

63. *récati a mente il nostro avaro seno:* ricordati quanto noi bolognesi siamo avari.

65. *scuriada:* sferza.

66. *femmine da conio:* donne da ingannare.

67. *Io mi raggiunsi con la scorta mia:* andai a raggiungere Virgilio.

68. *divenimmo:* giungemmo.

69. *uscìa:* sporgeva.

70. *leggermente:* facilmente.

71. *scheggia:* la sua sommità scheggiata.

73. *là dov'ei vaneggia:* dove il ponte a sua volta ha un arco per lasciar passare sotto i frustati.

75. *Attienti:* férmati - *fa:* fa in modo che - *feggia:* cada.

76. *lo viso in te:* lo sguardo su di te.

79. *traccia:* la schiera.

85 Quanto aspetto reale ancor ritiene!
    Quelli è Giason, che per core e per senno
    li Colchi del monton privati féne.

88 Egli passò per l'isola di Lenno,
    poi che le ardite femmine spietate
    tutti li maschi loro a morte dienno.

91 Ivi, con segni e con parole ornate,
    Isifile ingannò, la giovinetta
    che prima avea tutte l'altre ingannate.

94 Lasciolla quivi gravida, soletta.
    Tal colpa a tal martìro lui condanna:
    ed anche di Medea si fa vendetta.

97 Con lui sen va chi da tal parte inganna:
    e questo basti della prima valle
    sapere, e di color che in sé assanna ».

100 Già eravam là 've lo stretto calle
    con l'argine secondo s'incrocicchia,
    e fa di quello ad un altr'arco spalle.

103 Quindi sentimmo gente che si nicchia
    nell'altra bolgia e che col muso sbuffa,
    e se medesma con le palme picchia.

106 Le ripe eran grommate d'una muffa,
    per l'alito di giù che vi s'appasta,
    che con gli occhi e col naso facea zuffa.

109 Lo fondo è cupo sì che non ci basta
    luogo a veder sanza montare al dosso
    dell'arco, ove lo scoglio più sovrasta.

85. *reale:* regale - *ritiene:* serba, conserva.

86-87. *Quelli... féne:* Giasone, l'eroe che capitanò la spedizione degli Argonauti nella Colchide, alla conquista del vello d'oro.

89. *poi che:* dopo che.

90. *a morte dienno:* mandarono a morte.

91. *ornate:* lusinghiere, allettatrici.

92. *Isifile:* figlia di Toante e regina di Lenno, ingannò le sue compagne, sottraendo a morte il padre suo.

95. *martìro:* pena.

96. *Medea:* anche Medea, figlia del re della Colchide, fu ingannata e sedotta da Giasone, sebbene l'avesse aiutato nella conquista del vello d'oro.

97. *da tal parte:* in tal maniera.

99. *assanna:* azzanna, trattiene contenendo.

100. *là 've lo stretto calle:* laddove lo stretto passaggio.

102. *fa di quello ad un altr'arco spalle:* fa da sostegno al ponte che attraversava la seconda bolgia.

103. *gente che si nicchia:* gente che si lamenta. Sono i lusingatori racchiusi nella seconda bolgia.

106. *grommate:* incrostate.

107. *per l'alito:* per le esalazioni - *s'appasta:* si condensa.

108. *con gli occhi e col naso facea zuffa:* per il fetore e lo schifo.

112 Quivi venimmo; e quindi giù nel fosso
vidi gente attuffata in uno sterco
che dagli uman privati parea mosso.

115 E mentre ch'io laggiù con l'occhio cerco,
vidi un col capo sì di merda lordo,
che non parea s'era laico o cherco.

118 Quei mi sgridò: « Perché se' tu sì ingordo
di riguardar più me che gli altri brutti? ».
Ed io a lui: « Perché, se ben ricordo,

121 già t'ho veduto coi capelli asciutti,
e sei Alessio Interminei da Lucca;
però t'adocchio più che gli altri tutti ».

124 Ed egli allor, battendosi la zucca:
« Quaggiù m'hanno sommerso le lusinghe
ond'io non ebbi mai la lingua stucca ».

127 Appresso ciò, lo duca: « Fa che pinghe »,
mi disse, « il viso un poco più avante,
sì che la faccia ben con l'occhio attinghe

130 di quella sozza e scapigliata fante
che là si graffia con l'unghie merdose,
ed or s'accoscia ed ora è in piede stante.

133 Taide è, la puttana che rispose
al drudo suo, quando disse: "Ho io grazie
grandi appo te?": — Anzi maravigliose! —.

136 E quinci sian le nostre viste sazie ».

114. *privati:* latrine.
117. *che non parea s'era laico o cherco:* talmente sporco sul capo, che non si capiva se portasse la tonsura oppur no.
118. *ingordo:* desideroso.
122. *Alessio Interminei da Lucca:* Alessio Interminelli fu un adulatore lucchese di parte bianca.
126. *ond'io non ebbi mai la lingua stucca:* delle quali non fu mai stanco.
127. *Fa che pinghe:* fa in modo di spingere.
129. *sì che la faccia ben con l'occhio attinghe:* così da poter ben guardare.
130. *fante:* bagascia.

133. *Taide:* nell'*Eunuco* di Terenzio (il fatto è riportato pure da Cicerone), il soldato Trasone domanda al mezzano Gnatone se la cortigiana Taide sia rimasta contenta dei doni inviati. Dante immagina invece che il colloquio si sia svolto direttamente fra la cortigiana ed il soldato.
134. *drudo:* amante - *Ho io grazie:* ti è piaciuto il dono che ti ho fatto?
135. *appo:* presso - *Anzi maravigliose:* Taide risponde affermativamente.
136. *E quinci sian le nostre viste sazie:* e con questo basta di tali scene.

CANTO DICIANNOVESIMO

1   O Simon mago, o miseri seguaci
      che le cose di Dio, che di bontate
      deon essere spose, voi, rapaci,

4   per oro e per argento adulterate:
      or convien che per voi suoni la tromba,
      però che nella terza bolgia state.

7   Già eravamo alla seguente tomba
      montati, dello scoglio in quella parte
      che a punto sovra mezzo il fosso piomba.

10   O somma Sapienza, quant'è l'arte
      che mostri in cielo, in terra e nel mal mondo,
      e quanto giusto tua virtù comparte!

13   Io vidi per le coste e per lo fondo
      piena la pietra livida di fòri,
      d'un largo tutti, e ciascun era tondo.

16   Non mi parean men ampi né maggiori
      che quei che son nel mio bel San Giovanni,
      fatti per luogo de' battezzatori;

19   l'un delli quali, ancor non è molt'anni,
      rupp'io per un che dentro v'annegava;
      e questo sia suggel ch'ogni uomo sganni.

1. *Simon mago:* Simone, mago di Samaria, volle tentare di comprare da San Pietro e da San Giovanni la facoltà di comunicare, mediante l'imposizione delle mani, lo Spirito Santo ai battezzati. Da lui si chiamò "simonia" il mercato delle cose sacre - *seguaci:* la terza bolgia, quella dei simoniaci.

2-3. *di bontate ǁ deon essere spose:* le cose di Dio devono essere congiunte con la bontà.

4. *adulterate:* vendete, prostituite.

5. *la tromba:* allude alla tromba del banditore che suonava per le vie quando si conducevano i condannati al supplizio.

7. *tomba:* bolgia.

9. *che a punto sovra mezzo il fosse piomba:* sulla sommità dell'arco roccioso che corrisponde al mezzo della bolgia.

11. *mal mondo:* l'Inferno.

12. *e quanto giusto tua virtù comparte:* e come giustamente la tua potenza (*virtù*) sa distribuire pene e castighi.

13. *coste:* pendici.

15. *d'un largo tutti:* di medesima larghezza.

16-18. *Non mi parean... battezzatori:* non mi sembravano né più piccoli né maggiori di quelli che nel Battistero di Firenze (*mio bel San Giovanni*) servivano per battezzare. Il battesimo avveniva allora per immersione.

21. *questo sia suggel ch'ogni uomo sganni:* il fatto che Dante avesse rotto uno dei pozzetti per salvare un che vi stava annegando, fu giudicato sacrilego, ma il poeta afferma che lo fece soltanto per salvare una vita umana e non per altro, perciò queste sue dichiarazioni devono essere considerate conclusive (*suggel*) sull'argomento.

22   Fuor della bocca a ciascun soperchiava
     d'un peccator li piedi e delle gambe
     infino al grosso; e l'altro dentro stava.

25   Le piante erano a tutti accese intrambe;
     per che sì forte guizzavan le giunte,
     che spezzate averìen ritorte e strambe.

28   Qual suole il fiammeggiar delle cose unte
     muoversi pur su per la strema buccia;
     tal era lì da' calcagni alle punte.

31   « Chi è colui, maestro, che si cruccia
     guizzando più che gli altri suoi consorti »,
     diss'io, « e cui più roggia fiamma succia? ».

34   Ed egli a me: « Se tu vuo' ch'io ti porti
     laggiù per quella ripa che più giace,
     da lui saprai di sé e de' suoi torti ».

37   E io: « Tanto m'è bel, quanto a te piace:
     tu se' signore, e sai ch'io non mi parto
     dal tuo volere; e sai quel che si tace ».

40   Allor venimmo in su l'argine quarto:
     volgemmo, e discendemmo a mano stanca,
     laggiù, nel fondo foracchiato e arto.

43   Lo buon maestro ancor della sua anca
     non mi dipose, sì mi giunse al rotto
     di quei che sì piangeva con la zanca.

22. *Fuor della bocca:* del pozzetto - *soperchiava:* veniva fuori.

24. *al grosso:* del polpaccio.

25. *Le piante:* dei piedi.

26. *per che:* per la qual cosa - *le giunte:* le giunture.

27. *averìen:* avrebbero - *ritorte e strambe:* i legami fatti di giunchi e di vimini e quelli fatti con ritorte di erba secca.

29. *pur:* soltanto - *strema buccia:* l'esterna superficie.

30. *alle punte:* dei piedi.

31. *colui:* è il papa Niccolò III, accusato di simonia, il quale, più avanti, dirà che nel pozzetto, sotto di lui, vi sono altri papi. Anche Niccolò III dovrà poi scomparire nel pozzetto infocato quando il suo posto verrà preso dal pontefice Bonifacio VIII che, a sua volta, dovrà cedere a Clemente V.

32. *gli altri suoi consorti:* gli altri suoi compagni che dividono la medesima sorte.

33. *più roggia fiamma:* fiamma più ardente - *succia:* succhia.

35. *che più giace:* che è più bassa.

36. *torti:* colpe:

37. *m'è bel:* m'è gradito, mi piace.

38. *non mi parto:* non mi allontano, non contrasto.

40. *quarto:* fra la terza e la quarta bolgia.

41. *a mano stanca:* a sinistra.

42. *arto:* stretto.

44. *rotto:* al foro, al pozzetto.

45. *di quei che sì piangeva con la zanca:* di quegli che piangeva con le gambe. In tono energicamente canzonatorio.

46 « O qual che se' che 'l di su tien di sotto,
anima trista come pal commessa »,
comincia' io a dir, « se puoi, fa motto ».

49 Io stava come il frate che confessa
lo perfido assassin, che, poi ch'è fitto,
richiama lui, per che la morte cessa.

52 Ed ei gridò: « Se' tu già costì ritto?
Se' tu già costì ritto, Bonifazio?
Di parecchi anni mi mentì lo scritto.

55 Se' tu sì tosto di quell'aver sazio
per lo qual non temesti tòrre a inganno
la bella donna, e poi di farne strazio? ».

58 Tal mi fec'io quai son color che stanno,
per non intender ciò ch'è lor risposto,
quasi scornati, e risponder non sanno.

61 Allor Virgilio disse: « Digli tosto:
— Non son colui, non son colui che credi! — ».
E io risposi com'a me fu imposto.

64 Per che lo spirto tutti storse i piedi;
poi, sospirando e con voce di pianto,
mi disse: « Dunque, che a me richiedi?

67 Se di saper ch'io sia ti cal cotanto
che tu abbi però la ripa corsa,
sappi ch'io fui vestito del gran manto:

70 e veramente fui figliuol dell'Orsa,

46. *che 'l di su tien di sotto:* che stai capovolto.

47. *come pal commessa:* conficcata nel terreno come un palo.

48. *fa motto:* parla.

50. *poi ch'è fitto:* allude alla pena della propagginazione riservata agli assassini, i quali venivano conficcati col capo all'ingiù in una fossa che poi veniva colmata di terra. Per ritardare il momento della morte, il condannato richiamava il confessore più volte.

53. *Bonifazio:* papa Bonifacio VIII.

54. *Di parecchi anni mi mentì lo scritto:* il libro del futuro, nel quale i dannati leggono, mi ingannò, in quanto tu sei morto prima di quel che era stato stabilito. Niccolò III scambia Dante per Bonifacio VIII.

55. *Se' tu sì tosto di quell'aver sazio:* ti sei già così presto stancato dei beni temporali.

56. *tòrre a inganno:* ingannare.

57. *la bella donna:* la Chiesa.

58-60. *Tal mi fec'io... non sanno:* rimasi come coloro che non capiscono quello che è stato risposto.

67. *ti cal cotanto:* ti interessa tanto.

48. *la ripa corsa:* da farti percorrere tuta la ripa.

69. *gran manto:* papale.

70. *fui figliuol dell'Orsa:* Niccolò III era della famiglia degli Orsini. Giocando sul proprio cognome, il pontefice dice che favorì i suoi congiunti (*gli orsatti*).

cupido sì per avanzar gli orsatti,
che su l'avere, e qui me misi in borsa.

73   Di sott'al capo mio son gli altri tratti
      che precedetter me simoneggiando,
      per le fessure della pietra piatti.

76   Laggiù cascherò io altresì, quando
      verrà colui ch'io credea che tu fossi,
      allor ch'io feci il sùbito dimando.

79   Ma più è il tempo già che i piè mi cossi
      e ch'io son stato così sottosopra,
      ch'ei non starà piantato coi piè rossi;

82   ché dopo lui verrà di più laid'opra
      di vèr ponente un pastor sanza legge,
      tal che convien che lui e me ricopra.

85   Nuovo Giason sarà, di cui si legge
      ne' *Maccabei*, e come a quel fu molle
      suo re, così fia lui chi Francia regge ».

88   Io non so s'io mi fui qui troppo folle,
      ch'io pur risposi lui a questo metro:
      « Deh, or mi di': quanto tesoro volle

91   Nostro Signore in prima da san Pietro
      ch'ei ponesse le chiavi in sua balìa?
      Certo non chiese se non: — Viemmi retro. —

94   Né Pier né gli altri tolsero a Mattia
      oro od argento, quando fu sortito
      al luogo che perdé l'anima ria.

97   Però ti sta, ché tu se' ben punito:

72. *che su l'avere, e qui me misi in borsa:* che nel mondo (*su*), da vivo, misi il denaro in borsa, per poi trovarmi ora imborsato io stesso.

75. *per le:* nelle - *piatti:* nascosti, celati.

78. *sùbito dimando:* l'improvvisa domanda.

79-81. *Ma più è il tempo.... piè rossi:* il tempo che io sono stato qui, capovolto, ad ardermi i piedi, è tuttavia maggiore di quello che trascorrerà il mio successore Bonifacio VIII.

82. *di più laid'opra:* di più laido operato, che non rispetterà alcuna legge.

83. *di vèr ponente:* rispetto a Roma dal ponente, perché Clemente V era originario della Guascogna.

85-87. *Nuovo Giason... regge:* come Giasone, di cui si legge nel libro dei Maccabei, fu eccessivamente condiscendente (*molle*) al suo re, Antioco di Siria, così Clemente V cederà ai desideri del re di Francia.

89. *a questo metro:* sullo stesso tono. Anche noi diciamo tuttora: risponder per le rime.

94. *Né Pier né gli altri:* né Pietro né gli altri Apostoli - *Mattia:* gli Apostoli non chiesero nulla a Mattia quando lo destinarono a prendere il posto di Giuda che aveva tradito e si era impiccato.

97. *Però ti sta:* ben ti sta.

e guarda ben la mal tolta moneta
ch'esser ti fece, contra Carlo, ardito.

100 E se non fosse ch'ancor lo mi vieta
la reverenza delle somme chiavi
che tu tenesti nella vita lieta,

103 io userei parole ancor più gravi;
ché la vostra avarizia il mondo attrista,
calcando i buoni e sollevando i pravi.

106 Di voi, pastor, s'accorse il Vangelista
quando colei che siede sopra l'acque
puttaneggiar coi regi a lui fu vista:

109 quella che con le sette teste nacque,
e dalle dieci corna ebbe argomento
fin che virtute al suo marito piacque.

112 Fatto v'avete Dio d'oro e d'argento:
e che altro è da voi all'idolatre,
se non ch'elli uno, e voi n'orate cento?

115 Ahi, Costantin, di quanto mal fu matre,
non la tua conversion, ma quella dote
che da te prese il primo ricco patre! ».

118 E mentre io gli cantava cotai note,
o ira o coscienza che il mordesse,
forte spingava con ambo le piote.

121 Io credo ben ch'al mio duca piacesse,

98-99. *guarda ben... ardito:* consèrvati ora il denaro che ti fece ardito contro Carlo I d'Angiò al quale togliesti la dignità di senatore romano e la carica di vicario imperiale per la Toscana.

100. *lo mi:* me lo.

106-108. *Di voi... vista:* San Giovanni, l'Evangelista, previde (*di voi s'accorse*) la vostra condotta quando ebbe la visione di Roma (*colei che siede sopra l'acque*) che fornicava con i potenti.

109-111. *quella che con le sette teste... piacque:* nell'*Apocalisse* di San Giovanni Evangelista, la donna appare a cavallo di una bestia avente sette teste e dieci corna, che simboleggiano i sette doni dello Spirito Santo ed i dieci Comandamenti. La Chiesa fu santa e

potente (*ebbe argomento*) finché il pontefice (*suo marito*) fu virtuoso.

113-114. *e che altro... cento:* e che differenza (*e che altro*) v'è tra voi e gli idolatri se non che loro adoravano un sol idolo, mentre voi ne adorate cento?

115. *matre:* causa.

116-117. *non la tua conversion... primo ricco patre:* Dante allude alla pretesa donazione che l'imperatore Costantino avrebbe fatto di Roma al papa Silvestro I e sostiene che, se buona era stata l'intenzione dell'imperatore, tuttavia il papa avrebbe dovuto rifiutare la donazione.

118. *cotai note:* tale musica.

120. *spingava:* scalciava - *piote:* piedi.

121. *mio duca:* Virgilio.

con sì contenta labbia sempre attese
lo suon delle parole vere espresse.

124 Però con ambo le braccia mi prese,
e poi che tutto su mi s'ebbe al petto,
rimontò per la via onde discese;

127 né si stancò d'avermi a sé distretto,
sì men portò sopra il colmo dell'arco
che dal quarto al quinto argine è traghetto.

130 Quivi soavemente spose il carco:
soave per lo scoglio sconcio ed erto
che sarebbe alle capre duro varco.

133 Indi un altro vallon mi fu scoperto.

CANTO VENTESIMO

1 Di nova pena mi convien far versi
e dar matera al ventesimo canto
della prima canzon, ch'è de' sommersi.

4 Io era già disposto tutto quanto
a riguardar nello scoperto fondo
che si bagnava d'angoscioso pianto;

7 e vidi gente per lo vallon tondo
venir, tacendo e lagrimando, al passo
che fanno le letane in questo mondo.

10 Come il viso mi scese in lor più basso,
mirabilmente apparve esser travolto
ciascun tra 'l mento e 'l principio del casso,

13 Ché dalle reni era tornato il vólto,

122. *con sì contenta labbia sempre attese:* stette attento con compiaciuto aspetto.
123. *vere espresse:* le mie parole che dicevano il vero.
128. *men:* mi.
129. *traghetto:* passaggio, adito.
130. *spose:* depose.
131. *sconcio:* pieno di buche e di sporgenze.
133. *vallon:* bolgia - *mi fu scoperto:* mi si svelò davanti agli occhi.

2. *matera:* materia.
3. *prima canzon:* la prima cantica, quella dell'Inferno - *de' sommersi:* i dannati « sommersi » nell'Inferno.

5. *scoperto fondo:* nel fondo che mi si apriva davanti agli occhi.
7. *vallon tondo:* la bolgia.
8-9. *al passo ‖ che fanno le letane:* camminando lentamente come coloro che recitano i salmi e le litanie. Siamo nella quarta bolgia, fra gli indovini ed i maliardi.
10. *viso:* la mia vista, i miei sguardi - *in lor:* fra di loro.
11-12. *mirabilmente... casso:* questi dannati hanno il viso ed il collo, fino all'inizio della cassa toracica (*casso*), volto all'indietro in modo meraviglioso (*mirabilmente*).
13. *dalle reni:* dalla parte delle reni - *tornato:* girato.

138

ed indietro venir gli convenìa,
perché il veder dinanzi era lor tolto.

16 Forse per forza già di parlasìa
si travolse così alcun del tutto;
ma io nol vidi, né credo che sia.

19 Se Dio ti lasci, lettor, prender frutto
di tua lezione, or pensa per te stesso
com'io potea tener lo viso asciutto,

22 quando la nostra imagine da presso
vidi sì torta, che il pianto degli occhi
le natiche bagnava per lo fesso.

25 Certo io piangea, poggiato ad un de' rocchi
del duro scoglio, sì che la mia scorta
mi disse: « Ancor se' tu degli altri sciocchi?

28 Qui vive la pietà quando è ben morta.
Chi è più scellerato che colui
che al giudicio divin passion porta?

31 Drizza la testa, drizza, e vedi a cui
s'aperse agli occhi de' Teban la terra;
perch'ei gridavan tutti: — Dove rui,

34 Anfiarao? Perché lasci la guerra? —
E non restò di ruinare a valle
fino a Minòs che ciascheduno afferra.

37 Mira ch'ha fatto petto delle spalle:
perché volle veder troppo davante,
diretro guarda e fa retroso calle.

14. *indietro venir gli conve-nìa:* ed era necessario che camminassero a ritroso.
15. *perché il veder dinanzi era lor tolto:* perché non potevano guardare davanti.
16. *parlasìa:* paralisi.
19. *prender:* ricavare.
20. *per:* da.
21. *com'io potea tener lo viso asciutto:* come me ne sarei potuto stare senza piangere.
25. *rocchi:* sporgenze della roccia.
27. *Ancor se' tu degli altri schiocchi?:* sei tu ancora uno sciocco come gli altri?
28. *Qui vive la pietà quando è ben morta:* qui è pietoso il non aver pietà.
30. *che al giudicio divin*

passion porta?: che prova compassione per un giudizio emesso direttamente da Dio?
31. *vedi a cui:* vedi colui, al quale.
33. *ei:* essi - *rui:* precipiti.
34. *Anfiarao:* Anfiarao fu uno dei sette re che assediarono Tebe e fu anche famoso indovino. Un giorno, mentre stava combattendo, la terra gli si aprì improvvisamente sotto i piedi, facendolo precipitare in un baratro.
36. *Minòs che ciascheduno afferra:* Minosse, del quale si è visto al canto V, v. 4 e segg.
38. *veder troppo davante:* nel futuro.
39. *retroso calle:* fa il cammino a ritroso.

40 Vedi Tiresia che mutò sembiante
    quando, di maschio, femmina divenne,
    cangiandosi le membra tutte quante;

43 e prima, poi, ribatter gli convenne
    li due serpenti avvolti, con la verga,
    che riavesse le maschili penne.

46 Aronta è quei che al ventre gli s'atterga,
    che ne' monti di Luni, dove ronca
    lo Carrarese che di sotto alberga,

49 ebbe tra i bianchi marmi la spelonca
    per sua dimora; onde a guardar le stelle
    e il mar non gli era la veduta tronca.

52 E quella che ricopre le mammelle
    che tu non vedi, con le trecce sciolte,
    e ha di là ogni pilosa pelle,

55 Manto fu, che cercò per terre molte;
    poscia si pose là dove nacqu'io;
    onde un poco mi piace che m'ascolte.

58 Poscia che il padre suo di vita uscìo,
    e venne serva la città di Baco,
    questa gran tempo per lo mondo gìo.

61 Suso in Italia bella giace un laco,
    a piè dell'Alpe che serra Lamagna
    sovra Tiralli, ch'ha nome Benaco.

---

40. *Tiresia:* Tiresia, famoso indovino tebano, fu da maschio mutato in femmina, avendo percosso con una verga due serpenti congiunti insieme. Poté ritornare maschio soltanto sette anni dopo, quando ripercosse con la medesima verga due altri serpenti, similmente congiunti.

46. *Aronta è quel che al ventre gli s'atterga:* Aronta è quello che segue Tiresia da tergo, ma col ventre, perché Tiresia, avendo il viso voltato, ha il dorso al posto del davanti. Aronta fu un famoso indovino etrusco che, ai tempi della guerra civile fra Cesare e Pompeo, predisse la vittoria di Cesare.

47. *ronca:* dove il carrarese sale a far legna con la roncola.

48. *che di sotto alberga:* che abita più sotto.

49. *tra i bianchi marmi:* le cave di Carrara.

51. *non gli era la veduta tronca:* poteva spaziare liberamente con lo sguardo.

55. *Manto:* figlia di Tiresia ed indovina essa pure, dopo la morte del padre, fuggì da Tebe e capitò in Lombardia, stabilendosi colà dove poi avrebbe dovuto sorgere la città di Mantova - *cercò:* vagò.

56. *si pose:* si fermò - *là dove nacqu'io:* nel mantovano, dov'io nacqui. Parla Virgilio.

59. *venne serva la città di Baco:* quando la città di Bacco, Tebe, fu ridotta in schiavitù.

60. *gìo:* errò.

61. *Suso:* su - *laco:* è il lago di Garda o Benaco.

62. *che serra Lamagna:* che forma il confine dell'Alemagna, della Germania.

63. *Tiralli:* Tirolo.

64 Per mille fonti, credo, e più, si bagna,
   tra Garda, Val Camonica e Appennino,
   dell'acqua che nel detto lago stagna.

67 Luogo è nel mezzo, là, dove il trentino
   pastore, e quel di Brescia, e il veronese
   segnar potrìa, se fesse quel cammino.

70 Siede Peschiera, bello e forte arnese
   da fronteggiar Bresciani e Bergamaschi,
   ove la riva intorno più discese.

73 Ivi convien che tutto quanto caschi
   ciò che 'n grembo a Benaco star non può;
   e fassi fiume giù per verdi paschi.

76 Tosto che l'acqua a correr mette co',
   non più Benaco, ma Mincio si chiama
   fino a Governo, dove cade in Po.

79 Non molto ha corso, ch'e' trova una lama
   per la qual si distende e la impaluda;
   e suol di state talor esser grama.

82 Quindi passando la vergine cruda
   vide terra, nel mezzo del pantano,
   sanza coltura e d'abitanti nuda.

85 Lì, per fuggire ogni consorzio umano,
   ristette con suoi servi a far sue arti,

64-66. *Per mille fonti... stagna:* molte sono le interpretazioni date a questa terzina. La più attendibile è forse questa: l'Appennino, tra il Garda e la Val Camonica, è bagnato dalle acque che, sgorgate da innumerevoli sorgenti, scendono a formare il lago stesso (*nel detto lago stagna*). Per Appennino però conviene allora intendere quella parte della cerchia alpina che, a nord del lago di Garda, si spinge fino alla Val Camonica.

67-69. *Luogo è nel mezzo... cammino:* v'è un luogo, in mezzo al lago di Garda (probabilmente l'isoletta di Lechi), il quale è comune alle tre diocesi di Trento, di Brescia e di Verona e dove perciò i tre vescovi di quelle tre diocesi potrebbero impartire con egual diritto e competenza, la loro benedizione (*segnar*).

70. *arnese:* da guerra: fortezza.

72. *ove la riva intorno più discese:* dove la riva all'intorno appare più pianeggiante.

73-75. *Ivi convien... verdi paschi:* qui si riversa necessariamente tutto il volume delle acque che non possono essere contenute nel lago di Garda, acque che formano un fiume che scorre attraverso verdeggianti campagne (*verdi paschi*).

76. *mette co':* principia, comincia a scorrere.

78. *cade:* si getta nel Po.

79. *Non molto ha corso:* dopo un breve tratto - *lama:* una bassura, un avvallamento.

81. *grama:* nociva.

82. *vergine cruda:* la vergine crudele, Manto.

84. *sanza cultura:* incolta - *d'abitanti nuda:* spopolata.

e visse, e vi lasciò suo corpo vano.

88   Gli uomini poi che intorno erano sparti
s'accolsero a quel luogo, ch'era forte
per lo pantan ch'avea da tutte parti.

91   Fér la città sovra quell'ossa morte;
e per colei che il luogo prima elesse,
Mantua l'appellar, sanz'altra sorte.

94   Già fur le genti sue dentro più spesse,
prima che la mattia da Casalodi
da Pinamonte inganno ricevesse.

97   Però t'assenno che se tu mai odi
originar la mia terra altrimenti,
la verità nulla menzogna frodi ».

100   Ed io: « Maestro, i tuoi ragionamenti
mi son sì certi, e prendon sì mia fede,
che gli altri mi sarìen carboni spenti.

103   Ma dimmi, della gente che procede,
se tu ne vedi alcun degno di nota;
ché solo a ciò la mia mente rifiede ».

106   Allor mi disse: « Quel che dalla gota
porge la barba in su le spalle brune,
fu, quando Grecia fu di maschi vòta

109   sì che a pena rimaser per le cune,
àugure, e diede il punto con Calcanta

87. *vano:* senz'anima, morto. Si può però anche intendere: usato inutilmente.

88. *sparti:* sparsi qua e là.

89. *s'accolser:* si radunarono - *forte:* fortificato naturalmente.

91. *Fér:* costruirono.

92. *colei che il luogo prima elesse:* che vi abitò per prima.

93. *sanz'altra sorte:* senza altri sortilegi.

94. *spesse:* numerose.

95-96. *mattìa:* pazzia - *Casalodi* ‖ *da Pinamonte inganno ricevesse:* il conte Alberto di Casalodi, guelfo e signore di Mantova, accettando gli interessati consigli del ghibellino Pinamonte Bonacolosi, perdette la sua signoria.

97. *Però t'assenno:* perciò ti ammonisco.

98. *originar la mia terra altrimenti:* narrare la storia delle origini della mia terra in modo diverso dal mio.

99. *la verità nulla menzogna frodi:* la menzogna non si sostituisca alla verità.

105. *la mia mente rifiede:* la mia attenzione è colpita soltanto da ciò.

106-107. *Quel... brune:* quello la cui barba scende sulle spalle abbronzate.

108-114. *fu... tutta quanta:* l'augure Euripilo, quando tutti i greci andarono alla guerra di Troia lasciando in patria solo i bambini (*a pena rimaser per le cune*), insieme con Calcante, indicò il momento propizio (*diede il punto*) in cui convenisse salpare (*tagliar la prima fune*) dal porto di Aulide. Euripilo è ricordato — come dice Virgilio — anche nell'*Eneide* (tragedia, perché « tragico » appunto veniva chiamato lo stile altissimo ed epico).

in Aulide a tagliar la prima fune.

112 Euripilo ebbe nome, e così 'l canta
l'alta mia tragedìa in alcun loco:
ben lo sai tu che la sai tutta quanta.

115 Quell'altro che ne' fianchi è così poco,
Michele Scotto fu, che veramente
delle magiche frode seppe il gioco.

118 Vedi Guido Bonatti, vedi Asdente,
che avere inteso al cuoio ed allo spago
ora vorrebbe; ma tardi si pente.

121 Vedi le triste che lasciaron l'ago,
la spola e il fuso, e fecersi indivine;
fecer malìe con erbe e con imago.

124 Ma vienne omai; ché già tiene il confine
d'amendue gli emisperi, e tocca l'onda
sotto Sibilia, Caino e le spine.

127 E già iernotte fu la luna tonda:
ben ten dèe ricordar, ché non ti nocque
alcuna volta per la selva fonda ».

130 Sì mi parlava, ed andavamo introcque.

CANTO VENTUNESIMO

1 Così, di ponte in ponte, altro parlando
che la mia Comedìa cantar non cura,
venimmo, e tenevamo il colmo, quando

4 restammo per veder l'altra fessura
di Malebolge e gli altri pianti vani;

113. *alcun:* un.
115. *poco:* magro.
116. *Michele Scotto:* fu un dotto e celebre astrologo scozzese vissuto alla corte di Federigo II.
118. *Guido Bonatti:* astrologo di Forlì, consigliere del conte Guido da Montefeltro - *Asdente:* calzolaio di Parma che faceva profezie.
123. *imago:* con statuette di cera sulle quali venivano esercitate arti malefiche.
124-126. *ché già tiene... le spine:* il popolino vedeva nelle macchie lunari Caino che portava un fascio di spine. La luna è già sull'orizzonte che è comune ai due emisferi e pare toccare il mar di Siviglia (*Sibilia*).
127. *luna tonda:* il plenilunio.
128. *ten dèe:* te ne devi - *non ti nocque:* non ti fece del male, ma la sua luce, anzi, ti giovò.
129. *fonda:* cupa.
130. *introcque:* nel frattempo.

1. *altro parlando:* parlando di altre cose.
3. *tenevamo il colmo:* eravamo sulla sommità del ponte.
4. *restammo:* ci fermammo - *fessura:* bolgia. È la quinta, ove sono puniti i barattieri, immersi nella pece bollente.

e vidila mirabilmente oscura.

7   Quale nell'arzanà de' Viniziani
       bolle l'inverno la tenace pece
       a rimpalmar i legni lor non sani,

10   che navicar non ponno; e in quella vece,
       chi fa suo legno nuovo, e chi ristoppa
       le coste a quel che più viaggi fece;

13   chi ribatte da proda e chi da poppa;
       altri fa remi e altri volge sarte;
       chi terzeruolo ed artimon rintoppa:

16   tal, non per foco ma per divin' arte,
       bollìa laggiuso una pegola spessa
       che inviscava la ripa d'ogni parte.

19   Io vedea lei, ma non vedea in essa
       ma' che le bolle che il bollor levava,
       e gonfiar tutta, e riseder compressa.

22   Mentr'io laggiù fisamente mirava,
       lo duca mio, dicendo: « Guarda! Guarda »,
       mi trasse a sé del loco dov'io stava.

25   Allor mi volsi come l'uom cui tarda
       di veder quel che gli convien fuggire,
       e cui paura sùbita sgagliarda,

28   che, per veder, non indugia il partire:
       e vidi dietro a noi un diavol nero
       correndo su per lo scoglio venire.

31   Ahi quanto egli era nell'aspetto fiero!
       E quanto mi parea nell'atto acerbo,
       con l'ali aperte e sopra i piè leggiero!

---

7. *Quale:* come - *arzanà:* arsenale.

9. *a rimpalmar i legni lor non sani:* a spalmare di nuovo le loro navi malconce.

10. *che navicar non ponno:* perché d'inverno è sospesa la navigazione, specialmente con bastimenti non perfettamente a punto.

11. *chi fa suo legno nuovo:* chi attende a costruire una nuova nave - *ristoppa:* chi tura con stoppa le fiancate di qualche altro bastimento.

13. *ribatte:* martella ribadendo.

14. *volge sarte:* intreccia gomene, sartìe.

15. *chi terzeruolo ed arti-mon rintoppa:* chi rattoppa le vele più piccole (*terzeruolo*) e le più grandi (*artimon*).

16. *tal:* così.

17. *pegola:* pece.

20. *ma' che:* altro che.

21. *riseder compressa:* il bollore faceva alzare la pece, che poi ricadeva.

23. *lo duca mio:* Virgilio.

25. *l'uom cui tarda:* che è impaziente.

27. *sùbita:* improvvisa - *sgagliarda:* vuota di ogni forza.

28. *che, per veder, non indugia il partire:* che pur avendo desiderio di vedere, tuttavia non smette di fuggire.

31. *fiero:* feroce.

32. *acerbo:* minaccioso.

34 L'omero suo, ch'era aguto e superbo,
    carcava un peccator con ambo l'anche,
    e quei tenea de' piè ghermito il nerbo.

37 Del nostro ponte disse: « O Malebranche,
    ecco un degli anzian di Santa Zita!
    Mettetel sotto, ch'io torno per anche

40 a quella terra, ch' i' ho ben fornita:
    ogn'uom v'è barattier, fuor che Bonturo;
    del *no* per li denar vi si fa *ita* ».

43 Laggiù il buttò, e per lo scoglio duro
    si volse; e mai non fu mastino sciolto
    con tanta fretta a seguitar lo furo.

46 Quel s'attuffò, e tornò su convolto;
    ma i demon che del ponte avean coperchio,
    gridar: « Qui non ha luogo il Santo Vólto!

49 Qui si nuota altrimenti che nel Serchio!
    Però, se tu non vuoi de' nostri graffi,
    non far sopra la pegola soperchio ».

52 Poi l'addentar con più di cento raffi,
    disser: « Coverto convien che qui balli,
    sì che, se puoi, nascosamente accaffi ».

55 Non altrimenti i cuochi a' lor vassalli
    fanno attuffare in mezzo la caldaia
    la carne con gli uncin, perché non galli.

58 Lo buon maestro: « A ciò che non si paia
    che tu ci sie », mi disse, « giù t'acquatta

34-36. *L'omero suo... il nerbo:* un dannato era portato a cavalcioni dal demonio che lo teneva stretto per i piedi.

37. *Del:* dal - *Malebranche:* nome dei demoni della quinta bolgia.

38. *anzian di Santa Zita:* ecco uno dei magistrati supremi di Lucca (la cui protettrice era appunto Santa Zita). Sembra esser stato costui un tal Martin Bottaio.

39. *per anche:* di nuovo.

40. *a quella terra:* alla città di Lucca.

41. *fuor che Bonturo:* eccetto Bonturo Dati. Questo è detto ironicamente, perché Bonturo Dati era un famoso barattiere.

42. *del no per li denar vi si fa ita:* per denaro si falsa ogni cosa: del « no » si fa un « sì » (*ita*).

45. *a seguitar lo furo:* ad inseguire un ladro.

46. *convolto:* con la schiena in su.

48. *Qui non ha luogo il Santo Volto:* qui non si mostra l'antichissima immagine di Cristo, particolarmente venerata a Lucca, per cui ti debba tu inchinare a tal modo.

51. *non far sopra la pegola soperchio:* non ti sporgere fuori dalla pece.

52. *raffi:* uncini.

53-54. *Coverto... accaffi:* qui devi ballare coperto, in modo che, se ne sei capace, tu possa acchiappare qualcosa. Sempre in tono canzonatorio.

55. *vassalli:* aiutanti.

57. *galli:* galleggi.

145

dopo uno scheggio ch'alcuno schermo t'aia;

61   e per nulla offension che mi sia fatta
non temer tu, ch'io ho le cose conte
e altra volta fui a tal baratta ».

64   Poscia passò di là dal co' del ponte,
e, com'ei giunse in su la ripa sesta,
mestier gli fu d'aver sicura fronte.

67   Con quel furore e con quella tempesta
ch'escono i cani addosso al poverello
che di sùbito chiede ove s'arresta,

70   usciron quei di sotto al ponticello,
e volser contra lui tutt'i roncigli;
ma ei gridò: « Nessun di voi sia fello!

73   Innanzi che l'uncin vostro mi pigli,
traggasi avante l'un di voi che m'oda;
e poi d'arroncigliarmi si consigli ».

76   Tutti gridaron: « Vada Malacoda! ».
Perch'un si mosse, e gli altri stetter fermi,
e venne a lui dicendo: « Che gli approda? ».

79   « Credi tu, Malacoda, qui vedermi
esser venuto », disse il mio maestro,
« securo già da tutti vostri schermi,

82   sanza voler divino e fato destro?
Lasciane andar, ché nel cielo è voluto
ch'io mostri altrui questo cammin silvestro ».

85   Allor gli fu l'orgoglio sì caduto
che si lasciò cascar l'uncino a' piedi,
e disse agli altri: « Omai non sia feruto ».

60. *dopo:* dietro - *ch'alcun schermo t'aia:* che ti faccia da riparo.
61. *per nulla offension:* per qualunque offesa.
62. *ch'io ho le cose conte:* so di che si tratta.
63. *a tal baratta:* a tal contesa.
64. *co':* capo.
65. *ripa sesta:* l'argine che unisce la quinta alla sesta bolgia.
66. *mestier gli fu d'aver sicura fronte:* gli fu necessario dimostrare di non avere alcuna paura.
71. *roncigli:* uncini, raffi.
72. *fello:* malvagio.
74. *traggasi avante:* si faccia avanti.
75. *e poi d'arroncigliarmi si consigli:* e quindi consideri se sia il caso di uncinarmi o meno.
76. *Malacoda:* questo, e gli altri più innanzi, nomi di diavoli.
77. *Perch'un:* per la qual cosa.
78. *Che gli approda:* che gli giova.
81. *securo:* al sicuro, non temendo.
82. *sanza voler divino e fato destro:* senza la volontà di Dio ed il destino che lo impone.
84. *altrui:* ad altri, a Dante.
87. *feruto:* ferito.

88   E il duca mio a me: « O tu, che siedi
       tra gli scheggion del ponte quatto quatto,
       sicuramente omai a me tu riedi ».

91   Perch'io mi mossi ed a lui venni ratto;
       e i diavoli si fecer tutti avanti,
       sì ch'io temetti non tenesser patto.

94   Così vidi io già temer li fanti
       ch'uscivan patteggiati di Caprona,
       veggendo sé tra nimici cotanti.

97   Io m'accostai con tutta la persona
       lungo il mio duca; e non torceva gli occhi
       dalla sembianza lor ch'era non buona.

100   Ei chinavan li raffi e: « Vuoi che 'l tocchi »,
       diceva l'un con l'altro, « in sul groppone? ».
       E rispondìen: « Sì, fa che gliele accocchi! ».

103   Ma quel demonio che tenea sermone
       col duca mio si volse tutto presto
       e disse: « Posa, posa, Scarmiglione! ».

106   Poi disse a noi: « Più oltre andar per questo
       iscoglio non si può, però che giace
       tutto spezzato al fondo l'arco sesto.

109   E se l'andare avanti pur vi piace,
       andatevene su per questa grotta;
       presso è un altro scoglio che via face.

112   Ier. più oltre cinqu'ore che quest'otta,
       mille dugento con sessanta sei
       anni compié che qui la via fu rotta.

115   Io mando verso là di questi miei
       a riguardar s'alcun se ne sciorina:
       gite con lor, che non saranno rei.

118   Tra'ti avanti, Alichino, e Calcabrina »,

88. *il duca mio:* Virgilio.
90. *sicuramente omai a me tu riedi:* vieni pure da me senza paura.
91. *Perch'io:* perciò - *ratto:* prontamente.
93. *non tenesser patto:* non mantenessero la promessa.
95. *patteggiati di Caprona:* nel 1289 i fiorentini, fra i quali si trovava Dante, ed i lucchesi imposero la resa alla guarnigione pisana di Caprona.
102. *gliele accocchi:* gli dia un bel colpo.
103. *tenea sermone:* parlava.

104. *col duca mio:* con Virgilio.
111. *che via face:* che permette di passare.
112-114. *Ier... rotta:* 1266 anni fa, ieri, cinque ore più tardi di quella in cui ci troviamo, questo ponte fu spezzato. È il terremoto seguito alla morte di Cristo.
116. *s'alcun se ne sciorina:* se qualche dannato si alza dalla pece.
117. *gite:* andate - *rei:* malvagi, cattivi.
118. *Tra'ti avanti:* fatti avanti.

cominciò egli a dire: « e tu, Cagnazzo;
e Barbariccia guidi la decina.

121 Libicocco vegn'oltre, e Draghignazzo,
Ciriatto sannuto, e Graffiacane,
e Farfarello e Rubicante pazzo.

124 Cercate intorno le boglienti pane;
costor sien salvi infino all'altro scheggio
che, tutto intero, va sopra le tane ».

127 « Oh me, maestro, che è quel ch' 'i veggio? »,
diss'io. « Deh sanza scorta andianci soli,
se tu sa' ir; ch'io per me non la cheggio.

130 Se tu se' sì accorto come suoli,
non vedi tu ch'e' digrignan li denti,
e con le ciglia ne minaccian duoli? ».

133 Ed egli a me: « Non vo' che tu paventi:
lasciali digrignar pure a lor senno,
ch'e' fanno ciò per li lessi dolenti ».

136 Per l'argine sinistro volta dienno;
ma prima avea ciascun la lingua stretta
coi denti verso lor duca per cenno;

139 ed egli avea del cul fatto trombetta.

CANTO VENTIDUESIMO

1 Io vidi già cavalier muover campo
e cominciare stormo e far lor mostra,
e talvolta partir per loro scampo:

122. *sannuto:* con i denti a
mo' di zanne.
124. *Cercate intorno le boglienti pane:* guardate che dalla pece bollente qualche dannato non cerchi di alzarsi.
125-126. *costor... le tane:*
costoro (Dante e Virgilio) sie-
no salvi fino all'altro ponte
che si protende intatto sopra
le bolge. Poiché questo ponte
non esiste, è ovvio l'astuto
tranello teso da Malacoda.
128. *andianci soli:* andiamo-
cene da soli.
129. *se tu sa' ir:* se tu sai
la strada - *la:* scorta dei diavoli.
132. *con le ciglia ne minaccian duoli:* ci rivolgono minac-
ciose occhiate.

133. *paventi:* abbia paura.
135. *li lessi dolenti:* i demoni fanno ciò per minacciare i
dannati che cuociono nella
pece.
136. *volta dienno:* svolta-
ron.
137-138. *ma prima... per
cenno:* prima di mettersi in
marcia i diavoli stringono la
lingua fra i denti per far capire a Malacoda d'aver capito
il suo ordine.

1. *muover campo:* levar le
tende.
2. *stormo:* battaglia - *far
lor mostra:* schierarsi per una
rivista.
3. *partir per loro scampo:*
fuggire per salvar la vita.

4   corridor vidi per la terra vostra,
     o Aretini, e vidi gir gualdane,
     fedir torneamenti e correr giostra,

7   quando con trombe e quando con campane,
     con tamburi e con cenni di castella,
     e con cose nostrali e con istrane;

10   né già con sì diversa cennamella
     cavalier vidi muover né pedoni,
     né nave a segno di terra o di stella.

13   Noi andavam con li dieci demoni.
     Ahi fiera compagnia! Ma nella chiesa
     coi santi, e in taverna co' ghiottoni.

16   Pur alla pegola era la mia intesa,
     per veder della bolgia ogni contegno
     e della gente ch'entro v'era incesa.

19   Come i delfini quando fanno segno
     ai marinar con l'arco della schiena,
     che s'argomentin di campar lor legno;

22   talor così, ad alleggiar la pena,
     mostrava alcun de' peccatori il dosso,
     e nascondea in men che non balena.

25   E come all'orlo dell'acqua d'un fosso
     stanno i ranocchi pur col muso fuori,
     sì che celano i piedi e l'altro grosso,

28   sì stavan d'ogni parte i peccatori;
     ma come s'appressava Barbariccia,
     così si ritraén sotto i bollori.

31   Io vidi, ed anco il cor me n'accapriccia,
     uno aspettar così, com'egli incontra
     ch'una rana rimane ed altra spiccia;

4. *corridor:* esploratori.
5. *gir gualdane:* sfilare la cavalleria.
6. *fedir torneamenti:* ferire nei tornei.
8. *cenni di castella:* segnali che si facevano dai castelli.
9. *cose nostrali:* usate da noi - *istrane:* forestiere, straniere.
10. *con sì diversa cennamella:* con così strano strumento a fiato.
12. *a segno di terra o di stella:* la nave che si sposta orientandosi con la terra se questa è ancora in vista o con le stelle.

16. Pur: soltanto - *pegola:* pece - *intesa:* attenzione.
17. *contegno:* condizione.
18. *ch'entro v'era incesa:* che dentro vi ardeva.
19-21. *Come i delfini... lor legno:* come i delfini, quando, inarcandosi, fanno segno ai marinai che devono adoperarsi a salvare il loro bastimento in vista dell'imminente tempesta.
22. *alleggiar:* alleviare.
27. *l'altro grosso:* la parte grossa del loro corpo.
32. *com'egli incontra:* come quando capita.
33. *spiccia:* spicca un salto.

34   e Graffiacan, che gli era più di contra,
       gli arroncigliò le impegolate chiome
       e trassel su, che mi parve una lontra.

37   I' sapea già di tutti quanti il nome,
       sì li notai quando furono eletti,
       e poi ch'e' si chiamaro, attesi come.

40   « O Rubicante, fa che tu gli metti
       gli unghioni addosso, sì che tu lo scuoi! »,
       gridavan tutti insieme i maledetti.

43   Ed io: « Maestro mio, fa, se tu puoi,
       che tu sappi chi è lo sciagurato
       venuto a man degli avversari suoi ».

46   Lo duca mio gli s'accostò allato;
       domandollo ond'ei fosse; ed ei rispose:
       « Io fui del regno di Navarra nato.

49   Mia madre a servo d'un signor mi pose,
       che m'avea generato d'un ribaldo
       distruggitor di sé e di sue cose.

52   Poi fui famiglia del buon re Tebaldo;
       quivi mi misi a far baratteria,
       di ch'io rendo ragione in questo caldo ».

55   E Ciriatto, a cui di bocca uscìa
       d'ogni parte una sanna come a porco,
       gli fe' sentir come l'una sdrucìa.

58   Tra male gatte era venuto il sorco;
       ma Barbariccia il chiuse con le braccia,
       e disse: « State in là, mentr'io lo 'nforco! ».

61   E al maestro mio volse la faccia:
       « Domanda », disse, « ancor, se più disii
       saper da lui, prima ch'altri il disfaccia ».

64   Lo duca dunque: « Or di': degli altri rii,
       conosci tu alcun che sia latino,

34. *più di contra:* che gli stava più dirimpetto.

38. *sì li notai quando furono eletti:* perché li notai quando vennero scelti da Malacoda.

45. *venuto a man:* caduto in mano.

46. *Lo duca mio:* Virgilio.

48. *Io fui del regno di Navarra nato:* Ciampolo di Navarra fu figlio di uno scialacquatore e suicida (*distruggitor di sé e di sue cose*) e fu familiare (*famiglia*) del re di Navarra. Tebaldo II, alla corte del quale appunto esercitò la baratteria.

54. *di ch'io rendo ragione:* di cui pago il fio.

56. *sanna:* zanna.

57. *gli fe' sentir come l'una sdrucìa:* gli diede una zannata lacerandogli la pelle.

58. *sorco:* sorcio.

62. *disii:* desideri.

63. *il disfaccia:* lo faccia a brani.

64. *rii:* rei, peccatori.

65. *latino:* italiano.

sotto la pece?». E quegli: «Io mi partii,
67   poco è, da un che fu di là vicino;
      così foss'io ancor con lui coperto,
      ch'i' non temerei unghia né uncino!».

70   E Libicocco: «Troppo avem sofferto!»,
      disse, e presegli il braccio col ronciglio,
      sì che, stracciando, ne portò un lacerto.

73   Draghignazzo anco i volle dar di piglio
      giuso alle gambe; onde il decurio loro
      si volse intorno intorno con mal piglio.

76   Quand'elli un poco rappaciati fóro,
      a lui, ch'ancor mirava sua ferita,
      domandò il duca mio sanza dimoro:

79   «Chi fu colui, da cui mala partita
      di' che facesti per venire a proda?».
      Ed ei rispose: «Fu frate Gomita,

82   quel di Gallura, vasel d'ogni froda,
      ch'ebbe i nemici di suo donno in mano
      e fe' sì lor che ciascun se ne loda.

85   Denar si tolse, e lasciolli di piano,
      sì com'ei dice; e negli altri offici anche
      barattier fu non picciol, ma sovrano.

88   Usa con esso donno Michel Zanche
      di Logodoro; e a dir di Sardigna
      le lingue lor non si sentono stanche.

91   Oh me! Vedete l'altro che digrigna!
      I' direi anche; ma io temo ch'ello
      non s'apparecchi a grattarmi la tigna».

94   E il gran proposto, vòlto a Farfarello

67. *di là vicino:* sardo, di una terra cioè vicina all'Italia propriamente detta.
70. *Troppo avem sofferto:* Abbiamo portato fin troppa pazienza.
72. *lacerto:* un brandello di carne.
73. *i:* gli.
74. *il decurio loro:* il loro decurione, il loro capo, Barbariccia.
76. *rappaciati fóro:* si furono un poco rappacificati.
78. *dimoro:* indugio.
79-80. *Chi fu... proda:* chi fu colui dal quale ti sei allontanato per tua disgrazia.
81-84. *Fu frate Gomita... se*

ne loda: frate Gomita che resse uno dei quattro giudicati nei quali si divideva la Sardegna, e più precisamente quello di Gallura, ricettacolo (*vasel*) di ogni frode. Frate Gomita, avuti in custodia i nemici del suo signore (*donno*), si lasciò da loro corrompere e li rimise in libertà (*fe' sì lor che ciascun se ne loda*).
85. *Si tolse:* prese, accettò - *di piano:* alla chetichella.
88-89. *donno Michel Zanche || di Logodoro:* messer Michele Zanche di Logudoro, altro barattiere sardo.
94. *gran proposto:* il gran capo, Barbariccia.

che stralunava gli occhi per fedire,
disse: «Fatti 'n costà, malvagio uccello! ».

97 « Se voi volete vedere o udire »,
ricominciò lo spaurato appresso,
« Tóschi o Lombardi, io ne farò venire;

100 ma stien i Malebranche un poco in cesso,
sì ch'ei non teman delle lor vendette;
ed io, seggendo in questo luogo stesso,

103 per un ch'io son, ne farò venir sette
quand'io sufolerò, com'è nostr'uso
di fare allor che fuori alcun si mette ».

106 Cagnazzo a cotal motto levò il muso
crollando il capo, e disse: « Odi malizia
ch'egli ha pensata per gittarsi giuso! ».

109 Ond'ei, ch'avea lacciuoli a gran divizia,
rispose: « Malizioso son io troppo,
quand'io procuro a' miei maggior tristizia! ».

112 Alichin non si tenne, e, di rintoppo
agli altri, disse a lui: « Se tu ti cali,
io non ti verrò dietro di galoppo,

115 ma batterò sopra la pece l'ali:
lascisi il collo, e sia la ripa scudo
a veder se tu sol più di noi vali ».

118 O tu che leggi, udirai nuovo ludo!
Ciascun dall'altra costa gli occhi volse;
quel prima ch'a ciò fare era più crudo.

121 Lo Navarrese ben suo tempo colse;
fermò le piante a terra, ed in un punto
saltò, e dal proposto lor si sciolse.

95. *fedire:* ferire.
96. *malvagio uccello:* maligno uccellaccio.
99. *Tóschi:* toscani.
100. *un poco in cesso:* un po' in disparte.
103. *per un ch'io son, ne farò venir sette:* io sono uno solo, ma ne farò venire sette.
109. *lacciuoli:* tranelli - *a gran divizia:* in gran quantità.
111. *tristizia:* dolore.
112. *di rintoppo:* in contrasto con gli altri.
113. *Se tu ti cali:* se tu ti butti giù.
115. *ma batterò sopra la pece l'ali:* ti verrò dietro non di galoppo, ma a volo.
116. *lascisi il collo, e sia la ripa scudo:* si abbandoni l'argine e ci si nasconda dietro le rocce.
118. *ludo:* gioco.
119. *Ciascun dall'altra costa gli occhi volse:* i demoni si voltano per andare a nascondersi.
120. *quel prima ch'a ciò fare era più crudo:* e prima di tutti Cagnazzo che si era mostrato il più crudele.
121. *ben suo tempo:* il momento più adatto.
122. *fermò:* puntò - *in un punto:* in un attimo.

124 Di che ciascun di colpa fu compunto,
   ma quei più che cagion fu del difetto;
   però si mosse e gridò: « Tu se' giunto! ».

127 Ma poco i valse; ché l'ali al sospetto
   non potero avanzar: quegli andò sotto,
   e quei drizzò volando suso il petto:

130 non altrimenti l'anitra di botto,
   quando il falcon s'appressa, giù s'attuffa,
   ed ei ritorna su crucciato e rotto.

133 Irato Calcabrina della buffa,
   volando dietro gli tenne, invaghito
   che quei campasse, per aver la zuffa.

136 E come il barattier fu disparito,
   così volse gli artigli al suo compagno,
   e fu con lui sopra il fosso ghermito.

139 Ma l'altro fu bene sparvier grifagno
   ad artigliar ben lui, ed amendue
   cadder nel mezzo del bogliente stagno.

142 Lo caldo sghermitor sùbito fue;
   ma però di levarsi era neente,
   sì avìeno inviscate l'ali sue.

145 Barbariccia, con gli altri suoi dolente,
   quattro ne fe' volar dall'altra costa
   con tutti i raffi; ed assai prestamente

148 di qua, di là discesero alla posta:
   porser gli uncini verso gl'impaniati
   ch'eran già cotti dentro dalla crosta;

151 e noi lasciammo lor così impacciati.

---

124. *ciascun di colpa fu compunto:* ciascuno si sentì in colpa.

125. *quei più che cagion fu del difetto:* Alichino, che, più degli altri, fu causa dell'errore.

126. *Tu se' giunto!:* t'ho già preso!

127. *i:* gli.

128. *non potero avanzar:* le ali non poterono essere più rapide della paura (*sospetto*).

132. *ei:* il falcone - *rotto:* vinto, scornato.

134. *invaghito:* desideroso, bramoso.

134. *quei:* Ciampolo - *campasse:* scampasse, si salvasse.

138. *ghermito:* si ghermì.

142. *Lo caldo sghermitor sùbito fue:* il caldo fece da immediato paciere, dividendoli subito.

143. *però di levarsi era neente:* ma quanto al tirarsi fuori non riuscivano a nulla essendosi invischiate le ali nella pece bollente.

144. *sue:* loro.

148. *alla posta:* nel punto più acconcio.

150. *dentro dalla crosta:* può significare sia che i diavoli si erano scottati fin sotto la pelle, sia che si erano scottati sotto la superficie della pece bollente.

CANTO VENTITREESIMO

1   Taciti, soli, sanza compagnia,
      n'andavam l'un dinanzi e l'altro dopo,
      come i frati minor vanno per via.

4   Volt'era in su la favola d'Isopo
      lo mio pensier per la presente rissa,
      dov'ei parlò della rana e del topo;

7   ché più non si pareggia *mo* e *issa*,
      che l'un con l'altro fa, se ben s'accoppia
      principio e fine con la mente fissa;

10   e come l'un pensier de l'altro scoppia,
      così nacque di quello un altro poi,
      che la prima paura mi fe' doppia.

13   Io pensava così: « Questi per noi
      sono scherniti con danno e con beffa
      sì fatta, ch'assai credo che lor nòi.

16   Se l'ira sopra il malvoler fa gueffa,
      ei ne verranno dietro più crudeli
      che 'l cane a quella lepre ch'egli acceffa ».

19   Già mi sentìa tutti arriccar li peli
      dalla paura, e stava indietro intento,
      quand'io dissi: « Maestro, se non celi

22   te e me tostamente, i' ho pavento
      de' Malebranche; noi li avem già dietro;
      io l'imagino sì, che già li sento ».

25   E quei: « S'io fossi di piombato vetro,
      l'imagine di fuor tua non trarrei
      più tosto a me, che quella d'entro impetro.

28   Pur mo venìeno i tuo' pensier tra' miei,
      con simile atto e con simile faccia,

---

3. *frati minor:* i frati francescani che son soliti camminare l'uno dopo l'altro.

4. *Volt'era in su:* il mio pensiero era rivolto alla favola di Esopo.

5. *rissa:* quella dei diavoli.

7-9. *ché più non si pareggia... la mente fissa:* se ben si paragonano (*la mente fissa*) l'inizio e la fine della zuffa dei diavoli e della favola della rana e del topo, si vede che esse sono simili, come « mo » ed « issa » hanno il medesimo significato (che è quello di: ora, in questo istante).

10. *scoppia:* nasce d'improvviso.

15. *nòi:* annoi, dispiaccia.

16. *fa gueffa:* si accumula.

18. *acceffa:* azzanna.

21. *se non celi:* se non ci nascondiamo subito.

25-27. *S'io fossi.. impetro:* se io fossi uno specchio (*piombato vetro*) non rispecchierei meglio i tuoi pensieri di quel che faccio.

28-30. *Pur mo... fei:* proprio ora i tuoi pensieri venivano a collimare con i miei, sì che io presi la risoluzione (*consiglio*) di fuggire.

sì che d'entrambi un sol consiglio fei.

31 S'egli è che sì la destra costa giaccia
che noi possiam nell'altra bolgia scendere,
noi fuggirem l'imaginata caccia ».

34 Già non compié di tal consiglio rendere,
ch'io li vidi venir con l'ali tese
non molto lungi per volerne prendere.

37 Lo duca mio di sùbito mi prese,
come la madre ch'al romore è desta
e vede presso a sé le fiamme accese,

40 che prende il figlio e fugge e non s'arresta,
avendo più di lui che di sé cura,
tanto che solo una camicia vesta;

43 e giù dal collo della ripa dura
supin si diede alla pendente roccia
che l'un de' lati all'altra bolgia tura.

43 Non corse mai sì tosto acqua per doccia
a volger ruota di molin terragno,
quand'ella più verso le pale approccia,

49 come il maestro mio per quel vivagno,
portandosene me sovra il suo petto
come suo figlio, non come compagno.

52 Appena furo i piè suoi giunti al letto
del fondo giù, ch'ei furono in sul colle
sovresso noi; ma non gli era sospetto;

55 ché l'alta Provvidenza, che lor volle
porre ministri della fossa quinta,
poder di partirs' indi a tutti tolle.

58 Laggiù trovammo una gente dipinta
che giva intorno assai con lenti passi,
piangendo e nel sembiante stanca e vinta.

61 Elli avean cappe, con cappucci bassi

31. *S'egli è:* è vero che -
giaccia: è inclinata.

33. *l'imaginata caccia:* la
caccia che tu pensi.

34. *Già non compié di tal
consiglio rendere:* non aveva
Virgilio nemmeno terminato
di prendere (*rendere*) tale deliberazione (*consiglio*).

37. *Lo duca mio:* Virgilio.

43. *dal collo della ripa dura:*
dalla sommità dell'argine.

47. *volger:* girare, ruotare -
terragno: costruito sulla terra.

48. *ella:* l'acqua - *approc-*

cia: si avvicina, è presso.

49. *vivagno:* orlo, argine.

53. *ei:* i demoni.

54. *ma non gli era sospetto:*
non v'era più d'aver paura.

56. *ministri:* guardiani - *fossa:* bolgia.

57: *poder di partirs'indi a
tutti tolle:* ha negato la facoltà di allontanarsi.

58. *gente dipinta:* sono gli
ipocriti nella sesta bolgia, ve-
stiti di cappe di piombo dorate
esternamente.

59. *giva:* andava.

dinanzi agli occhi, fatte della taglia
che in Clugnì per li monaci fassi.

64 Di fuor dorate son sì ch'egli abbaglia;
ma dentro tutte piombo, e gravi tanto,
che Federigo le mettea di paglia.

67 Oh in eterno faticoso manto!
Noi ci volgemmo ancor pure a man manca
con loro insieme, intenti al tristo pianto;

70 ma per lo peso quella gente stanca
venìa sì pian, che noi eravam nuovi
di compagnia ad ogni mover d'anca.

73 Perch'io al duca mio: « Fa che tu trovi
alcun ch'al fatto o al nome si conosca;
e gli occhi, sì andando, intorno movi ».

76 E un, che intese la parola tósca,
dietro a noi gridò: « Tenete i piedi,
voi che correte sì per l'aura fosca!

79 Forse ch'avrai da me quel che tu chiedi ».
Onde il duca si volse e disse: « Aspetta,
e poi secondo il suo passo procedi ».

82 Ristetti, e vidi duo mostrar gran fretta
dell'animo, col viso, d'esser meco;
ma tardavali il carco e la via stretta.

85 Quando fur giunti, assai con l'occhio bieco
mi rimiraron sanza far parola;
poi si volsero in sé, e dicean seco:

88 « Costui par vivo all'atto della gola;
e se son morti, per qual privilegio
vanno scoperti della grave stola? ».

63. *in Clugnì per li monaci fassi:* simili alle tonache dei monaci benedettini della celebre abbazia di Cluny, in Borgogna.

65. *gravi tanto:* e così pesanti.

66. *Federigo le mettea di paglia:* una diceria affermava che l'imperatore Federigo II facesse indossare una cappa di piombo ai rei di lesa maestà, con la quale venivano posti al fuoco in una caldaia.

71-72. *che noi eravam nuovi... anca:* la processione degli ipocriti si muoveva così lentamente che, ad ogni passo, Virgilio e Dante si trovano a fianco di un nuovo peccatore.

75. *gli occhi, sì andando, intorno movi:* e, pur camminando, guardati attorno.

76. *la parola tósca:* la parlata toscana.

77. *Tenete i piedi:* rallentate il camino.

84. *tardavali il carco e la via stretta:* erano ritardati dal peso della cappa e dalla via angusta.

87. *si volsero in sé:* parlarono fra di loro.

88. *all'atto della gola:* perché la gola, respirando, si muove.

90. *grave stola:* della cappa di piombo.

91   Poi disser me: « O Tósco, ch'al collegio
      degl'ipocriti tristi se' venuto,
      dir chi tu sei non avere in dispregio ».

94   Ed io a loro: « Io fui nato e cresciuto
      sopra il bel fiume d'Arno, alla gran villa;
      e son col corpo ch'i ho sempre avuto.

97   Ma voi chi siete, a cui tanto distilla
      quant'io veggio dolor giù per le guance?
      E che pena è in voi, che sì sfavilla? ».

100   E l'un rispose a me: « Le cappe rance
      son di piombo sì grosse, che li pesi
      fan così cigolar le lor bilance.

103   Frati Godenti fummo, e Bolognesi;
      io Catalano e questi Loderingo
      nomati, e da tua terra insieme presi,

106   come suole esser tolto un uom solingo,
      per conservar sua pace; e fummo tali,
      ch'ancor si pare intorno dal Gardingo ».

109   Io cominciai: « O frati, i vostri mali... »,
      ma più non dissi; ché all'occhio mi corse
      un crocifisso in terra con tre pali.

112   Quando mi vide, tutto si distorse,
      soffiando nella barba con sospiri:
      e il frate Catalan, ch' a ciò s'accorse,

91. *Tósco:* toscano - *collegio:* schiera.
93. *non avere in dispregio:* non disdegnare.
95. *villa:* città, Firenze.
96. *son col corpo ch'i ho sempre avuto:* sono ancora vivo.
97-98. *a cui tanto distilla... per le guance:* che il dolore vi fa piangere così copiosamente.
99. *che sì sfavilla:* che è così manifesta.
100. *rance:* arancione, d'un dorato fulvo.
101-102. *li pesi... bilance:* il peso delle cappe è così forte da far gemere le bilance, che, in questo caso, sono gli stessi ipocriti.
103. *Frati Godenti:* venivano così chiamati per la vita che conducevano gli appartenenti all'ordine religioso e cavalleresco dei cavalieri di Ma-

ria Vergine.
104. *Catalano:* Catalano dei Malavolti, chiamato a Firenze a metter pace, ingannò tutti - Andalò, ghibellino, ebbe la stessa missione di Catalano dei Malavolti e similmente si comportò.
106. *come suole esser tolto un uom solingo:* fummo chiamati insieme come se fossimo stati una sola persona.
107-108. *e fummo tali... Gardingo:* e ci comportammo in tal maniera che ne rimane ancora traccia verso il Gardingo. Il Gardingo era un castello vicino al quale sorgevano le case degli Uberti, che furono fatte atterrare per ordine dei due.
111. *con tre pali:* due conficcati nelle mani ed uno nei piedi.
112. *distorse:* contorse.

115   mi disse: « Quel confitto che tu miri
        consigliò i Farisei che convenìa
        porre un uom per lo popolo a' martìri.

118   Attraversato è, nudo, nella via,
        come tu vedi; ed è mestier ch'ei senta
        qualunque passa, come pesa, pria.

121   E a tal modo il suocero si stenta
        in questa fossa, e gli altri del concilio
        che fu per li Giudei mala sementa ».

124   Allor vid'io maravigliar Virgilio
        sovra colui ch'era disteso in croce
        tanto vilmente nell'eterno esilio.

127   Poscia drizzò al frate cotal voce
        « Non vi dispiaccia, se vi lece, dirci
        s'alla man destra giace alcuna foce

130   onde noi amendue possiamo uscirci,
        sanza costringer degli angeli neri
        che vegnan d'esto fondo a dipartirci ».

133   Rispose adunque: « Più che tu non speri
        s'appressa un sasso che della gran cerchia
        si move, e varca tutti i vallon feri,

136   salvo ch'a questo è rotto e nol coperchia:
        montar potrete su per la ruina,
        che giace in costa e nel fondo soperchia ».

139   Lo duca stette un poco a testa china,
        poi disse: « Mal contava la bisogna
        colui che i peccator di qua uncina ».

115. *confitto:* crocifisso. È Caifas, sacerdote ebreo, che sostenne che Gesù Cristo doveva essere ucciso.

118. *Attraversato è:* è posto nudo attraverso la via.

119-120. *ed è mestier... pria:* deve sentire quanto pesa ognuno che passi.

121. *suocero:* il gran sacerdote degli Ebrei, Anna - *si stenta:* soffre.

122-123. *gli altri del concilio,* ecc.: gli altri del sinedrio che, condannando Gesù, furono causa di tanto male per gli ebrei (*mala sementa*).

126. *eterno esilio:* l'Inferno.

127. *cotal voce:* queste parole.

128. *se vi lece:* se vi è permesso.

129. *giace alcuna foce:* vi sia qualche passaggio.

131. *angeli neri:* i demoni.

132. *vegnan d'esto a dipartirci:* senza costringere i diavoli a portarci via da questa bolgia.

134. *s'appressa:* è vicino.

135. *si move:* si spinge fuori - *vallon feri:* le orribili bolge.

136. *nol coperchia:* non fa da arco.

137. *ruina:* frana.

138. *che giace in costa e nel fondo soperchia:* che sta sul pendio e si innalza verso il fondo.

139. *Lo duca:* Virgilio.

140-141. *Mal contava... uncina:* Malacoda ci aveva ingannati dicendo le cose come in realtà non erano.

142   E il frate: « Io udì' già dire a Bologna
          del diavol vizi assai; tra i quali udì'
          ch'egli è bugiardo, e padre di menzogna ».
145   Appresso il duca a gran passi sen gì,
          turbato un poco d'ira nel sembiante;
          ond'io dagl'incarcati mi partì',
148   dietro alle poste delle care piante.

CANTO VENTIQUATTRESIMO

1   In quella parte del giovinetto anno
          che il sole i crin sotto l'Aquario tempra
          e già le notti al mezzo dì sen vanno;
4   quando la brina in su la terra assempra
          l'imagine di sua sorella bianca,
          ma poco dura alla sua penna tempra:
7   lo villanello a cui la roba manca
          si leva, e guarda, e vede la campagna
          biancheggiar tutta, ond'ei si batte l'anca;
10   ritorna in casa e qua e là si lagna,
          come il tapin che non sa che si faccia;
          poi riede, e la speranza ringavagna,
13   veggendo il mondo aver cangiata faccia
          in poco d'ora, e prende suo vincastro
          e fuor le pecorelle a pascer caccia;
16   così mi fece sbigottir lo mastro
          quand'io gli vidi sì turbar la fronte,
          e così tosto al mal giunse l'empiastro;
19   ché, come noi venimmo al guasto ponte,
          lo duca a me si volse con quel piglio
          dolce ch'io vidi prima a piè del monte.

145. *sen gì:* se ne andò.
147. *incarcati:* gli ipocriti gravati dal grave peso.
148. *dietro alle poste delle care piante:* seguendo le orme di Virgilio.

1-3. *In quella parte... sen vanno:* in quella parte dell'anno appena iniziato, quando il sole, in Acquario, aumenta gradualmente l'ardore dei suoi raggi (*i crin tempra*) e le notti si avviano a durare quanto durano i giorni (*le notti al mezzo dì sen vanno*).

4. *assempra:* è simile, copia.
5. *l'imagine di sua sorella bianca:* la neve.
6. *ma poco dura alla sua penna tempra:* ma dura poco quanto dura poco una penna d'oca per scrivere se non è costantemente temperata.
12. *riede:* ritorna - *ringavagna:* rimette fuori.
16. *lo mastro:* Virgilio.
18. *l'empiastro:* il farmaco, il medicamento, il rimedio.
21. *a piè del monte:* all'inizio del viaggio nelle regioni infernali (canto I, 62 segg.).

22   Le braccia aperse, dopo alcun consiglio
      eletto seco, riguardando prima
      ben la ruina; e diedemi di piglio.

25   E come quei che adopera ed estima,
      che sempre par che innanzi si provveggia;
      così, levando me su vèr la cima

28   d'un ronchione, avvisava un'altra scheggia,
      dicendo: « Sopra quella, poi, t'aggrappa:
      ma tenta pria s'è tal ch'ella ti reggia ».

31   Non era via da vestito di cappa,
      ché noi a pena, ei lieve ed io sospinto,
      potevam su montar di chiappa in chiappa.

34   E se non fosse che da quel precinto
      più che dall'altro era la costa corta,
      non so di lui, ma io sarei ben vinto.

37   Ma perché Malebolge inver la porta
      del bassissimo pozzo tutta pende,
      lo sito di ciascuna valle porta

40   che l'una costa surge e l'altra scende:
      noi pur venimmo alfine in su la punta
      onde l'ultima pietra si scoscende.

43   La lena m'era del polmon sì munta,
      quand'io fui su, ch'io non potea più oltre;
      anzi m'assisi nella prima giunta.

46   « Omai convien che tu così ti spoltre »,
      disse il maestro, « ché, seggendo in piuma,

22-23. *dopo... seco:* dopo aver meditato un poco fra sé.
24. *la ruina:* la frana - *diedemi di piglio:* mi abbracciò.
25. *adopera ed estima:* agisce e riflette.
26. *innanzi si provveggia:* si premunisca prima che succedano le cose.
28. *ronchione:* masso sporgente.
30. *tenta:* prova - *pria:* prima - *reggia:* regga.
31. *Non era via da vestito di cappa:* non era una via adatta ad abiti da cerimonia.
32. *lieve:* perché incorporeo.
33. *di chiappa in chiappa:* di sporgenza in sporgenza.
34. *precinto:* argine.
35. *più che dall'altro era la costa corta:* la costa era più bassa che non il precedente ar-

gine. Spiegherà infatti più avanti (ai vv. 37-40) che Malebolge pende verso la porta del più basso Inferno *(bassissimo pozzo)*; ne viene che le bolge sono un piano inclinato concentrico, per cui l'argine esterno *(l'una costa)* di ogni bolgia è più alto *(surge)* di quello interno.
42. *si scoscende:* si protende, si spinge.
43. *La lena m'era del polmon sì munta:* mi era rimasto così poco fiato.
44. *che non ne potea più oltre:* che non ce la facevo più a continuare.
45. *nella prima giunta:* appena pervenuto.
46. *ti spoltre:* ti spoltrisca.
47. *seggendo in piuma:* stando neghittoso.

160

in fama non si vien, né sotto coltre:

49 sanza la qual chi sua vita consuma,
cotal vestigio in terra di sé lascia
qual fummo in aere ed in acqua la schiuma.

52 E però, leva su! Vinci l'ambascia
con l'animo che vince ogni battaglia,
se col suo grave corpo non s'accascia.

55 Più lunga scala convien che si saglia;
non basta da costoro esser partito:
se tu m'intendi, or fa sì che ti vaglia ».

58 Leva'mi allor, mostrandomi fornito
meglio di lena ch'io non mi sentìa;
e dissi: « Va, ch'io son forte e ardito ».

61 Su per lo scoglio prendemmo la via,
ch'era ronchioso, stretto e malagevole,
ed erto più assai che quel di pria.

64 Parlando andava per non parer fievole;
onde una voce uscì dell'altra fosso
a parole formar disconvenevole.

67 Non so che disse, ancor che sopra il dosso
fossi dell'arco già che varca quivi;
ma chi parlava ad ira parea mosso.

70 Io era vòlto in giù; ma gli occhi vivi
non potean ire al fondo per lo scuro:
perch'io: « Maestro, fa che tu arrivi

73 dall'altro cinghio e dismontiam lo muro;
ché, com'i' odo quinci e non intendo,
così giù veggio e neente affiguro ».

76 « Altra risposta », disse, « non ti rendo
se non lo far; ché la dimanda onesta
sì de' seguir con l'opera tacendo ».

79 Noi discendemmo il ponte dalla testa,
dove s'aggiugne con l'ottava ripa,
e poi mi fu la bolgia manifesta;

49. *la qual:* la fama.
51. *fummo:* fumo.
55. *saglia:* salga.
57. *or fa sì che ti vaglia:* fa sì che il mio consiglio ti giovi.
62. *ronchioso:* roccioso e pieno di sporgenze.
64. *fievole:* debole.
65. *dell'altro fosso:* è la settima bolgia, ove sono racchiusi i ladri.
66. ... *disconvenevole:* che mugulando non riesciva nemmeno a formulare parole.
69. *ad ira:* dall'ira.
71. *ire:* scendere.
72-73. *fa che tu arrivi... muro:* fa in modo di arrivare all'altro argine (*cinghio*) e scender giù dal ponte (*muro*).
79. *dalla testa:* dall'estremità.
80. *s'aggiugne:* si congiunge.
81. *manifesta:* chiara a vedersi.

82   e vidivi entro terribile stipa
       di serpenti, e di sì diversa mena,
       che la memoria il sangue ancor mi scipa.

85   Più non si vanti Libia con sua rena;
       ché, se, chelidri, iàculi e farèe
       produce, e cencri con anfesibena;

88   né tante pestilenzie né si ree
       mostrò giammai con tutta l'Etiopia,
       né con ciò che di sopra al Mar Rosso èe.

91   Tra questa cruda e tristissima copia
       correan genti nude e spaventate,
       sanza sperar pertugio o elitropia:

94   con serpi le man dietro avean legate;
       quelle ficcavan per le ren la coda
       e il capo ed eran dinanzi aggroppate.

97 Ed ecco ad un ch'era da nostra proda
       s'avventò un serpente che il trafisse
       là dove il collo alle spalle s'annoda.

100   Né *o* sì tosto mai né *i* si scrisse,
       com'ei s'accese ed arse, e cener tutto
       convenne che cascando divenisse:

103   e poi che fu a terra sì distrutto,
       la cener si raccolse per se stessa,
       e in quel medesmo ritornò di butto.

106   Così per li gran savi si confessa
       che la fenice muore e poi rinasce,
       quando al cinquecentesimo anno appressa:

109   erba né biada in sua vita non pasce,
       ma sol d'incenso lagrime e d'amomo;
       e nardo e mirra son l'ultime fasce.

82. *stipa:* groviglio.
83. *mena:* qualità, specie.
84. *mi scipa:* mi guasta.
85. *con sua rena:* deserti.
86-87. *chelidri, iàculi e farèe* ǁ *produce, e cencri con anfesibena:* varie specie di serpenti velenosi e non.
88. *pestilenzie:* bestie velenose - *ree:* feroci.
90. *ciò che di sopra al Mar Rosso èe:* la regione che sta sopra il Mar Rosso, l'Arabia.
91. *copia:* massa.
93. *pertugio:* scampo, varco - *elitropia:* pietra magica che donava la invisibilità.
97. *da nostra proda:* in quel-la parte dell'argine in cui eravamo noi.
99. *dove il collo alle spalle s'annoda:* nella nuca.
100. *sì tosto:* così presto.
104. *per se stessa:* da sola.
105. *e in quel medesmo ritornò di butto:* improvvisamente riacquistò la forma umana.
106. *per li gran savi si confessa:* i sapienti affermano.
108. *appressa:* si avvicina.
109. *pasce:* mangia.
110. *lagrime:* gocce.
111. *l'ultime fasce:* perché era leggenda che la fenice morisse fra il nardo e la mirra.

112   E quale è quei che cade, e non sa como,
        per forza di demon ch'a terra il tira
        o d'altra oppilazion che lega l'omo,

115   quando si leva, che intorno si mira
        tutto smarrito dalla grand'angoscia
        ch'egli ha sofferta, e guardando sospira;

118   tal era il peccator levato poscia.
        Oh potenza di Dio, quant'è severa,
        che cotai colpi per vendetta croscia!

121   Lo duca il dimandò poi chi ello era;
        perch' ei rispose: « Io piovvi di Toscana,
        poco tempo è, in questa gola fera.

124   Vita bestial mi piacque, e non umana,
        sì com'a mul ch'io fui: son Vanni Fucci
        bestia, e Pistoia mi fu degna tana ».

127   E io al duca: « Digli che non mucci
        e domanda qual colpa quaggiù il pinse,
        ch'io il vidi uomo di sangue e di crucci ».

130   E il peccator, che intese, non s'infinse;
        ma drizzò verso me l'animo e il vólto,
        e di trista vergogna si dipinse.

133   Poi disse: « Più mi duol che tu m'hai còlto
        nella miseria dove tu mi vedi,
        che quando fui dell'altra vita tolto.

136   Io non posso negar quel che tu chiedi:
        in giù son messo tanto, perch'io fui
        ladro alla sagrestia de' belli arredi,

139   e falsamente già fu apposto altrui.
        Ma perché di tal vista tu non godi,
        se mai sarai di fuor da' luoghi bui,

112. *E quale:* e come - *como:* in che modo.
113. *per forza di demon c'ha terra il tira:* invasato da forze demoniache.
114. *oppilazion:* convulsioni - *lega l'omo:* che impedisce ogni volontà.
118. *levato poscia:* dopo che si era rialzato.
120. *croscia:* scroscia, fa cadere.
121. *Lo duca:* Virgilio - *il:* gli.
122. *p i o v v i:* precipitai, piombia.
123. *gola fera:* orribil bolgia.
125. *mul:* perché bastardo -

Vanni Fucci: Giovanni di Fuccio de' Lazzeri, pistoiese, noto a Dante come un violento, aveva compiuto un furto sacrilego.
127. *non mucci:* non se ne scappi.
128. *il pinse:* lo spinse qui.
129. *il vidi:* lo conobbi - *uomo di sangue e crucci:* omicida e ladro.
130. *non s'infinse:* non finse di non aver capito.
139. *falsamente già fu apposto altrui:* del mio furto fu accusato ingiustamente un altro.
141. *sarai di fuor da' luoghi bui:* uscirai dall'Inferno.

142   apri gli orecchi al mio annunzio. e odi.
        Pistoia in pria de' Neri si dimagra;
        poi Fiorenza rinnova genti e modi.

145   Tragge Marte vapor di Val di Magra
        che di torbidi nuvoli involuto,
        e con tempesta impetuosa e agra,

148   sopra Campo Picen fia combattuto;
        ond'ei repente spezzerà la nebbia,
        sì ch'ogni Bianco ne sarà feruto.

151   E detto l'ho perché doler ti debbia! ».

CANTO VENTICINQUESIMO

1   Al fine delle sue parole, il ladro
       le mani alzò con amendue le fiche,
       gridando: « Togli, Dio, ch'a te le squadro! ».

4   Da indi in qua mi fur le serpi amiche;
       perch'una gli s'avvolse, allora, al collo,
       come dicesse: « Non vo' che più diche »;

7   e un'altra alle braccia, e rilegollo,
       ribadendo se stessa sì dinanzi
       che non potea con esse dare un crollo.

10   Ahi, Pistoia, Pistoia, ché non stanzi
       d'incenerarti, sì che più non duri,
       poi che in mal fare il seme tuo avanzi?

13   Per tutt'i cerchi dello Inferno scuri
       non vidi spirto in Dio tanto superbo:

143. *si dimagra:* si assottiglia.

144. *rinnova genti e modi:* cambia famiglie e governo.

145-150. *Tragge... feruto:* Marte, dio della guerra, farà sorgere dalla Val di Magra come un fulmine (*vapor*), il marchese Moroello Malaspina, che, circondato da nuvoli nemici *(di torbidi nuvoli involuto),* sarà combattuto in un'aspra battaglia *(tempesta impetuosa e agra)* sopra Campo Piceno, nella quale Moroello vincerà i Bianchi.

1. *il ladro:* Vanni Fucci.

2. *le fiche:* atto di scherno e di dileggio, che si fa mettendo il pollice fra l'indice e il medio e stringendo il pugno.

3. *Togli:* prendi - *le squadro:* te le faccio in viso.

4. *Da indi:* da quel momento - *mi fur:* considerai.

6. *diche:* parli.

8. *ribadendo se stessa:* avvolgendolo nelle sue spire.

9. *che non potea con esse dare un crollo:* in modo da non poter nemmeno scuotersi.

10. *non stanzi:* non prendi la decisione.

11. *d'incenerarti:* di incenerirti.

12. *poi che in mal fare il seme tuo avanzi:* nelle male azioni superi anche gli stessi tuoi fondatori, i quali, secondo la leggenda, sarebbero stati i compagni di Catilina.

                non quel che cadde a Tebe giù da' muri.
16   Ei si fuggì, che non parlò più verbo:
        e io vidi un centauro pien di rabbia
        venir chiamando: « Ov'è, ov'è l'acerbo? ».
19   Maremma non cred'io che tante n'abbia,
        quante bisce egli avea su per la groppa
        infino ove comincia nostra labbia.
22   Sopra le spalle, dietro dalla coppa,
        con l'ali aperte gli giaceva un draco,
        e quello affoca qualunque s'intoppa.
25   Lo mio maestro disse: « Questi è Caco,
        che sotto il sasso di monte Aventino
        di sangue fece spesse volte laco.
28   Non va co' suoi fratei per un cammino,
        per lo furto che frodolente fece
        del grande armento ch'egli ebbe a vicino:
31   onde cessàr le sue opere biece
        sotto la mazza d'Ercole che forse
        glie ne diè cento, e non sentì le diece ».
34   Mentre che sì parlava, ed ei trascorse,
        e tre spiriti venner sotto noi,
        de' quai né io né il duca mio s'accorse
37   se non quando gridar: « Chi siete voi? ».
        Per che nostra novella si ristette,
        e intendemmo pur ad essi poi.
40   Io non li conoscea; ma ei seguette,
        come suol seguitar per alcun caso,
        che l'un nomar un altro convenette,
43   dicendo: « Cianfa dove fia rimaso? ».

15. *non quel che cadde a Tebe giù da' muri:* nemmeno lo stesso Capaneo.
16. *non parlò più verbo:* non disse più parola.
18. *l'acerbo:* il tracotante.
21. *infino dove comincia nostra labbia:* fino al collo.
22. *coppa:* nuca.
23. *draco:* dragone.
24. *affoca qualunque s'intoppa:* sputa fuoco su ognuno con il quale si incontri.
25. *Lo mio maestro:* Virgilio - *Caco:* famoso ladrone che rubò le mandre custodite da Ercole, trascinandole all'indietro per far perdere le tracce nella sua spelonca sull'Aven-
tino. Ercole, rintracciatolo, lo uccise a mazzate, delle quali mazzate però Caco non sentì se non le prime, essendo stati appunto i primi colpi già mortali.
34. *trascorse:* passò oltre.
38. *nostra novella:* il nostro parlare, la nostra conversazione - *si ristette:* si interruppe.
39. *intendemmo:* stemmo attenti - *pur:* soltanto.
40. *ei seguette:* capitò.
41. *seguitar:* accadere.
42. *convenette:* ebbe occasione.
43. *Cianfa:* Cianfa dei Donati, reo di abigeato (furto di animali).

Perch'io, a ciò che il duca stesse attento,
mi posi il dito su dal mento al naso.

46 Se tu sei or, lettore, a creder lento
ciò ch'io dirò, non sarà maraviglia,
ché io che il vidi, a pena il mi consento.

49 Com'io tenea levate in lor le ciglia,
e un serpente con sei piè si lancia
dinanzi all'uno, e tutto a lui s'appiglia.

52 Co' piè di mezzo gli avvinse la pancia,
e con gli anterior le braccia prese;
poi gli addentò e l'una e l'altra guancia.

55 Li diretani alle cosce distese,
e misegli la coda tra ambedue,
e dietro per le ren su la ritese.

58 Ellera abbarbicata mai non fue
ad alber sì, come l'orribil fiera
per l'altrui membra avviticchiò le sue.

61 Poi s'appiccar, come di calda cera
fossero stati, e mischiar lor colore:
né l'un né l'altro già parea quel ch'era,

64 come procede innanzi dall'ardore
per lo papiro suso un color bruno,
che non è nero ancora e il bianco muore.

67 Gli altri due il riguardavano, e ciascuno
gridava: « O me, Agnèl, come ti muti!
Vedi che già non se' né due né uno ».

70 Già eran li due capi un divenuti,
quando n'apparver due figure miste

---

44. *a ciò che il duca stesse attento:* affinché Virgilio prestasse attenzione.

45. *mi posi il dito su dal mento al naso:* in atto di silenzio.

48. *il mi consento:* consento io stesso appena, a credere quel che ho visto.

49. *levate in lor le ciglia:* mentre li stavo guardando.

51. *s'appiglia:* s'aggrappa.

55. *Li deretani:* i piedi posteriori.

58. *Ellera abbarbicata mai non fue:* non vi fu mai un'edera così abbarbicata.

61. *s'appiccar:* si appiccicarono.

63. *né l'un né l'altro già parea quel ch'era:* nessuno già conservava più la forma di prima.

64-66. *come procede... muore:* come avviene quando in una carta, cui si sia appiccato il fuoco, il bianco si muta in bruno che non è però ancora nero bruciato davanti alla fiamma *(ardore)* che procede.

68. *Agnèl:* sembra che sia Agnolo dei Brunelleschi, fiorentino; gli altri due sono Buoso dei Donati (o come altri vogliono Buoso degli Abati) e Puccio Sciancato dei Galigai.

71-72. *due figure... perduti:* apparve nella faccia la sembianza dell'uomo e quella del rettile.

in una faccia, ov'eran due perduti.

73 Férsi, le braccia, due, di quattro liste;
le cosce con le gambe, il ventre e il casso
divenner membra che non fur mai viste.

76 Ogni primaio aspetto ivi era casso:
due e nessun l'imagine perversa
parea, e tal sen gìo con lento passo.

79 Come il ramarro, sotto la gran fersa
dei dì canicular, cangiando siepe,
folgore par se la via attraversa;

82 sì pareva, venendo verso l'epe
degli altri due, un serpentello acceso,
livido e nero come gran di pepe;

85 e quella parte onde prima è preso
nostro alimento, all'un di lor trafisse:
poi cadde giuso innanzi lui disteso.

88 Lo trafitto il mirò, ma nulla disse:
anzi, co' piè fermati, sbadigliava,
pur come sonno o febbre l'assalisse.

91 Egli il serpente, e quei lui riguardava:
l'un per la piaga e l'altro per la bocca
fummavan forte, e il fummo si scontrava.

94 Taccia Lucano omai là dove tocca
del misero Sabello e di Nassidio;
ed attenda a udir quel ch'or si scocca.

97 Taccia di Cadmo e d'Aretusa Ovidio;
ché se quello in serpente e quella in fonte
converte poetando, io non lo invidio:

100 ché due nature mai, a fronte a fronte,
non trasmutò, sì che amendue le forme
a cambiar lor matera fosser pronte.

73. *Férsi, le braccia, due, di quattro liste:* delle due braccia di Agnolo dei Brunelleschi e dei due piedi anteriori del serpente deformati al punto da non potersi più riconoscere, si formarono *(férsi)* due braccia.
74. *il casso:* la cassa toracica.
76. *primaio:* primitivo - *casso:* cancellato, sparito.
78. *sen gìo:* se ne andava.
79-80. *la gran fersa ‖ del dì canicular:* sotto la sferza dei raggi solari nei giorni della Canicola.
82. *l'epe:* i ventri.

85-86. *quella parte... alimento:* l'ombelico.
94. *tocca:* racconta.
95. *Sabello e di Nassidio:* Lucano narra che Sabellio, morsicato da un serpente, si dissolvesse, e che Nassidio, pure morsicato in Libia da un altro serpente, talmente si gonfiasse da schiantare la stessa corazza.
96. *quel ch'or si scocca:* quel che m'accingo a narrare.
101-102. *le forme... pronte:* le sostanze erano pronte a scambiarsi reciprocamente i corpi.

103   Insieme si risposero a tai norme,
        che il serpente la coda in forca fésse,
        e il feruto ristrinse insieme l'orme.

106   Le gambe con le cosce seco stesse
        s'appiccar sì, che in poco la giuntura
        non facea segno alcun che si paresse.

109   Togliea la coda fessa la figura
        che si perdeva là, e la sua pelle
        si facea molle, e quella di là dura.

112   Io vidi entrar le braccia per l'ascelle,
        e i due piè della fiera, ch'eran corti,
        tanto allungar quanto accorciavan quelle.

115   Poscia li piè di retro, insieme attorti,
        diventaron lo membro che l'uom cela;
        e il misero del suo n'avea due porti.

118   Mentre che il fummo l'uno e l'altro vela
        di color novo, e genera il pel suso
        per l'una parte e dall'altra il dipela,

121   l'un si levò e l'altro cadde giuso,
        non torcendo però le lucerne empie,
        sotto le quai ciascun cambiava muso.

124   Quel ch'era dritto il trasse vèr le tempie
        e, di troppa matera che in là venne,
        uscir gli orecchi delle gote scempie:

127   ciò che non corse indietro e si ritenne
        di quel soverchio, fe' naso alla faccia,
        e le labbra ingrossò quanto convenne.

130   Quel che giacea, il muso innanzi caccia,
        e gli orecchi ritira per la testa,
        come face le corna la lumaccia;

133   e la lingua, ch'avea unita e presta

103-105. *Insieme... orme:* i due corpi si corrisposero in tal maniera *(a tai norme)* che la coda del serpente si fendette in due parti (le quali formeranno poi le gambe della creatura umana) ed i piedi invece del trafitto *(feruto)* si congiunsero in uno *(ristrinse insieme l'orme).*

107. *s'appiccar:* si appiccicarono, si unirono.

109. *Togliea:* assumeva - *la coda fessa:* la coda che si era divisa in due.

117. *porti:* sporti.

119-120. *e genera... dipela:* fa crescere all'uno il pelo, mentre depila l'altro.

122. *le lucerne empie:* gli occhi maledetti.

125-126. *di troppa matera... scempie:* quello che stava mutandosi in uomo ebbe la carne del viso ritratta indietro verso le tempie e da questa carne usciron fuori le orecchie, mentre dal rimanente uscì il naso e si formaron le labbra.

131. *gli orecchi ritira per la testa:* gli rientrano nella testa le orecchie.

prima a parlar, si fende; e la forcuta
nell'altro si richiude; e il fummo resta.

136 L'anima, ch'era fiera divenuta,
sufolando si fugge per la valle;
e l'altro dietro a lui parlando sputa.

139 Poscia gli volse le novelle spalle,
e disse all'altro: « Io vo' che Buoso corra,
com'ho fatt'io, carpon per questo calle ».

142 Così vid'io la settima zavorra
mutare e trasmutare; e qui mi scusi
la novità, se fior la pena abborra.

145 E avvegna che gli occhi miei confusi
fossero alquanto, e l'animo smagato,
non poter quei fuggirsi tanto chiusi

148 ch'io non scorgessi ben Puccio Sciancato:
ed era quel che sol, de' tre compagni
che venner prima, non era mutato:

151 l'altro era quel che tu, Gaville, piagni.

CANTO VENTISEIESIMO

1 Godi, Fiorenza, poi che se' sì grande
che per mare e per terra batti l'ali,
e per lo 'nferno tuo nome si spande!

4 Tra li ladron trovai cinque cotali
tuoi cittadini onde mi vien vergogna,
e tu in grande orranza non ne sali.

7 Ma se presso al mattin del ver si sogna,
tu sentirai di qua da picciol tempo
di quel che Prato, non ch'altri, t'agogna.

10 E se già fosse, non saría per tempo:

137. *sufolando:* fischiando.
139. *le novelle spalle:* le spalle avute da poco.
141. *calle:* strada.
142. *la settima zavorra:* i dannati rinchiusi nella settima bolgia.
144. *se fior la penna abborra:* se la penna accenna a molte cose un poco alla rinfusa.
145. *avvegna che:* benché.
146. *smagato:* smarrito.
147. *chiusi:* celati, nascosti.
151. *Gaville:* allude a Francesco Cavalcanti, ladro fiorentino, ucciso a Gaville, sui cui abitanti però i compagni ed i parenti vendicarono l'uccisione.

1. *Godi:* rallegrati.
3. *per lo 'nferno tuo nome si spande:* che perfino per l'Inferno si sparge il tuo nome.
6. *orranza:* onore.
9. *di quel:* di quel male - *che Prato, non ch'altri, t'agogna:* che Prato, oltre agli altri, ti augura.
10. *non saría per tempo:* se tu fossi già castigata, non sarebbe stato abbastanza presto.

così foss'ei, da che pur esser dèe!
ché più mi graverà, com' più m'attempo.

13   Noi ci partimmo, e su per le scalee
che n'avean fatte i borni a scender pria,
rimontò il duca mio e trasse mee.

16   E, proseguendo la solinga via
tra le schegge e tra' rocchi dello scoglio,
lo piè, sanza la man, non si spedìa.

19   Allor mi dolsi, ed ora mi ridoglio
quando drizzo la mente a ciò ch'io vidi,
e più lo ingegno affreno ch'io non soglio,

22   perché non corra che virtù nol guidi:
sì che, se stella buona o miglior cosa
m'ha dato il ben, ch'io stesso nol m'invidi.

25   Quante il villan ch'al poggio si riposa,
nel tempo che colui che il mondo schiara
la faccia sua a noi tien meno ascosa,

28   come la mosca cede alla zanzara,
vede lucciole giù per la vallea,
forse colà dove vendemmia ed ara;

31   di tante fiamme tutta risplendea
l'ottava bolgia, sì com'io m'accorsi
tosto che fui là 've il fondo parea.

34   E qual colui che si vengiò con gli orsi
vide il carro d'Elia al dipartire,
quando i cavalli al cielo erti levorsi,

37   che nol potea sì con gli occhi seguire
ch'ei vedesse altro che la fiamma sola,

12. *mi graverà:* mi sarà maggiormente doloroso - *m'attempo:* m'invecchio.
14. *i borni:* le sporgenze.
15. *e trasse mee:* e mi trasse.
17. *rocchi:* sporgenze.
18. *lo piè, sanza la man, non si spedìa:* i piedi non se la cavavano senza l'aiuto delle mani.
20. *drizzo la mente:* ripenso.
21-22. *e più... nol guidi:* e freno l'ingegno, più di quanto non son solito, per non cadere fuori della retta via.
23. *miglior cosa:* la grazia divina, che è migliore dell'influenza astrologica delle stelle.
24. *nol m'invidi:* non lo faccia diventare vano.
25. *Quante:* va con *lucciole.*

26. *colui:* il sole - *il mondo schiara:* d'estate.
27. *la faccia sua a noi tien meno ascosa:* il sole sta più a lungo sull'orizzonte.
28. *la mosca cede alla zanzara:* di sera.
32. *l'ottava bolgia:* quella dei consiglieri di frode.
34-39. *E qual... salire:* il profeta Eliseo, un giorno, camminando con il profeta Elia, lo vide improvvisamente rapito al cielo da un carro di fuoco. Quello stesso profeta Eliseo che, schernito per la sua calvizie da ragazzacci, li maledì e fu immantinente vendicato da due orsi che, apparsi improvvisamente, si gettarono sugli schernitori, sbranandoli.

sì come nuvoletta in su salire;

40   tal si movea ciascuna per la gola
del fosso, ché nessuna mostra il furto,
e ogni fiamma un peccatore invola.

43   Io stava sopra il ponte a veder surto,
sì che s'io non avessi un ronchion preso,
caduto sarei giù sanz'esser urto;

46   e il duca, che mi vide tanto atteso,
disse: « Dentro dai fuochi son gli spirti:
ciascun si fascia di quel ch'egli è inceso ».

49   « Maestro mio », rispos'io, « per udirti
son io più certo; ma già m'era avviso
che così fosse, e già voleva dirti:

52   — Chi è in quel fuoco che vien sì diviso
di sopra, che par surger della pira
dov'Eteòcle col fratel fu miso? — ».

55   Rispose a me: « Là dentro si martira
Ulisse e Diomede, e così insieme
alla vendetta vanno com'all'ira:

58   e dentro dalla lor fiamma si geme
l'agguato del caval che fe' la porta
ond'uscì de' Romani il gentil seme.

61   Piàngevisi entro l'arte per che, morta,
Deidamìa ancor si duol d'Achille:

40. *tal:* ciascuna fiammella - *la gola:* la bolgia.
41-42. *ché nessuna... invola:* ogni fiammella nasconde un peccatore e lo tiene nascosto quasi l'avesse rubato.
43. *a veder surto:* ritto in piedi per vedere.
44. *ronchion preso:* se non mi fossi aggrappato ad una sporgenza della roccia, avrei perso l'equilibrio e sarei caduto senza essere stato nemmeno urtato.
46. *atteso:* intento.
48. *ciascun si fascia di quel ch'egli è inceso:* ogni peccatore è fasciato dalle fiamme che lo ardono.
49. *per udirti:* per il fatto stesso che tu me lo dici.
50. *già m'era avviso:* immaginavo.
52. *quel fuoco che vien sì diviso:* quella fiamma biforcuta.

53. *pira:* rogo.
54. *Eteòcle:* i due fratelli tebani Eteocle e Polinice, si uccisero l'un l'altro e furono posti sopra il medesimo rogo.
56. Ulisse e Diomede: i due eroi omerici, l'uno re di Itaca, l'altro re di Argo.
57. *alla vendetta vanno:* subiscono insieme la stessa pena.
59-60. *l'agguato... seme:* dentro la loro fiamma si paga il fio dell'agguato del cavallo di legno, che fu introdotto in Troia e fu causa della caduta della città, dalla quale Enea, fuggitone con i compagni, se ne scampò, dopo lungo ramingare, nel Lazio, dando così origine ai progenitori dei romani.
61. *l'arte:* l'inganno.
62-63. *Deidamìa... porta:* Ulisse e Diomede scoprirono Achille nascostosi in vesti femminili fra le figlie del re Licomede, ove appunto aveva spo-

e del Palladio pena vi si porta ».

64   « S'ei posson dentro da quelle faville
     parlar », diss'io, « maestro, assai ten prego
     e riprego, che il prego vaglia mille,

67   che non mi facci dell'attender niego,
     fin che la fiamma cornuta qua vegna:
     vedi che del disìo vèr lei mi piego! ».

70   Ed egli a me: « La tua preghiera è degna
     di molta loda, ed io però l'accetto;
     ma fa che la tua lingua si sostegna.

73   Lascia parlare a me, ch'io ho concetto
     ciò che tu vuoi; ch'ei sarebbero schivi,
     perché fur Greci, forse, del tuo detto ».

76   Poi che la fiamma fu venuta quivi
     dove parve al mio duca tempo e loco,
     in questa forma lui parlare audivi:

79   « O voi che siete due dentro ad un foco,
     s'io meritai di voi mentre ch'io vissi,
     s'io meritai di voi assai o poco

82   quando nel mondo gli alti versi scrissi,
     non vi movete; ma l'un di voi dica
     dove per lui perduto a morir gissi ».

85   Lo maggior corno della fiamma antica
     cominciò a crollarsi mormorando
     pur come quella cui vento affatica;

88   indi la cima qua e là menando
     come fosse la lingua che parlasse,
     gittò voce di fuori e disse: « Quando

91   mi dipartì da Circe, che sottrasse
     me più d'un anno là presso a Gaeta,
     prima che sì Enea la nominasse;

---

sato Deidamia. Inoltre, i due eroi greci espiano anche la colpa di aver portato via con l'astuzia la statua di Pallade (Pal'adio) che rendeva invulnerabile Troia.

67. dell' attender niego: che non mi neghi di attendere.

68. cornuta: biforcuta.

72. si sostegna: si astenga dal parlare.

73. ch'io ho concetto: che ben io so.

77. al mio duca: a Virgilio.

78. in questa forma lui parlare audivi: l'udii parlare così.

80. s'io meritai: se ebbi qual-

che merito verso di noi.

82. gli alti versi: l'Eneide.

84. perduto a morir gissi: dove, smarritosi, andò a morire.

85. Lo maggior corno: la parte più alta - antica ché avvolge due eroi dell'antichità.

87. affatica: come quella fiamma che è agitata dal vento.

91. Circe: la maga che tenne a lungo presso di sé Ulisse ed i compagni.

92-93. Gaeta... nominasse: in quel luogo che Enea chiamò poi Gaeta, in onore della sua nutrice ivi morta.

94   né dolcezza di figlio, né la pièta
        del vecchio padre, né il debito amore
        lo qual dovea Penelope far lieta,

97   vincer potèr dentro da me l'ardore
        ch'i' ebbi a divenir del mondo esperto
        e delli vizi umani e del valore:

100   ma misi me per l'alto mare aperto,
        sol con un legno e con quella compagna
        picciola dalla qual non fui diserto.

103   L'un lito e l'altro vidi infin la Spagna,
        fin nel Morrocco, e l'isola de' Sardi,
        e l'altre che quel mare intorno bagna.

106   Io e i compagni eravam vecchi e tardi
        quando venimmo a quella foce stretta
        dov'Ercole segnò li suoi riguardi,

109   a ciò che l'uom più oltre non si metta:
        dalla man destra mi lasciai Sibilia,
        dall'altra già m'avea lasciata Setta.

112   — O frati, — dissi, — che per centomilia
        perigli siete giunti all'occidente;
        a questa tanto picciola vigilia

115   de' nostri sensi ch'è del rimanente,
        non vogliate negar l'esperienza,
        diretro al sol, del mondo sanza gente.

118   Considerate la vostra semenza:
        fatti non foste a viver come bruti,
        ma per seguir virtute e conoscenza. —

121   Li miei compagni fec'io sì aguti,

95. *debito:* dovuto e lecito.

98. *a divenir del mondo esperto:* a conoscere il mondo.

101. *legno:* nave - *compagna:* accompagnato da quei pochi miei fidi che non disertarono l'impresa.

103. *L'un lito e l'altro:* le coste africane e quelle europee del Mediterraneo (*l'alto mare aperto*).

104. *Morrocco:* Marocco.

105. *l'altre che quel mare intorno bagna:* le altre isole bagnate dal Mediterraneo.

107-108. *a quella foce stretta... riguardi:* allo stretto di Gibilterra, che in antico erano « le colonne d'Ercole » - *riguardi:* limiti.

109. *non si metta:* non avanzi.

110. *Sibilia:* Siviglia.

111. *Setta:* Ceuta.

112. *frati:* compagni che mi siete fratelli.

113. *perigli:* pericoli.

114-115. *a questa... rimanente:* a questo poco tempo che ci resta da vivere.

116-117. *non vogliate.. gente:* non vogliate negare di conoscere anche l'emisfero disabitato (e creduto coperto soltanto dalle acque), seguendo il corso del sole, cioè quello occidentale.

118. *la nostra semenza:* la stessa vostra natura di uomini.

121. *aguti:* impazienti.

con questa orazion picciola, al cammino,
che a pena poscia li avrei ritenuti.

124 E, volta nostra poppa nel mattino,
de' remi facemmo ali al folle volo,
sempre acquistando dal lato mancino.

127 Tutte le stelle già dell'altro polo
vedea la notte e il nostro tanto basso
che non surgea fuor del marin suolo.

130 Cinque volte racceso e tante casso
lo lume era di sotto dalla luna,
poi ch'entrati eravam nell'alto passo,

133 quando n'apparve una montagna, bruna
per la distanza, e parvemi alta tanto
quanto veduta non n'avea alcuna.

136 Noi ci allegrammo, e tosto tornò in pianto;
ché della nuova terra un turbo nacque
e percosse del legno il primo canto.

139 Tre volte il fe' girar con tutte l'acque;
alla quarta levar la poppa in suso,
e la prora ire in giù, com'altrui piacque,

142 infin che il mar fu sopra noi richiuso ».

CANTO VENTISETTESIMO

1 Già era dritta in su la fiamma e queta
per non dir più, e già da noi sen gìa
con la licenza del dolce poeta;

122. *orazion picciola:* breve discorso.
123. *ritenuti:* trattenuti.
124. *volta nostra poppa nel mattino:* rivolte le nostre poppe a levante, avendo appunto drizzato la prora ad occidente.
126. *dal lato mancino:* quindi verso sud-ovest.
127. *polo:* l'antartico.
128-129. *il nostro... suolo:* mentre il nostro polo, il boreale, appariva appena all'orizzonte marino (*marin suolo*).
130. *Cinque volte racceso e tante casso:* cinque volte era stato riacceso ed altrettante volte si era spento.
131. *lo lume era di sotto dalla luna:* il sole che illumina la parte inferiore della luna: eran dunque passati cinque mesi.

132. *poi che:* da quando - *alto:* arduo.
133. *bruna:* indistinta.
136. *tosto tornò in pianto:* ben presto la nostra gioia si mutò in pianto.
137. *turbo:* turbine.
138. *del legno il primo canto:* la prora della nave.
141. *com'altrui piacque:* secondo il volere di Dio.
142. *infin che il mar fu sopra noi richiuso:* finché il mare non si rinchiuse sopra di noi.

2. *per non dir più:* perché aveva cessato di parlare - *sen gìa:* si allontanava.
3. *con la licenza del dolce poeta:* con il permesso di Virgilio.

4   quando un'altra, che dietro a lei venìa,
          ne fece volger gli occhi alla sua cima
          per un confuso suon che fuor n'uscìa.

7   Come il bue cicilian, che mugghiò prima
          col pianto di colui, e ciò fu dritto,
          che l'avea temperato con sua lima,

10   mugghiava con la voce dell'afflitto,
          sì che, con tutto che fosse di rame,
          pure e' parea dal dolor trafitto;

13   così, per non aver via né forame
          dal principio nel foco, in suo linguaggio
          si convertìan le parole grame.

16   Ma poscia ch'ebber còlto lor viaggio
          su per la punta, dandole quel guizzo
          che dato avea la lingua in lor passaggio,

19   udimmo dire: « O tu a cu' io drizzo
          la voce e che parlavi mo lombardo,
          dicendo: — Issa ten va, più non t'adizzo —;

22   perch'io sia giunto forse alquanto tardo,
          non t'incresca restare a parlar meco:
          vedi che non incresce a me, e ardo!

25   Se tu pur mo in questo mondo cieco
          caduto se' di quella dolce terra
          latina ond'io mia colpa tutta reco;

28   dimmi se i Romagnoli han pace o guerra:
          ch'io fui de' monti là intra Urbino

7-9. *come il bue cicilian... con sua lima:* Perillo costruì un toro di rame che offerse a Falaride, tiranno di Agrigento. Questo toro di rame era in realtà uno strumento di tortura, perché in esso venivano chiusi i condannati, e la bestia veniva arroventata; le grida del suppliziato, uscendo dalla macchina infernale, parevano mugghiti. Falaride provò la macchina sul suo inventore.

13. *forame:* apertura.

14-15. *dal principio... le parole grame:* le parole si confondevano con lo stesso rumore delle fiamme.

16. *Ma poscia ch'ebber còlto lor viaggio:* quando ebbero trovato la loro via.

17-18. *dandole... passaggio:* dando alla punta della fiamma quella stessa vibrazione che aveva dato la lingua nel proferire le parole.

19-20. *drizzo* ‖ *la voce:* a cui mi rivolgo - *mo:* appena adesso.

21. *Issa ten va, più non t'adizzo:* ora vattene, più non ti esorto a parlare.

22. *perch'io:* per quanto io - *tardo:* tardi.

25. *mondo cieco:* l'Inferno.

27. *ond'io mia colpa tutta reco:* da quell'Italia, dalla quale io porto tutto il peso della mia colpa. È Guido da Montefeltro, duce dei ghibellini, valente capo di guerra ed in pace ottimo politico. Fu fieramente avverso agli Stati della Chiesa.

29-30. *ch'io fui... si disserra:* perché io nacqui nella terra di Montefeltro, tra Urbino e il monte Coronaro.

e il giogo di che Tever si disserra ».

31 Io era in giuso ancora attento e chino,
    quando il mio duca mi tentò di costa,
    dicendo: « Parla tu; questi è Latino ».

34 E io, ch'avea già pronta la risposta,
    sanza indugio a parlare incominciai:
    « O anima che se' laggiù nascosta,

37 Romagna tua non è, e non fu mai,
    sanza guerra ne' cuor de' suoi tiranni;
    ma in palese nessuna or vi lasciai.

40 Ravenna sta come stata è molt'anni:
    l'aquila da Polenta la si cova
    sì che Cervia ricopre coi suoi vanni.

43 La terra che fe' già la lunga prova,
    e di Franceschi sanguinoso mucchio,
    sotto le branche verdi si ritrova.

46 E il mastin vecchio e il nuovo da Verrucchio,
    che fecer di Montagna il mal governo,
    là dove soglion, fan de' denti succhio.

49 Le città di Lamone e di Santerno
    conduce il leoncel dal nido bianco
    che muta parte dalla state al verno;

52 e quella cui il Savio bagna il fianco,
    così com'ella sie' tra il piano e il monte,
    tra tirannia si vive e stato franco.

32. *mi tentò di costa:* mi toccò il fianco.

33. *Latino:* italiano.

38-39. *sanza guerra... vi lasciai:* i signori di Romagna meditano sempre la guerra nell'animo loro, purtuttavia per ora non ve n'è nessuna guerreggiata.

41-42. *l'aquila... coi suoi vanni:* i Polentani, il cui stemma portava un'aquila, sono sempre signori di Ravenna, non soltanto, ma si sono impadroniti pure di Cervia.

46-47. *E il mastin vecchio... il mal governo:* Malatesta il vecchio e Malatestino il giovane da Verrucchio uccisero (*fecero... il mal governo*) Montagna dei Parcitati, capo dei ghibellini da loro sconfitti.

48. *là dove soglion:* laddove son soliti, cioè a Rimini, capitale della loro signoria - *succhio:* succhiello: lacerano e tormentano.

49. *Le città di Lamone e di Santerno:* Faenza sul fiume Lamone ed Imola sul Santerno.

50. *leoncel dal nido bianco:* Maghinardo Pagani, signore delle due città, il cui stemma era un leone azzurro in campo bianco.

51. *che muta parte dalla state al verno:* che continua a cambiare alleanze.

52. *e quella:* Cesena, bagnata dal fiume Savio.

53. *sie':* siede, sorge.

54. *tra tirannia si vive e stato franco:* vive fra tirannide e libertà.

55 Ora chi se', ti priego che ne conte:
   non esser duro più ch'altri sia stato,
   se il nome tuo nel mondo tegna fronte ».

58 Poscia che il foco alquanto ebbe rugghiato
   al modo suo, l'aguta punta mosse,
   di qua, di là, e poi diè cotal fiato:

61 « S'io credessi che mia risposta fosse
   a persona che mai tornasse al mondo,
   questa fiamma starìa sanza più scosse;

64 ma però che giammai di questo fondo
   non tornò vivo alcun, s'i' odo il vero,
   sanza tema d'infamia ti rispondo.

67 Io fui uom d'arme e poi fui cordigliero,
   credendomi, sì cinto, fare ammenda;
   e certo il creder mio veniva intero,

70 se non fosse il gran prete, a cui mal prenda!,
   che mi rimise nelle prime colpe;
   e come e quare, voglio che m'intenda.

73 Mentre ch'io forma fui d'ossa e di polpe
   che la madre mi diè, l'opere mie
   non furon leonine, ma di volpe.

76 Gli accorgimenti e le coperte vie
   io seppi tutte; e sì menai lor arte,
   ch'al fine della terra il suono uscìe.

79 Quando mi vidi giunto in quella parte
   di mia etade ove ciascun dovrebbe
   calar le vele e raccoglier le sarte,

82 ciò che pria mi piacea allor m'increbbe:
   e pentuto e confesso mi rendei.

55. *che ne conte:* che ci racconti.
57. *se il nome tuo nel mondo tegna fronte:* così il tuo nome possa resistere al tempo.
60. *cotal fiato:* questa risposta.
61. *fosse:* andasse, fosse rivolta.
63. *sanza più scosse:* ferma, senza più parlare.
67. *cordigliero:* abbracciai la vita religiosa, facendomi francescano.
69. *veniva intero:* si avverava.
70. *il gran prete:* il papa Bonifacio VIII.

71. *che mi rimise nelle prime colpe:* che mi fece incorrere di nuovo nel peccato di prima.
72. *quare:* perché.
73. *forma fui d'ossa e di polpe:* mentre fui vivo.
77. *e sì menai lor arte:* e sì bene seppi avvalermene.
78. *ai fine della terra:* ai confini del mondo - *il suono uscìe:* si sparse la fama.
81. *le sarte:* le gomene, i cordami.
82. *m'increbbe:* mi venne a noia.
83. *mi rendei:* mi diedi alla vita religiosa.

Ahi miser lasso! E giovato sarebbe:
85   Lo principe de' nuovi Farisei,
        avendo guerra presso a Laterano,
        e non con Saracin né con Giudei,

88   ché ciascun suo nimico era cristiano
        e nessuno era stato a vincer Acri,
        né mercatante in terra di Soldano;

91   né sommo officio né ordini sacri
        guardò in sé, né in me quel capestro
        che solea far i suoi cinti più macri.

94   Ma come Costantin chiese Silvestro
        dentro Siratti, a guarir della lebbre,
        così mi chiese questi per maestro

97   a guarir della sua superba febbre:
        domandommi consiglio; e io tacetti,
        perché le sue parole parver ebbre.

100   E poi ridisse: — Tuo cuor non sospetti:
        finor t'assolvo; e tu m'insegna fare
        sì come Prenestino in terra getti.

103   Lo ciel poss'io serrare e disserrare,
        come tu sai; però son due le chiavi
        che il mio antecessor non ebbe care. —

106   Allor mi pinser gli argomenti gravi
        là 've il tacer mi fu avviso il peggio;
        e dissi: — Padre, da che tu mi lavi

109   di quel peccato, ov'io mo cader deggio,

85. *Lo principe:* sempre il papa Bonifacio VIII - *de' nuovi Farisei:* degli ecclesiastici romani.

86. *presso a Laterano:* muovendo guerra ai Colonna, che stavano nei pressi di San Giovanni in Laterano.

89-90. *e nessuno... Soldano:* il papa, i cui nemici erano fra i cristiani, e che non muoveva guerra né ai saraceni che avevano espugnato San Giovanni d'Acri né ai mercanti cristiani, che nonostante le proibizioni commerciavano coi pagani.

92. *guardò:* rispettò - *capestro:* il cordone che cingeva Guido da Montefeltro che si era fatto francescano.

93. *solea far i suoi cinti più macri:* per le penitenze.

94-98. *Ma come... consiglio:* come l'imperatore Costantino, secondo la leggenda, chiese a papa Silvestro I di guarirlo dalla lebbra, così papa Bonifazio VIII (*questi*) mi consultò (*per maestro domandommi consiglio*) per guarire da tutte le sue orgogliose brame (*superba febbre*).

101. *finor:* fino da ora.

102. *sì come Prenestino in terra getti:* come posso distruggere il castello di Palestrina.

105. *antecessor:* Celestino V (canto III, 59).

107. *mi fu avviso:* mi sembrò.

108. *da che:* poiché.

lunga promessa con l'attender corto
ti farà trionfar nell'alto seggio. —

112 Francesco venne poi, com'io fui morto,
per me; ma un de' neri cherubini
gli disse: — Nol portar; non mi far torto!

115 Venir se ne dèe giù, tra' miei meschini,
perché diede il consiglio frodolente,
dal quale in qua stato gli sono a' crini;

118 ch'assolver non si può chi non si pente:
né pentére e volere insieme puossi,
per la contradizion che nol consente. —

121 Oh me dolente! Come mi riscossi
quando mi prese dicendomi: — Forse
tu non pensavi ch'io loico fossi! —

124 A Minòs mi portò: e quegli attorse
otto volte la coda al dosso duro;
e poi che per gran rabbia la si morse,

127 disse: — Questi è de' rei del fuoco furo: —
perch'io là dove vedi son perduto,
e sì vestito andando mi rancuro ».

130 Quand'egli ebbe il suo dir così compiuto,
la fiamma dolorando si partìo,
torcendo e dibattendo il corno aguto.

133 Noi passammo oltre, e io e il duca mio,
su per lo scoglio, infino in su l'altr'arco
che cuopre il fosso in che si paga il fio

136 a quei che scommettendo acquistan carco.

110. *lunga promessa con l'attender corto:* prometter molto e mantener poco.

111. *nell'alto seggio:* nel trono papale.

112. *Francesco:* san Francesco, venuto dopo la morte di Guido per prenderne l'anima.

113. *un de' neri cherubini:* uno dei demoni.

117. *dal quale in qua stato gli sono a' crini:* dal momento in cui diede il consiglio fraudolento, gli son sempre stato appresso.

110-120. *né pentére... nol consente:* non ci si può pentire e contemporaneamente volere il male, per la stessa contraddizione dei termini.

127. *furo:* ladro, che ruba i dannati nascondendoli.

129. *sì vestito:* avvolto dalle fiamme in tal guisa - *mi rancuro:* mi rattristo.

133. *il duca mio:* Virgilio.

134. *in su l'altr'arco:* il ponte successivo.

123. *loico:* logico.

135. *il fosso:* la nona bolgia - *in che:* nella quale.

136. *scommettendo acquistan carco:* che, fomentando discordie, cadono in pena.

CANTO VENTOTTESIMO

1   Chi porìa mai, pur con parole sciolte,
       dicer del sangue e delle piaghe a pieno
       ch'i' ora vidi, per narrar più volte?

4   Ogni lingua per certo verrìa meno,
       per lo nostro sermone e per la mente
       ch'hanno a tanto comprender poco seno.

7   S'egli adunasse ancor tutta la gente
       che già in su la fortunata terra
       di Puglia fu del suo sangue dolente

10   per li Romani e per la lunga guerra
       che dell'anella fe' sì alte spoglie,
       come Livïo scrive, che non erra,

13   con quella che sentì di colpi doglie
       per contrastare a Roberto Guiscardo;
       e l'altra il cui ossame ancor s'accoglie

16   a Ceperan, là dove fu bugiardo
       ciascun Pugliese, e là da Tagliacozzo,
       dove sanz'arme vinse il vecchio Alardo;

19   e qual forato suo membro e qual mozzo
       mostrasse, da equar sarebbe nulla
       il modo della nona bolgia sozzo.

22   Già veggia, per mezzul perdere o lulla,
       com'io vidi un, così non si pertugia,

1. *Chi porìa mai:* chi mai potrebbe - *con parole sciolte:* sciolte dal vincolo del verso, in prosa cioè.

2. *dicer:* dire, narrare - *a pieno:* in modo esauriente.

3. *per narrar più volte:* per quanto cerchi di descrivere più volte quel che ho visto.

5-6. *per lo nostro sermone... poco seno:* per il fatto stesso dell'insufficienza (*poco seno*) del linguaggio umano e della nostra mente.

7-21. *S'egli adunasse... sozzo:* se colui che volesse narrar di ciò radunasse tutta la gente che in Puglia versò il proprio sangue per i romani, specialmente in quella battaglia di Canne che diede ai cartaginesi un gran bottino di anelli tolti ai cadaveri (*che dell'anella fe' sì alte spoglie*), così come è anche in Livio, ed inoltre vi aggiungesse tutti coloro che si opposero (*sentì di colpi doglie ‖ per contrastare*) a Roberto il Guiscardo e coloro che a Ceprano tradirono passando dalla parte di Carlo I d'Angiò (*dove fu bugiardo ‖ ciascun Pugliese*) e similmente a Tagliacozzo, se colui che volesse narrar di ciò, aggiungesse infine tutti i feriti con le loro membra mutilate (*e qual forato suo membro e qual mozzo ‖ mostrasse*), non potrebbe avere se non un pallido termine di paragone (*equar*) per i dannati della nona bolgia, che, in vita, furono seminatori di discordie - *Alardo:* di Valery consigliere di Carlo d'Angiò.

22. *veggia:* botte - *mezzul:* il fondo della botte - *lulla:* i fianchi della botte.

23. *non si pertugia:* non si squarcia.

rotto dal mento infin dove si trulla.

25   Tra le gambe pendevan le minugia;
       la corata pareva, e il tristo sacco
       che merda fa di quel che si trangugia.

28   Mentre che tutto in lui veder m'attacco,
       guardommi, e con le man s'aperse il petto,
       dicendo: « Or vedi com'io mi dilacco;

31   vedi come storpiato è Maometto!
       Dinanzi a me sen va piangendo Alì,
       fesso nel volto dal mento al ciuffetto.

34   E tutti gli altri che tu vedi qui,
       seminator di scandalo e di scisma
       fur vivi; e però son fessi così.

37   Un diavolo è qua dietro che n'accisma
       sì crudelmente, al taglio della spada
       rimettendo ciascun di questa risma

40   quand'avem volta la dolente strada;
       però che le ferite son richiuse
       prima ch'altri dinanzi gli rivada.

43   Ma tu chi se' che in su lo scoglio muse,
       forse per indugiar d'ire alla pena
       ch'è giudicata in su le tue accuse? ».

46   « Né morte il giunse ancor, né colpa il mena »,
       rispose il mio maestro, « a tormentarlo;
       ma, per dar lui esperienza piena,

49   a me, che morto son, convien menarlo
       per lo Inferno quaggiù di giro in giro:
       e quest'è ver così com'io ti parlo ».

52   Più fur di cento che, quando l'udiro,
       s'arrestaron nel fosso a riguardarmi

---

24. *rotto dal mento infin dove si trulla:* squarciato dal mento fino al deretano.

25. *minugia:* budella.

26. *la corata pareva:* erano messi a nudo gli organi interni - *tristo sacco:* lo stomaco.

28. *tutto in lui veder m'attacco:* sto intento a guardarlo.

30. *mi dilacco:* mi squarcio.

31. *Maometto:* il fondatore della religione musulmana.

32. *Alì:* il genero di Maometto, che suscitò uno scisma nella religione musulmana.

33. *fesso:* squarciato - *ciuffetto:* alla fronte.

36. *fur vivi:* furono da vivi.

37. *n'accisma:* ci concia in tal guisa.

39-40. *rimettendo... strada:* tagliandoci nuovamente con la spada, quando abbiam fatto il giro (*volta*) della bolgia (*la dolente strada*).

42. *altri:* uno di noi.

43. *muse:* sporgi il viso per guardare.

44. *d'ire alla pena:* di sottoporti alla pena.

45. *ch'è giudicata in su le tue accuse:* alla quale pena sei stato assegnato secondo il tuo peccato.

per maraviglia, obliando il martìro.

55 « Or di' a fra Dolcin dunque che s'armi,
tu che forse vedrai il sole in breve,
s'egli non vuol qui tosto seguitarmi,

58 sì di vivanda, che stretta di neve
non rechi la vittoria al Noarese,
ch'altrimenti acquistar non sarìa lieve ».

61 Poi che l'un piè, per girsene, sospese,
Maometto mi disse esta parola;
indi a partirsi in terra lo distese.

64 Un altro, che forata avea la gola
e tronco il naso infin sotto le ciglia
e non avea ma' che un'orecchia sola,

67 ristato a riguardar per maraviglia
con gli altri, innanzi agli altri aprì la canna,
ch'era di fuor d'ogni parte vermiglia;

70 e disse: « O tu, cui colpa non condanna,
e cui io vidi su in terra latina,
se troppa simiglianza non m'inganna,

73 rimembriti di Pier da Medicina,
se mai torni a veder lo dolce piano
che da Vercelli a Marcabò dichina.

76 E fa sapere a' due miglior di Fano,
a messer Guido, ed anco ad Angiolello,
che se l'antiveder qui non è vano,

79 gittati saran fuor di lor vasello,
e mazzerati presso alla Cattolica
per tradimento d'un tiranno fello.

54. *obliando il martìro:* dimenticando il lor tormento.

55-60. *Or di'... sarìa lieve:* tu allora, che tra poco rivedrai il sole, di' a fra Dolcino Tornielli, capo di una setta religiosa, che se non vuol seguirmi *(seguitarmi)* si provveda di cibarie (s'armi) in modo che il blocco delle nevi non dia ai novaresi, esortati dal papa Clemente V, una vittoria che altrimenti non sarebbe agevole.

61-63. *Poi che... lo distese:* Maometto allude a fra Dolcino mentre già ha alzato il piede per muoversi.

66. *ma':* se non.

68-69. *aprì la canna... vermiglia:* aprì la bocca, avendo tutta la gola sanguinante (v. 64).

71. *io vidi:* e che già vidi da vivo se non sono ingannato da una rassomiglianza.

73. *Pier da Medicina:* di lui si sa soltanto che, nativo del contado bolognese, era un seminator di discordie fra i signori della Romagna.

74-75. *lo dolce piano... dichina:* la pianura padana.

76-81. *E fa sapere... tiranno fello:* fa sapere ai due più importanti *(miglior)* personaggi di Fano, Guido del Cassero ed Angiolello da Carignano, che se il prevedere non è vano, saranno buttati fuori dalla loro nave ed annegati presso Cattolica da Malatestino, crudele *(fello)* tiranno.

82   Tra l'isola di Cipri e di Maiolica
      non vide mai sì gran fallo Nettuno,
      non da pirati, non da gente argolica.

85   Quel traditor che vede pur con l'uno
      e tien la terra che tal è qui meco
      vorrebbe di vedere esser digiuno,

88   farà venirli a parlamento seco;
      poi farà sì che al vento di Focara
      non farà lor mestier vóto né preco ».

91   E io a lui: « Dimostrami e dichiara,
      se vuoi ch'io porti su, di te, novella,
      chi è colui dalla veduta amara ».

94   Allor pose la mano alla mascella
      d'un suo compagno e la bocca gli aperse,
      gridando: « Questi è desso, e non favella.

97   Questi, scacciato, il dubitar sommerse
      in Cesare, affermando che il fornito
      sempre con danno l'attender sofferse ».

100   Oh quanto mi parea sbigottito,
      con la lingua tagliata nella strozza,
      Curio che a dire fu così ardito!

103   Ed un ch'avea l'una e l'altra man mozza,
      levando i moncherin per l'aura fosca,
      sì che il sangue facea la faccia sozza,

106   gridò: « Ricordera'ti anche del Mosca,

82-84. *Tra l'isola... gente argolica:* Nettuno, dio del mare, non vide mai simile misfatto (*gran fallo*) in tutto il Mediterraneo (*Tra l'isola di Cipri e di Maiolica*, Maiorca) neppure ad opera dei pirati o di greci (*gente argolica*).

85-90. *Quel traditor... vóto né preco:* Malatestino Malatesta, cieco di un occhio (*quel traditor che vede pur con l'uno*), signore di Rimini, li convocherà a parlamento indi li farà uccidere in modo che non dovranno sperare di avere propizio il vento di Focara, perché prima di giungere a Focara saranno già morti (*farà sì che al vento di Focara ‖ non farà lor mestier vóto né preco*).

91. *Dimostrami e dichiara:* dimmi e spiegami.

92. *novella:* notizie.

93. *chi è colui dalla veduta amara:* Pier da Medicina aveva alluso ad un tale che non avrebbe mai voluto vedere il riminese (*la terra che tal è qui meco ‖ vorrebbe di vedere esser digiuno*). Dante ora chiede chi sia costui.

96. *desso:* quel tale - *e non favella:* e non può parlare.

97-99. *Questi... sofferse:* questi è Caio Curione, che esortò Cesare al passaggio del Rubicone, dicendogli che colui il quale è pronto (*fornito*) riceve sempre danno dall'indugiare.

106. *Ricordera'ti anche del Mosca:* ti ricorderai anche di Mosca dei Lamberti, il quale, con la frase: « Cosa fatta, capo ha! », esortò ad uccidere Buondelmonte dei Buondelmonti che aveva rotto il fidanzamento con la nipote di Oddo Arri-

che dissi, lasso! — Capo ha cosa fatta —;
che fu il mal seme per la gente tósca ».

109 E io gli aggiunsi: « E morte di tua schiatta! »,
perch'egli, accumulando duol con duolo,
sen gìo come persona trista e matta.

112 Ma io rimasi a riguardar lo stuolo,
e vidi cosa ch'io avrei paura,
sanza più prova, di contarla solo;

115 se non che coscienza m'assicura,
la buona compagnia che l'uom francheggia
sotto l'usbergo del sentirsi pura.

118 Io vidi certo, ed ancor par ch'io 'l veggia,
un busto sanza capo andar sì come
andavan gli altri della trista greggia.

121 E il capo tronco tenea per le chiome,
pésol con mano, a guisa di lanterna;
e quel mirava noi, e dicea: « O me! ».

124 Di sé faceva a se stesso lucerna,
ed eran due in uno ed uno in due:
com'esser può, Quei sa che sì governa.

127 Quando diritto al piè del ponte fue,
levò il braccio alto con tutta la testa
per appressarne le parole sue,

130 che furo: « Or vedi la pena molesta,
tu che, spirando, vai veggendo i morti:
vedi s'alcuna è grande come questa!

133 E perché tu di me novella porti,
sappi ch'io son Bertram dal Bornio, quelli

ghi. Da questa contesa furono
originate le lotte fra guelfi e
ghibellini.
109. *E morte di tua schiat-*
ta: perché i Lamberti furono
esiliati da Firenze.
110. *Perch'egli:* per la qual
cosa.
111. *sen gìo:* se ne andò.
114. *sanza più prova, di con-*
tarla solo: avrei paura di rac-
contarla senza poterne fornire
delle prove.
116. *francheggia:* rende co-
raggiosa.
117. *usbergo:* difesa.
118. *Io vidi certo, ed ancor*
par ch'io 'l veggia: vidi certamente e mi pare di vederlo
ancora.

122. *pésol:* penzoloni.
124. *Di sé faceva a se stesso*
lucerna: gli occhi nella testa
mozza indicavano al corpo la
strada da seguire.
125-126. *ed eran... governa:*
erano due, il corpo e la testa,
in una sola persona e contemporaneamente una sola persona era divisa in due come soltanto può fare Iddio.
127. *diritto:* proprio.
129. *per appressarne le pa-*
role sue: per far sì che le sue
parole giungessero più chiare.
131. *spirando:* respirando,
da vivo.
134. *Bertram dal Bornio:*
trovatore provenzale, visconte
di Hautefort - *quelli:* quegli.

che diedi al re giovane i ma' conforti.

136 Io feci il padre e il figlio in sé ribelli:
Achitofèl non fe' più d'Absalone
e di David, co' malvagi punzelli.

139 Perch'io partii così giunte persone,
partito porto il mio cerebro, lasso!,
dal suo principio ch'è in questo troncone.

142 Così s'osserva in me lo contrapasso ».

CANTO VENTINOVESIMO

1 La molta gente e le diverse piaghe
avean le luci mie sì inebriate,
che dello stare a piangere eran vaghe.

4 Ma Virgilio mi disse: « Che pur guate?
Perché la vista tua pur si soffolge
laggiù tra l'ombre triste smozzicate?

7 Tu non hai fatto sì all'altre bolge:
pensa, se tu annoverar le credi,
che miglia ventidue la valle volge;

10 e già la luna è sotto i nostri piedi.
Lo tempo è poco omai che n'è concesso,
e altro è da veder che tu non vedi ».

13 « Se tu avessi », rispos'io appresso,
« atteso alla cagion perch'io guardava,

135. al re giovane: Enrico d'Inghilterra, istigato, secondo la leggenda, contro il padre, re Enrico II - i ma' conforti: i cattivi consigli.
137-138. Achitofèl... punzelli: Achitofel, con i suoi malvagi consigli (punzelli), eccitò Absalon ad uccidere il padre suo Davide.
139. Perch'io partii così giunte persone: perché io divisi persone unite da vincoli di parentela.
140. partito porto: porto staccato, diviso da me - cerebro: cervello.
141. dal suo principio ch'è in questo troncone: dal suo principio che è nel midollo spinale, posto nel resto del corpo.
142. lo contrapasso: la leg-

ge del contrapasso per cui la pena è sempre corrispondente al peccato commesso.

2-3. le luci mie... vaghe: gli occhi miei eran pieni di lacrime.
4. Che pur guate?: che cosa guardi così?
5. si soffolge: si sofferma.
6. smozzicate: mutilate.
8-9. se tu annoverar... volge: se tu pensi di contare tutti questi dannati, tieni presente che questa bolgia ha una circonferenza di ben ventidue miglia.
10. la luna è sotto i nostri piedi: la luna è al nadir: son dunque passate sei ore.
14. atteso alla cagion: fatto attenzione.

forse m'avresti ancor, lo star, dimesso ».

16 Parte sen giva, ed io retro gli andava,
    lo duca, già facendo la risposta,
    e soggiugnendo: « Dentro a quella cava

19 dov'io teneva or gli occhi sì a posta,
    credo ch'un spirto del mio sangue pianga
    la colpa che laggiù cotanto costa ».

22 Allor disse il maestro: « Non si franga
    lo tuo pensier da qui innanzi sopr'ello:
    attendi ad altro, ed ei là si rimanga;

25 ch'io vidi lui a piè del ponticello
    mostrarti e minacciar forte col dito,
    ed udì' 'l nominar Geri del Bello.

28 Tu eri allor sì del tutto impedito
    sopra colui che già tenne Altaforte,
    che non guardasti in là, sì fu partito ».

31 « O duca mio, la violenta morte
    che non gli è vendicata ancor », diss'io,
    « per alcun che dell'onta sia consorte,

34 fece lui disdegnoso; onde sen gìo
    sanza parlarmi, sì com'io estimo:
    ed in ciò m'ha ei fatto a sé più pio ».

37 Così parlammo in fino al loco primo
    che dello scoglio l'altra valle mostra,
    se più lume vi fosse, tutto ad imo.

40 Quando noi fummo in su l'ultima chiostra
    di Malebolge, sì che i suoi conversi
    potean parere alla veduta nostra,

---

15. *lo star:* di restare - *dimesso:* permesso.
16. *Parte:* frattanto.
18. *cava:* bolgia.
20. *mio sangue:* mia casata.
22. *Non si franga:* non si perda.
23. *da qui innanzi sopr'ello:* sopra di lui.
24. *attendi ad altro:* pensa ad altro.
27. *Geri del Bello:* Geri di Bello di Alighiero, cugino del padre di Dante, pare che sia stato ucciso da un Sacchetti.
28-29. *impedito.. Altaforte:* stavi attento a Bertram dal Bornio, visconte di Haukfort, (vedi nota 134 canto prec.).
33. *per alcun che dell'onta*

sia consorte: che gli sia parente e che sia quindi rimasto offeso da quella morte violenta.
34. *sen gìo:* se ne andò.
35. *estimo:* credo.
36. *ed in ciò m'ha ei fatto a sé più pio:* e tale suo contegno sdegnoso mi ha mosso a compassione per lui.
37-39. *loco primo... ad imo:* fino all'estremo punto dello scoglio dal quale si potrebbe vedere la decima bolgia (*l'altra valle*) fino in fondo (*tutto ad imo*) se vi fosse più luce.
40. *chiostra:* la bolgia.
41. *conversi:* frati, in senso ironico: i dannati.
42. *parere alla veduta nostra:* apparire alla nostra vista.

43   lamenti saettaron me diversi,
      che di pietà ferrati avean gli strali;
      ond'io gli orecchi con le man copersi.
46   Qual dolor fòra, se degli spedali
      di Valdichiana tra il luglio e il settembre,
      e di Maremma e di Sardigna i mali
49   fossero in una fossa tutti insembre;
      tal era quivi, e tal puzzo n'usciva
      qual suol venir delle marcite membre.
52   Noi discendemmo in su l'ultima riva
      del lungo scoglio, pur da man sinistra,
      ed allor fu la mia vista più viva,
55   giù, vèr lo fondo, là 've la ministra
      dell'altro Sire infallibil giustizia
      punisce i falsador, che qui registra.
58   Non credo che a veder maggior tristizia
      fosse in Egina il popol tutto infermo,
      quando fu l'aere sì pien di malizia
61   che gli animali, infino al picciol vermo,
      cascaron tutti, e poi le genti antiche,
      secondo che i poeti hanno per fermo,
64   si ristorar di seme di formiche;
      ch'era a veder per quella oscura valle
      languir gli spirti per diverse biche.
67   Qual sopra il ventre e qual sopra le spalle
      l'un dell'altro giacea, e qual carpone
      si trasmutava per lo tristo calle.
70   Passo passo andavam senza sermone,
      guardando ed ascoltando gli ammalati
      che non potean levar le lor persone.
73   Io vidi due sedere a sé poggiati
      come a scaldar si poggia tegghia a tegghia,

44. *di pietà, ferrati avean gli strali:* simili a frecce che avessero per punta, anziché il ferro, la pietà.

46. *fòra:* sarebbe - *spedali:* ospedali.

48. *i mali:* i malati.

49. *insembre:* insieme.

55-57. *la 've la ministra... registra:* dove l'infallibile giustizia di Dio punisce i falsari, i cui falli sono di volta in volta registrati.

58. *maggior tristizia:* vista più angosciosa.

59-66. *fosse in Egina... per diverse biche:* agli abitanti di Egina, Giunone aveva mandato una pestilenza che aveva fatto tante vittime che Giove permise che le formiche fossero mutate in uomini e donne. Come gli appestati di Egina, così i dannati languivano a mucchi (*biche*).

69. *si trasmutava:* mutava luogo o posizione.

70. *sanza sermone:* senza parlare.

74. *tegghia:* teglia.

dal capo al piè di schianze macolati:

76 e non vidi giammai menare stregghia
da ragazzo aspettato dal signorso,
né da colui che mal volentier vegghia,

79 come ciascun menava spesso il morso
dell'unghie sopra sé, per la gran rabbia
del pizzicor, che non ha più soccorso;

82 e sì traevan giù l'unghie la scabbia
come coltel di scàrdova le scaglie
o d'altro pesce che più larghe l'abbia.

85 « O tu che con le dita ti dismaglie »,
cominciò il duca mio a l'un di loro,
« e che fai d'esse talvolta tanaglie:

88 dinne s'alcun Latino è tra costoro
che son quinc'entro, se l'unghia ti basti
eternamente a cotesto lavoro ».

91 « Latin siam noi che tu vedi sì guasti
qui ambedue », rispose l'un, piangendo:
« ma tu chi se', che di noi dimandasti? ».

94 E il duca disse: « Io son un che discendo
con questo vivo giù di balzo in balzo,
e di mostrar lo 'nferno a lui intendo ».

97 Allor si ruppe lo comun rincalzo;
e tremando ciascun a me si volse
con altri che l'udiron di rimbalzo.

100 Lo buon maestro a me tutto s'accolse,
dicendo: « Di' a lor ciò che tu vuoli ».
Ed io incominciai, poscia ch'ei volse:

103 « Se la vostra memoria non s'imboli
nel primo mondo dall'umane menti,
ma s'ella viva sotto molti soli,

---

75. *di schianze macolati:* macchiate di croste. Sono i falsari di metalli, fra i quali sono annoverati anche gli alchimisti.

76. *stregghia:* striglia.

77. *signorso:* dal suo signore.

78. *né a colui che mal volentier vegghia:* né da colui che è costretto a vegliare e perciò veglia a malincuore.

83. *scàrdova:* pesce d'acqua dolce.

84. *più larghe l'abbia:* s'in-

tende le scaglie, le squame.

85. *ti dismaglie:* ti gratti, rompendole, le croste.

88. *Latino:* italiano.

97. *lo comun rincalzo:* il reciproco appoggio.

99. *di rimbalzo:* indirettamente.

100. *s'accolse:* si avvicinò.

102. *volse:* volle.

103-105. *Se la vostra memoria... molti soli:* così la vostra memoria non s'involi (*s'imboli*) dal mondo, ma anzi viva per molti anni (*soli*).

106   ditemi chi voi siete e di che genti:
           la vostra sconcia e fastidiosa pena
           di palesarvi a me non vi spaventi ».

109   « Io fui d'Arezzo, e Albero da Siena »,
           rispose l'un, « mi fe' mettere al fuoco:
           ma quel perch'io morì' qui non mi mena.

112   Vero è ch'io dissi lui, parlando a gioco:
           — Io mi saprei levar per l'aere a volo —;
           e quei, che avea vaghezza e senno poco,

115   volle ch'io gli mostrassi l'arte; e solo
           perch'io nol feci Dedalo, mi fece
           ardere a tal che l'avea per figliuolo.

118   Ma nell'ultima bolgia delle diece,
           me per l'alchimia che nel mondo usai
           dannò Minós a cui fallar non lece ».

121   E io dissi al poeta: « Or fu giammai
           gente sì vana come le sanese?
           Certo non la francesca sì d'assai ».

124   Onde l'altro lebbroso, che m'intese,
           rispose al detto mio: « Tra'mene Stricca,
           che seppe far le temperate spese;

127   e Niccolò, che la costuma ricca
           del garofano prima discoperse
           nell'orto dove tal seme s'appicca;

130   e tra'ne la brigata in che disperse

106. *di che genti:* di qual paese.

109-117. *Io fui d'Arezzo... per figliuolo:* io, Griffolino d'Arezzo, già famoso alchimista, fui mandato al rogo da Albero da Siena, ma non per quella colpa ora son dannato. Vero è che scherzando (*a gioco*) gli dissi: « Io saprei volare! » ma Albero, che aveva molta ambizione (*vaghezza*) e poco senno, volle che glielo insegnassi e, non potendolo io mutare in nuovo Dedalo, indusse il suo padre adottivo, il vescovo di Siena, a farmi ardere.

120. *dannò:* condannò - *a cui fal'ar non lece:* infallibile, che non può sbagliare.

122. *vana:* sciocca.

123. *francesca:* francese.

125. *Tra'mene Stricca:* togline Stricca di Giovanni de' Sa-
limbeni, gran scialacquatore. Di questi è detto appunto ironicamente, nel verso successivo, *che seppe far le temperate spese.*

127-129. *e Niccolò... s'appicca:* e Niccolò (forse il fratello dello Stricca) che introdusse a Siena, ove ogni esotismo attecchisce (*orto dove tal seme s'appicca*), la costosa usanza (*la costuma ricca*) di mettere nelle vivande il garofano.

130-132. *e tra'ne... proferse:* sempre ironicamente dice che bisogna fare eccezione anche per la brigata spendereccia nella quale Caccia d'Asciano degli Scialenghi sperperò vigneti e foreste (*la gran fronda*) e Bartolomeo dei Folcacchieri, detto l'Abbagliato, mostrò quanto poco cervello avesse.

Caccia d'Ascian la vigna e la gran fronda,
e l'Abbagliato suo senno proferse.

133   Ma perché sappi chi sì ti seconda
       contra i Sanesi, aguzza vèr me l'occhio,
       sì che la faccia mia ben ti risponda;

136   sì vedrai ch'io son l'ombra di Capocchio
       che falsai li metalli con l'alchimia,
       e ti dèe ricordar, se ben t'adocchio,

139   com'io fui di natura buona scimia ».

CANTO TRENTESIMO

1   Nel tempo che Giunone era crucciata
       per Semelè contra il sangue tebano,
       come mostrò una ed altra fiata,

4   Atamante divenne tanto insano
       che veggendo la moglie con due figli
       andar carcata da ciascuna mano,

7   gridò: « Tendiam le reti, sì ch'io pigli
       la leonessa e i leoncini al varco! ».
       e poi distese i dispietati artigli

10   prendendo l'un che avea nome Learco,
       e rotollo e percosselo ad un sasso;
       e quella s'annegò con l'altro carco.

13   E quando la fortuna volse in basso
       l'altezza de' Troian che tutto ardiva,
       sì che insieme col regno il re fu casso;

16   Ecuba trista, misera e cattiva,
       poscia che vide Polissena morta,
       e del suo Polidoro in su la riva

136. *Capocchio:* alchimista
fiorentino o senese bruciato
vivo a Siena: aveva conosciuto Dante.
138. *se ben t'adocchio:* se
ben ti guardo.
139. *di natura buona scimia:* che fui contraffattore delle opere della natura mediante l'alchimia da me praticata.

1-12. *Nel tempo... l'altro carco:* nel tempo in cui Giunone,
per il fatto che Semele era
amata da Giove, era crucciata
contro i re di Tebe, così come

dimostrò due volte (*una ed altra fiata*), facendo incenerire
Semele ed impazzire Atamante al punto che questi scambiò
la moglie Ino con i figlioletti
Learco e Melicerta per una
leonessa con i leoncini ed af-
ferrò il suo figlioletto Learco
scagliandolo contro una roccia, per cui Ino con il super-
stite (*l'altro carco*) si annegò.
13. *volse in basso:* declinò:
15. *fu casso:* fu abbattuto.
16. *Ecuba:* moglie di Pria-
mo, re di Troia - *cattiva:* pri-
gioniera dei greci.

19 del mar si fu la dolorosa accorta,
    forsennata latrò sì come cane;
    tanto il dolor le fe' la mente torta.

22 Ma né di Tebe furie né troiane
    si vider mai in alcun tanto crude,
    non punger bestie, non che membra umane,

25 quant'io vidi due ombre smorte e nude,
    che mordendo correvan di quel modo
    che il porco quando del porcil si schiude.

28 L'una giunse a Capocchio ed in sul nodo
    del collo l'assannò sì che, tirando,
    grattar gli fece il ventre al fondo sodo.

31 E l'Aretin, che rimase tremando,
    mi disse: « Quel folletto è Gianni Schicchi,
    e va rabbioso altrui così conciando ».

34 « Oh! », diss'io lui, « se l'altro non ti ficchi
    li denti addosso, non ti sia fatica
    a dir chi è, pria che di qui si spicchi ».

37 Ed egli a me: « Quell'è l'anima antica
    di Mirra scellerata, che divenne
    al padre fuor del dritto amore amica.

40 Questa a peccar con esso così venne,
    falsificando sé in altrui forma,
    come l'altro che là sen va, sostenne,

43 per guadagnar la donna della torma,
    falsificare in sé Buoso Donati,
    testando e dando al testamento norma ».

46 E poi che i due rabbiosi fur passati
    sopra cu' io avea l'occhio tenuto,
    rivolsilo a guardar gli altri mal nati.

19. *fu la dolorosa accorta:* vide con gran dolore.

21. *le fe' la mente torta:* le sconvolse la mente.

23. *crude:* crudeli.

28-29. *in sul nodo ‖ del collo:* nella nuca - *l'assannò:* l'azzannò.

30. *fondo sodo:* duro suolo della bolgia.

31. *l'Aretin:* Griffolino d'Arezzo.

32. *Gianni Schicchi:* fiorentino, d'accordo con Simone Donati, si finse Buoso Donati, da poco spirato, per fare falso testamento in favore di Simone, ma con larghi lasciti a se stesso.

36. *si spicchi:* si allontani.

38. *di Mirra scellerata:* figlia di Cinira, re di Cipro, si finse un'altra donna per farsi amare dal padre, per il quale aveva concepito un'insana passione.

41. *falsificando sé in altrui forma:* facendosi passare per altra persona.

42. *l'altro:* Gianni Schicchi - *sostenne:* ebbe l'ardire.

43. *la donna della torma:* la miglior cavalla di Buoso Donati.

45. *norma:* forma legale.

49   Io vidi un, fatto a guisa di liuto,
      pur ch'egli avesse avuta l'anguinaia
      tronca dall'altro che l'uomo ha forcuto.

52   La grave idropisia, che sì dispaia
      le membra con l'umor che mal converte,
      che il viso non risponde alla ventraia,

55   faceva lui tener le labbra aperte,
      come l'etico fa, che per la sete
      l'un verso il mento e l'altro in su rinverte.

58   « O voi che sanza alcuna pena siete,
      e non so io perché, nel mondo gramo »,
      diss'egli a noi, « guardate, ed attendete

61   alla miseria del maestro Adamo!
      Io ebbi vivo assai di quel ch'io volli;
      e ora, lasso!, un gocciol d'acqua bramo.

64   Li ruscelletti che de' verdi colli
      del Casentin discendon giuso in Arno
      facendo i lor canali freddi e molli,

67   sempre mi stanno innanzi e non indarno:
      ché l'imagine lor vie più m'asciuga
      che il male ond'io nel volto mi discarno.

70   La rigida giustizia che mi fruga
      tragge cagion del loco ov'io peccai
      a metter più li miei sospiri in fuga

73   Ivi è Romena, là dov'io falsai
      la lega suggellata del Batista;
      perch'io il corpo su arso lasciai.

76   Ma s'io vedessi qui l'anima trista

49-51. *a guisa di liuto... forcuto:* che sarebbe sembrato un liuto se non avesse avuto la parte dall'inguine (*l'anguinaia*) in giù.

52-57. *La grave idropisia... rinverte:* l'idropisia corrompe (*mal converte*) sproporzionando (*dispaia*) le membra, in modo che il viso sia sproporzionato al ventre (*il viso non risponde alla ventraia*). Questa idropisia gli faceva tener la bocca aperta come un tisico che, per la sete, tiene un labbro in giù e l'altro in alto.

59. *nel mondo gramo:* nell'Inferno.

61. *maestro Adamo:* falsario, nativo non si sa bene se di Brescia o di Brest, fu scoperto e bruciato vivo a Firenze.

66. *freddi e molli:* freschi e quasi carezzanti.

68. *vie più m'asciuga:* maggiormente mi inaridisce.

69. *nel volto mi discarno:* che mi scarnisce il volto.

70. *fruga:* punge.

71. *tragge cagion:* ha la sua causa.

72. *a metter più li miei sospiri in fuga:* a farmi sospirare di più.

73. *Ivi:* nel Casentino.

74. *la lega suggellata del Batista:* il fiorino che aveva impresso l'immagine di san Giovanni Battista, protettore di Firenze.

di Guido o d'Alessandro o di lor frate,
per fonte Branda non darei la vista.

79 Dentro c'è l'una già, se l'arrabbiate
ombre che vanno intorno dicon vero:
ma che mi val, ch'ho le membra legate?

82 S'io fossi pur di tanto ancor leggiero
ch'io potessi in cent'anni andare un'oncia,
io sarei messo già per lo sentiero

85 cercando lui tra questa gente sconcia,
con tutto ch'ella volge undici miglia,
e men d'un mezzo di traverso non ci ha.

88 Io son per lor tra sì fatta famiglia;
ei m'indussero a batter li fiorini
ch'avevan tre carati di mondiglia ».

91 E io a lui: « Chi son li duo tapini
che fuman come man bagnate il verno,
giacendo stretti a' tuoi destri confini? ».

94 « Qui li trovai, e poi volta non dièrno »,
rispose, « quando piovvi in questo greppo;
e non credo che dìeno in sempiterno.

97 L'una è la falsa che accusò Giuseppe:
l'altro è il falso Sinón greco da Troia:
per febbre aguta gittan tanto leppo ».

77. *di Guido o d'Alessandro o di lor frate:* di Guido II, di Alessandro e del loro fratello Aghinolfo Guidi, che istigarono maestro Adamo a batter moneta falsa.

79. *l'una:* una delle anime dei Guidi, quella di Guido II, è già nell'Inferno.

80. *ombre che vanno intorno:* i falsari di persone.

81. *legate:* impedite.

83. *ch'io potessi in cent'anni andare un'oncia:* che potessi muovermi per lo spazio di un'oncia (la dodicesima parte di un piede) in cent'anni.

86. *ella volge undici miglia:* con tutto che la moltitudine di questi dannati si stende per una lunghezza di ben undici miglia.

87. *mezzo:* miglio - *di traverso:* di larghezza - *non ci ha:* non ci sia.

88. *famiglia:* compagnia di dannati.

90. *ch'avevan tre carati di mondiglia:* che avevano tre carati di metallo vile (*mondiglia*) mentre la moneta legale aveva ventiquattro carati di metallo buono.

91. *tapini:* poveretti.

93. *a' tuoi destri confini:* alla tua destra.

94. *volta non dièrno:* non si mossero più.

95. *greppo:* bolgia.

96. *dìeno in sempiterno:* e non credo che si muoveranno più per tutta l'eternità.

97. *L'una è la falsa che accusò Giuseppe:* la moglie di Putifarre che, non essendo riuscita a sedurre Giuseppe, l'accusò falsamente.

98. *Sinón:* Sinone, facendosi credere un disertore greco, indusse i troiani a far entrare nelle loro mura l'enorme cavallo contenente, nascosti, i migliori guerrieri greci.

99. *leppo:* fetore.

100 E l'un di lor, che si recò a noia
forse d'esser nomato sì oscuro,
col pugno gli percosse l'epa croia.

103 Quella sonò come fosse un tamburo:
e mastro Adamo gli percosse il vólto
col braccio suo, che non parve men duro,

106 dicendo a lui: « Ancor che mi sia tolto
lo muover per le membra che son gravi,
ho io il braccio a tal mestiere sciolto ».

109 Ond'ei rispose: « Quando tu andavi
al foco, non l'avei tu così presto;
ma sì e più l'avei quando coniavi ».

112 E l'idropico: « Tu di' ver di questo;
ma tu non fosti sì ver testimonio
là 've del ver fosti a Troia richiesto ».

115 « S'io dissi falso, e tu falsasti il conio »,
disse Sinone, « e son qui per un fallo;
e tu, per più ch'alcun altro demonio ».

118 « Ricòrditi, spergiuro, del cavallo »,
rispose quel ch'avea enfiata l'epa;
« e sìati reo che tutto il mondo sallo ».

121 « A te sia rea la sete onde ti crepa »,
disse il Greco, « la lingua, e l'acqua marcia
che il ventre innanzi gli occhi sì t'assiepa! ».

124 Allora il monetier: « Così si squarcia
la bocca tua per dir mal come suole;
ché s'i' ho sete ed umor mi rinfarcia,

127 tu hai l'arsura e il capo che ti duole;
e per leccar lo specchio di Narcisso
non vorresti a invitar molte parole ».

130 Ad ascoltarli er'io del tutto fisso,

100. *l'un di lor:* Sinone - *si recò a noia:* s'infastidì.
101. *sì oscuro:* così oscuramente.
102. *l'epa croia:* la pancia tesa e dura come il cuoio.
108. *a tal mestiere:* per poterti dare uno schiaffo.
110. *presto:* svelto.
113. *ver:* veritiero.
117. *per più ch'alcun altro demonio:* per colpe maggiori e più grandi che qualsiasi altro demonio.
120. *e sìati reo che tutto il mondo sallo:* e ti sia duro che tutto il mondo sia a conoscenza del tuo fallo.
123. *il ventre innanzi gli occhi si t'assiepa:* che ti gonfia il ventre in tal maniera da ostacolarti la vista.
124. *monetier:* il falsario di monete.
126. *mi rinfarcia:* mi riempie.
128. *lo specchio di Narcisso:* l'acqua nella quale Narciso si specchiava.
129. *non vorresti a invitar:* non avresti bisogno.
130. *fisso:* attento.

quando il maestro mi disse: « Or pur mira
ch'è per poco che teco non mi risso ».

133 Quand'io 'l sentì' a me parlar con ira,
volsimi verso lui con tal vergogna,
ch'ancor per la memoria mi si gira.

136 Qual è colui che suo dannaggio sogna,
che sognando desidera sognare,
sì che quel ch'è, come non fosse, agogna;

139 tal mi fec'io, non potendo parlare,
che disiava scusarmi, e scusava
me tuttavia, e nol mi credea fare.

142 « Maggior difetto men vergogna lava »,
disse il maestro, « che il tuo non è stato;
però d'ogni tristizia ti disgrava.

145 E fa ragion ch'io ti sia sempre allato,
se più avvien che fortuna t'accoglia
ove sien genti in simigliante piato;

148 ché voler ciò udire è bassa voglia ».

CANTO TRENTUNESIMO

1 Una medesma lingua pria mi morse
sì che mi tinse l'una e l'altra guancia,
e poi la medicina mi riporse.

4 Così od'io che soleva la lancia
d'Achille e del suo padre esser cagione,

131. *Or pur mira:* continua pure a guardare.
132. *ch'è per poco de teco non mi risso:* manca poco che non litighi con te.
135. *mi si gira:* mi si aggira.
136. *danneggio:* male.
137. *sognando desidera sognare:* e mentre sogna desidera che tutto sia veramente un sogno soltanto.
138. *sì che quel ch'è, come non fosse, agogna:* così da desiderare quello che è, come se invece non fosse.
141. *nol mi credea fare:* Dante avrebbe voluto parlare per scusarsi e non ci riusciva, ma il suo stesso silenzio lo scusava e tuttavia non si accorgeva di scusarsi.
142. *Maggior difetto men vergogna:* una vergogna minore della tua laverebbe una colpa anche maggiore.
144. *però d'ogni tristizia ti disgrava:* perciò abbandona ogni rimorso.
145-148. *E fa ragion... è bassa voglia:* fa conto che io ti sia sempre vicino (*allato*) se mai ti capiterà (*se fortuna t'accoglia*) di esser presente ad una lite: udir cose simili, infatti, è vile curiosità.

1. *pria mi morse:* con i rimproveri.
2. *mi tinse l'una e l'altra guancia:* facendomi arrossire.
4-6. *la lancia... mancia:* si diceva che la lancia di Achille feriva in maniera siffatta che la ferita non potesse essere risanata se non da un colpo vibrato dalla medesima lancia.

                    prima di trista e poi di buona mancia.

7   Noi demmo il dosso al misero vallone
        su per la ripa che il cinge d'intorno,
        attraversando sanza alcun sermone.

10   Quivi era men che notte e men che giorno,
        sì che il viso m'andava innanzi poco;
        ma io sentì' sonare un alto corno

13   tanto che avrebbe ogni tuon fatto fioco,
        che, contra sé la sua via seguitando,
        dirizzò gli occhi miei tutti ad un loco.

16   Dopo la dolorosa rotta, quando
        Carlo Magno perdé la santa gesta,
        non sonò sì terribilmente Orlando.

19   Poco portai in là volta la testa,
        che mi parve veder molte alte torri;
        ond'io: « Maestro, di', che terra è questa? ».

22   Ed egli a me: « Però che tu trascorri
        per le tenebre troppo dalla lungi,
        avvien che poi nel maginare aborri.

25   Tu vedrai ben, se tu là ti congiungi,
        quanto il senso s'inganna di lontano:
        però, alquanto più te stesso pungi ».

28   Poi caramente mi prese per mano,
        e disse: « Pria che noi siam più avanti,
        acciocché il fatto men ti paia strano,

31   sappi che non son torri, ma giganti,
        e son nel pozzo intorno dalla ripa
        dall'umbilico in giuso tutti quanti ».

34   Come, quando la nebbia si dissipa,
        lo sguardo a poco a poco raffigura
        ciò che cela il vapor che l'aere stipa;

37   così, forando l'aura grossa e scura,

7. *demmo il dosso:* voltammo le spalle.

9. *sanza alcun sermone:* senza parlare.

10. *era men che notte e men che giorno:* vi era una luce crepuscolare.

11. *viso:* la vista.

12. *alto:* dal suono alto.

14.15. *che... loco:* il suono del corno fa sì che gli occhi di Dante, rifacendo la via, guardassero da dove proveniva.

16. *la dolorosa rotta:* di Roncisvalle in cui la retroguardia dell'esercito di Carlo Magno fu assalita dai mori. Ivi morì Orlando.

21. *terra:* città.

22-24. *Però che tu...:* poiché vuoi guardare troppo lontano, ti capita di sbagliare *(aborri)* immaginando cose non vere.

25. *ti congiungi:* giungi colà.

27. *alquanto più te stesso pungi:* affrettati.

36. *vapor:* la nebbia - *stipa:* rende fosca.

37. *forando:* penetrando con gli occhi.

più e più appressando vèr la sponda,
fuggìemi errore, e crescìemi paura;

40 però che come su la cerchia tonda
Montereggion di torri si corona,
così 'n la proda che il pozzo circonda

43 torreggiavan di mezza la persona
gli orribili giganti cui minaccia
Giove dal cielo ancora quando tuona.

46 E io scorgeva già d'alcun la faccia,
le spalle e il petto e del ventre gran parte,
e per le coste giù ambo le braccia.

49 Natura certo, quando lasciò l'arte
di sì fatti animali, assai fe' bene,
per tòrre tali esecutori a Marte;

52 e s'ella d'elefanti e di balene
non si pente, chi guarda sottilmente
più giusta e più discreta la ne tiene;

55 ché dove l'argomento della mente
s'aggiugne al malvolere ed alla possa,
nessun riparo vi può far la gente.

58 La faccia sua mi parea lunga e grossa
come la pina di San Pietro a Roma;
e a sua proporzione eran l'altr'ossa,

61 sì che la ripa, ch'era perizoma
dal mezzo in giù, ne mostrava ben tanto
di sopra, che di giungere alla chioma

64 tre Frison s'averìen dato mal vanto;
però ch'io ne vedea trenta gran palmi,
dal loco in giù dov'uomo affibbia 'l manto.

38. *più e più appressando:* avvicinandomi sempre più.

40-41. *però che... si corona:* poiché come il castello senese di Montereggioni corona le sue mura con alte torri.

49. *lasciò l'arte:* non produsse più.

51. *per tòrre tali esecutori a Marte:* perché simili tremendi giganti non sarebbero più apparsi nelle guerre.

52-57. *e s'ella... la gente:* e se la natura produce ancóra elefanti e balene, chi ragiona bene la deve giudicare più giusta, perché se l'intelligenza (*l'argomento della mente*) si aggiungesse alla forza (*possa*), chi mai potrebbe opporsi?

59. *la pina di San Pietro:* la pigna di bronzo che ai tempi di Dante era davanti a San Pietro. È alta quattro metri all'incirca.

61. *perizoma:* la ripa del pozzo faceva da cintura ai giganti.

63. *di sopra:* la parte superiore del corpo.

64. *tre Frison:* dalla cintura, per giungere alla testa, tre uomini della Frisia (famosa per la statura dei suoi abitanti) uno sopra l'altro, ci sarebbero arrivati a stento.

66. *dov'uom affibbia 'l manto:* dal collo in giù.

67   « Raphèl may amèch zabì almi »,
         cominciò a gridar la fiera bocca
         cui non si convenìan più dolci salmi.

70   E il duca mio vèr lui: « Anima sciocca,
         tienti col corno, e con quel ti disfoga
         quand'ira o altra passion ti tocca!

73   Cércati al collo, e troverai la soga
         che il tien legato, o anima confusa,
         e vedi lui che il gran petto ti doga ».

76   Poi disse a me: « Egli stesso s'accusa;
         questi è Nembrotto, per lo cui mal coto
         pur un linguaggio nel mondo non s'usa.

79   Lasciamlo stare e non parliamo a vòto;
         ché così è a lui ciascun linguaggio
         come il suo ad altrui, ch'a nullo è noto ».

82   Facemmo adunque più lungo viaggio,
         vòlti a sinistra; ed al trar d'un balestro
         trovammo l'altro, assai più fiero e maggio.

85   A cinger lui qual che fosse il maestro
         non so io dir, ma ei tenea succinto
         dinanzi l'altro e dietro il braccio destro

88   d'una catena che il teneva avvinto
         dal collo in giù, sì che in su lo scoperto
         si ravvolgeva infino al giro quinto.

91   « Questo superbo voll'esser esperto
         di sua potenza contra al sommo Giove »,
         disse il mio duca, « ond'egli ha cotal merto.

94   Fialte ha nome; e fece le gran prove
         quando i giganti fér paura ai Dei:
         le braccia ch'ei menò, giammai non move ».

67. *Raphèl, may amèch zabì
almi:* parole senza senso.
69: *salmi:* canti.
71. *tienti:* sfògati, divèrtiti.
73. *la soga:* la cinghia.
75. *lui:* il corno - *ti doga:* ti
fascia.
77. *Nembrotto:* che volle costruire la torre di Babele da
cui venne come punizione la
confusione dei linguaggi - *coto:*
disegno, pensiero.
78. *pur:* un sol linguaggio.
80-81. *ché così... è noto:* perché a lui riesce incomprensibi-
le ogni linguaggio, così come
gli altri non capiscono il suo.
83. *al trar d'un balestro:* ad

un tiro di balestra.
84. *l'altra:* il secondo gigante - *maggio:* ancor più grande.
85. *il maestro:* il maestro
d'arte, l'artefice.
86. *ei:* il gigante - *succinto:*
legato.
89. *in su lo scoperto:* sulla
parte scoperta del corpo la catena s'avvolgeva cinque volte.
91. *voll'esser esperto:* volle
far prova.
93. *il mio duca:* Virgilio -
cotal merto: tal guiderdone.
94. *Fialte:* Efialte, uno dei
giganti che, ribellandosi a Giove, tentò di dare la scalata al-
l'Olimpo.

97   E io a lui: « S'esser puote, io vorrei
       che dello smisurato Briareo
       esperienza avesser gli occhi miei ».

100   Ond'ei rispose: « Tu vedrai Anteo
       presso di qui, che parla ed è disciolto,
       che ne porrà nel fondo d'ogni reo.

103   Quel che tu vuoi veder, più là è molto;
       ed è legato e fatto come questo,
       salvo che più feroce par nel vólto ».

106   Non fu tremoto già tanto rubesto,
       che scotesse una torre così forte
       come Fialte a scuotersi fu presto.

109   Allor temett'io più che mai la morte,
       e non v'era mestier più che la dotta,
       s'io non avessi viste le ritorte.

112   Noi procedemmo più avanti allotta,
       e venimmo ad Anteo, che ben cinqu'alle,
       sanza la testa, uscìa fuor della grotta.

115   « O tu, che nella fortunata valle
       che fece Scipion di gloria reda,
       quand'Annibal co' suoi diede le spalle,

118   recasti già mille leon per preda;
       e che se fossi stato all'alta guerra
       de' tuoi fratelli, ancor par che si creda

121   ch'avrebber vinto i figli della terra;
       méttine giù, e non ten vegna schifo,
       dove Cocito la freddura serra.

124   Non ci far ire a Tizio né a Tifo:

97. S'esser puote: se fosse possibile.
98. Briareo: gigante con cento mani e cinquanta bocche che mandavano fuoco.
99. esperienza avesser gli occhi miei: potessi vederlo.
100. Anteo: gigante, figlio di Nettuno ed ucciso da Ercole.
102. fondo d'ogni reo: nel fondo dell'Inferno.
106. tremoto: terremoto - rubesto: violento.
110. non v'era mestier più che la dotta: non c'era bisogno d'altro che della paura.
111. le ritorte: le catene.
112. allotta: allora.
113. cinqu'alle: che emergeva di ben cinque alle. L'alla era una misura fiamminga corrispondente a circa sette metri.
115. valle: di Zama dove Scipione fece volger le spalle ad Annibale ed ai suoi.
118. mille leon per preda: perché Anteo si nutriva di leoni.
119. all'alta guerra: alla lotta dei giganti contro Giove. A questa guerra Anteo non partecipò perché nato dopo.
121. i figli della terra: i giganti.
122. méttine: deponici giù - schifo: sdegno.
123. Cocito: l'ultimo dei fiumi infernali gelato dal freddo (freddura).
124. ire: andare - a Tizio né a Tifo: Tizio e Tifeo, altri due giganti.

questi può dar di quel che qui si brama;
però ti china, e non torcer lo grifo.

127   Ancor ti può nel mondo render fama:
ch'ei vive, e lunga vita ancor aspetta,
se innanzi tempo grazia a sé nol chiama ».

130   Così disse il maestro; e quegli in fretta
le man distese, e prese il duca mio,
ond'Ercole sentì già grande stretta.

133   Virgilio, quando prender si sentìo,
disse a me: « Fatti 'n qua, sì ch'io ti prenda »;
poi fece sì, che un fascio er' egli ed io.

136   Qual pare a riguardar la Garisenda
sotto il chinato, quando un nuvol vada
sovr'essa sì che ella incontro penda,

139   tal parve Anteo a me che stava a bada
di vederlo chinare; e fu tal ora,
ch'io avrei voluto ir per altra strada;

142   ma lievemente, al fondo che divora
Lucifero con Giuda, ci posò:
né, sì chinato, lì fece dimora,

145   e come albero in nave si levò.

CANTO TRENTADUESIMO

1   S'io avessi le rime aspre e chiocce
come si converrebbe al tristo buco
sopra il qual pontan tutte l'altre rocce,

4   io premerei di mio concetto il suco
più pienamente; ma, perch'io non l'abbo,

125. *questi:* Dante - *di quel che qui si brama:* la gloria.
126. *grifo:* muso.
129. *grazia:* la grazia di Dio non vuole che muoia giovane.
132. *ond'Ercole:* Anteo esercitò la sua forza contro Ercole, che però lo vinse.
135. *un fascio er' egli ed io:* fece sì che fossimo in un sol fascio.
136-138. *Qual pare... incontro penda:* come la torre pendente della Garisenda, guardandola dalla parte che pende (*sotto il chinato*), quando sopra vi passa una nuvola.
140. *e fu tal ora:* e fu un

momento tale che avrei voluto essere altrove.
142. *divora:* tiene stretti, quasi ingoiati Lucifero e Giuda.
144. *lì fece dimora:* se ne ristette a lungo.
145. *in nave:* di una nave - *si levò:* si drizzò.

2. *tristo buco:* il terribile pozzo.
3. *pontan:* si puntano appoggiandosi.
4. *io premerei:* spremerei - *suco:* il succo, la sostanza.
5. *non l'abbo:* non le ho, le rime aspre e chiocce.

       non sanza tema a dicer mi conduco;
7   ché non è impresa da pigliare a gabbo
       descriver fondo a tutto l'universo,
       né da lingua che chiami mamma e babbo.

10   Ma quelle donne aiutino il mio verso
       ch'aiutaro Anfione a chiuder Tebe;
       sì che dal fatto il dir non sia diverso.

13   Oh sovra tutte mal creata plebe
       che stai nel luogo onde parlar è duro,
       mei foste state qui pecore o zebe!

16   Come noi fummo giù nel pozzo scuro,
       sotto i piè del gigante assai più bassi,
       e io mirava ancora all'alto muro,

19   dicere udimmi: « Guarda come passi!
       Va sì che tu non calchi con le piante
       le teste de' fratei miseri lassi! ».

22   Perch'io mi volsi, e vidimi davante
       e sotto i piedi un lago che per gelo
       avea di vetro e non d'acqua sembiante.

25   Non fece al corso suo sì grosso velo
       di verno la Danoia in Osterlic,
       né Tanaì là sotto il freddo cielo,

7. *da pigliare a gabbo:* da prendersi alla leggera.

8. *descriver fondo a tutto l'universo:* descrivere il fondo di tutto l'universo. Infatti secondo la concezione tolemaica, la terra era il centro dell'universo.

9. *né da lingua che chiami babbo e mamma:* né impresa da bambini.

10. *quelle donne:* le Muse.

11. *Anfione:* con il suono della lira (epperò con l'aiuto delle Muse), Anfione si fece rotolar dietro le pietre che formarono le mura di Tebe.

12. *sì che, dal fatto, il dir non sia diverso:* sì che quel che dico corrisponda alla realtà.

13. *mal creata plebe:* i dannati.

14. *è duro:* è difficile, è doloroso.

15. *mei:* meglio per voi se... - *zebe:* capre.

17. *assai più bassi:* Dante e Virgilio si trovano quindi più

in basso dei piedi del gigante.

18. *all'alto muro:* alla parete del pozzo.

19. *dicere udimmi:* mi sentii dire - *passi:* cammini.

20. *calchi con le piante:* calpesti con i piedi.

21. *fratei:* fratelli - *lassi:* disgraziati.

22. *Perch'io:* per la qual cosa.

23. *un lago:* l'ultimo fiume infernale, il Cocito. essendo gelato (*per gelo*) forma il nono cerchio diviso in quattro zone: la prima o Caina ospita i traditori dei congiunti; la seconda o Antenora raccoglie i traditori politici; la terza o Tolomea contiene i traditori degli ospiti; la quarta o Giudecca racchiude i traditori dei benefattori.

25-30. *Non fece... fatto cric:* il Danubio (*la Danoia*) in Austria (*in Osterlic*) od il Don (*Tanaì*), gelando, non ebbero mai uno spessore di ghiaccio

28   com'era quivi; che, se Tambernicchi
        vi fosse su caduto o Pietrapana,
        non avrìa pur dall'orlo fatto crich.

31   E come a gracidar si sta la rana
        col muso fuor dell'acqua, quando sogna
        di spigolar sovente la villana;

34   livide insin là dove appar vergogna
        eran l'ombre dolenti nella ghiaccia,
        mettendo i denti in nota di cicogna.

37   Ognuna in giù tenea volta la faccia:
        da bocca il freddo, e dagli occhi il cor tristo
        tra lor testimonianza si procaccia.

40   Quand'io m'ebbi d'intorno alquanto visto,
        volsimi a' piedi, e vidi due sì stretti
        che il pel del capo avìeno insieme misto.

43   « Ditemi, voi che sì stringete i petti »,
        diss'io, « chi siete? ». E quei piegaro i colli;
        e poi ch'ebber li visi a me eretti,

46   gli occhi lor, ch'eran pria pur dentro molli,
        gocciàr su per le labbra, e il gelo strinse
        le lacrime tra essi e riserrolli.

49   Con legno legno spranga mai non cinse
        forte così; ond'ei come due becchi
        cozzaro insieme, tanta ira gli vinse.

52   E un ch'avea perduti ambo gli orecchi
        per la freddura, pur col viso in giùe,
        disse: « Perché cotanto in noi ti specchi?

come quello formato dal Cocito, tanto grosso che se il monte Tambernic (probabilmente
della Schiavonia) o la Pania
(*Pietrapana*), una cima delle
Apuane, vi fosse caduto sopra,
esso non avrebbe neppure
scricchiolato.
31. *si sta:* se ne sta.
34. *insin là dove appar vergogna:* fino al viso.
35. *nella ghiaccia:* nel ghiaccio.
36. *mettendo i denti in nota
di cicogna:* battendo i denti così come la cicogna il suo becco.
38-39. *da bocca... si procaccia:* battendo i denti, la bocca
fa testimonianza (*si procaccia*)
del freddo; gli occhi, piangendo, attestano invece *il cor tristo*.

41. *volsimi a' piedi:* mi guardai i piedi.
42. *il pel del capo avìeno insieme misto:* che i capelli erano mescolati insieme.
46-48. *gli occhi lor... riser-
rolli:* le lacrime, voltando i due
dannati il viso in su, gocciola-
rono sulle labbra ed il freddo
gelò loro gli occhi.
49. *Con legno legno spranga
mai non cinse:* una spranga
non unì mai così fortemente
un legno ad un altro legno.
50. *becchi:* caproni.
53. *freddura:* freddo - *in
giùe:* col viso all'ingiù.
54. *Perché cotanto in noi ti
specchi:* il viso di Dante si ri-
specchia nella superficie ghiac-
ciata di Cocito ove sono con-
fitti i dannati.

55 Se vuoi saper chi son cotesti due,
la valle onde Bisenzo si dichina
del padre loro Alberto e di lor fue.

58 D'un corpo usciro; e tutta la Caina
potrai cercare, e non troverai ombra
degna più d'esser fitta in gelatina;

61 non quelli a cui fu rotto il petto e l'ombra
con esso un colpo per la man d'Artù;
non Focaccia; non questi che m'ingombra

64 col capo sì ch'io non veggio oltre più,
e fu nomato Sassol Mascheroni:
se Tósco se', ben sai omai chi fu.

67 E perché non mi metti in più sermoni,
sappi ch'io fui il Camicion de' Pazzi,
e aspetto Carlin che mi scagioni ».

70 Poscia vid'io mille visi, cagnazzi
fatti per freddo; onde mi vien riprezzo,
e verrà sempre, de' gelati guazzi.

73 E mentre ch'andavamo inver lo mezzo
al quale ogni gravezza si rauna,
e io tremava nell'eterno rezzo;

76 se voler fu o destino o fortuna,
non so; ma passeggiando tra le teste,

55-57. *Se vuoi saper... di lòr fue:* i due dannati sono i fratelli Napoleone ed Alessandro conti di Mangona, i quali cercarono di tradirsi vicendevolmente e si uccisero poi l'un l'altro.

58. *D'un corpo usciro:* ebbero la stessa madre.

60. *fitta in gelatina:* confitta nel ghiaccio.

61-62, *non quelli... d'Artù:* non Mordrèc, nipote o figlio di re Artù che, mirando ad usurpare il trono, fu dal re ucciso con un colpo di lancia che provocò una ferita sì larga da far passare un raggio di sole (*a cui fu rotto il petto e l'ombra*).

63. *Focaccia:* il pistoiese Focaccia dei Cancellieri, di parte bianca, uccise il cugino Detto di parte avversa - *questi:* Sassol Mascheroni che forse avesse ucciso il figlioletto d'un suo cugino per carpirgli l'eredità.

66. *se Tòsco se':* se sei toscano.

67. *in più sermoni:* non mi faccia parlare più a lungo.

68. *Camicion de' Pazzi:* ghibellino, uccise a tradimento Ubertino.

69. *aspetto Carlin che mi scagioni:* aspetto Carlino de' Pazzi che, peccatore più di me, faccia apparire più lieve la mia stessa colpa. Carlino de' Pazzi cedette per denaro il castello di Piantravigne ai neri di Firenze che lo stavan assediando.

70. *cagnazzi:* simili al muso di un cane.

71. *onde mi vien riprezzo:* per cui rabbrividisco.

72. *de' gelati guazzi:* delle pozze gelate.

73-74. *inver lo mezzo... si rauna:* mentre andavamo verso il centro della terra, attorno al quale gravita (*si rauna*) ogni cosa.

75. *rezzo:* ombra.

forte percossi il piè nel viso ad una.

79 Piangendo mi sgridò: « Perché mi peste?
Se tu non vieni a crescer la vendetta
di Montaperti, perché mi moleste? ».

82 E io: « Maestro mio, or qui m'aspetta,
sì ch'io esca d'un dubbio per costui;
poi mi farai, quantunque vorrai, fretta ».

85 Lo duca stette: ed io dissi a colui
che bestemmiava duramente ancora:
« Qual se' tu che così rampogni altrui? ».

88 « Or tu chi se' che vai per l'Antenora,
percotendo », rispose, « altrui le gote
sì che, se fossi vivo, troppo fóra? ».

91 « Vivo son io, e caro esser ti puote »,
fu mia risposta, « se domandi fama,
ch'io metta il nome tuo tra l'altre note ».

94 Ed egli a me: « Del contrario ho io brama;
lèvati quinci, e non mi dar più lagna,
ché mal sai lusingar per questa lama! ».

97 Allor lo presi per la cuticagna,
e dissi: « E' converrà che tu ti nomi,
o che capel qui su non ti rimagna! ».

100 Ond'egli a me: « Perché tu mi dischiomi,
né ti dirò chi io sia, né mostrerolti,
se mille fiate in sul capo mi tomi ».

80-81. *la vendetta* ‖ *di Montaperti:* se tu non vieni ad accrescere la vendetta di coloro che furono sconfitti a Montaperti, che ragione hai di calpestarmi? Siamo nella seconda zona, l'Antenora, e colui che parla è Bocca degli Abati, guelfo fiorentino che, durante la battaglia di Montaperti, mozzò la mano all'alfiere che portava la bandiera di Firenze, per cui i fiorentini, scoraggiati, volsero in fuga.
83. *sì ch'io esca d'un dubbio per costui:* così che io mi tolga un dubbio relativo a lui.
84. *poi mi farai, quantunque vorrai, fretta:* poi mi farai fretta quanto più ti piacerà.
85. *Lo duca:* Virgilio - *stette:* si fermò.
90. *sì che, se fossi vivo, troppo fora:* così che, quand'anche tu fossi vivo, il colpo che mi hai dato sarebbe stato troppo violento.
91. *caro esser ti puote:* e ti potrebbe esser caro.
93. *tra l'altre note:* fra le altre cose che io ho notato.
95. *e non mi dar più lagna:* e non darmi più motivo di lamentarmi.
96. *lama:* pianura infernale.
97. *cuticagna:* la collottola.
98. *E' converrà che tu ti nomi:* sarà bene che tu faccia il tuo nome.
99. *o che capel qui su non ti rimagna:* od altrimenti non ti rimarrà nessun capello.
100. *dischiomi:* mi strappi i capelli.
101. *né mostrerotti:* né te lo mostrerò.
102. *se:* anche se - *fiate:* volte - *mi tomi:* mi picchi.

103 Io avea già i capelli in mano avvolti
     e tratti glien' avea più d'una ciocca,
     latrando lui con gli occhi in giù raccolti,

106 quando un altro gridò: « Che hai tu, Bocca?
     Non ti basta sonar con le mascelle,
     se tu non latri? Qual diavol ti tocca? ».

109 « Omai », diss'io, « non vo' che tu favelle,
     malvagio traditor; ché alla tua onta
     io porterò di te vere novelle ».

112 « Va via », rispose, « e ciò che tu vuoi, conta;
     ma non tacer, se tu di qua entro eschi,
     di quel ch'ebbe or così la lingua pronta.

115 Ei piange qui l'argento de' Franceschi:
     — Io vidi, — potrai dir — quel da Duera,
     là dove i peccatori stanno freschi. —

118 Se fossi domandato altri chi v'era,
     tu hai da lato quel di Beccherìa,
     di cui segò Fiorenza la gorgiera.

121 Gianni de' Soldanier credo che sia
     più là con Ganellone e Tebaldello,
     che aprì Faenza quando si dormìa ».

124 Noi eravam partiti già da ello,
     ch'io vidi due ghiacciati in una buca,
     sì che l'un capo all'altro era cappello;

127 e come il pan per fame si manduca,
     così il sovran li denti all'altro pose

107. *sonar con le mascelle:* battere i denti.

109. *favelle:* non voglio che tu debba parlare.

111. *vere novelle:* vere notizie.

113. *eschi:* esca.

115. *l'argento de' Franceschi:* è Buoso da Duera, al quale Manfredi aveva dato soldi per arruolar truppe. Egli non soltanto non lo fece, ma ricevette anche denaro dai francesi per lasciar loro libero il passo.

117. *stanno freschi:* stanno nel ghiaccio.

118. *Se fossi domandato:* se ti chiedessero.

119. *quel di Beccherìa:* Tesauro dei Beccherìa, pavese, fu accusato di aver cospirato con i fuoriusciti ghibellini. Fu decapitato a Firenze (*segò Fiorenza la gorgiera*).

121. *Gianni de' Soldanier:* fiorentino ghibellino, per ambizione, lasciò il proprio partito.

122. *Ganellone:* Gano di Maganza, con il suo tradimento, provocò la sconfitta dei paladini di Carlo Magno a Roncisvalle e la conseguente morte di Orlando - *Tebaldello:* il faentino Tebaldello degli Zambrasi, aprì di nottetempo le porte della sua città ai ghibellini di Bologna.

126. *sì che l'un capo all'altro era cappello:* messi in tal maniera che una testa era sopra l'altra.

127. *si manduca:* si mangia.

128. *il sovrano:* quello dei due che stava sopra.

là 've il cervel s'aggiugne con la nuca.

130 Non altrimenti Tideo si róse
le tempie a Menalippo per disdegno,
che quei faceva il teschio e l'altre cose.

133 « O tu che mostri per sì bestial segno
odio sopra colui che tu ti mangi,
dimmi il perché », diss'io, « per tal convegno,

136 che se tu a ragion di lui ti piangi,
sappiendo chi voi siete e la sua pecca,
nel mondo suso ancora io te ne cangi,

139 se quella con ch'io parlo non si secca ».

CANTO TRENTATREESIMO

1 La bocca sollevò dal fiero pasto
quel peccator, forbendola ai capelli
del capo ch'egli avea di retro guasto;

4 poi cominciò: « Tu vuoi ch'io rinnovelli
disperato dolor che il cor mi preme
già pur pensando, pria ch'io ne favelli.

7 Ma se le mie parole esser den seme
che frutti infamia al traditor ch'io rodo,
parlare e lagrimar vedrai insieme.

10 Io non so chi tu se' né per che modo
venuto se' quaggiù; ma Fiorentino
mi sembri veramente quand'io t'odo.

13 Tu dèi saper ch'io fui conte Ugolino,
e questi è l'arcivescovo Ruggieri:
or ti dirò perch'i son tal vicino.

129. *là 've il cervel s'aggiugne con la nuca:* all'occipite.

130. *Tideo:* uno dei sette che assediavano Tebe, ferito dal tebano Menalippo, riuscì ad ucciderlo e prima di morire, fattosene portare il capo, lo addentò.

135. *per tal convegno:* con questo patto, a condizione.

138. *io te ne cangi:* io te ne ricambi, ti ricompensi.

139. *se quella con ch'io parlo:* se la mia lingua non si inaridirà.

1. *dal fiero pasto:* dalla testa che stava rodendo.

5. *mi preme:* mi opprime.

6. *già pur pensando:* al solo pensarci - *pria ch'io ne favelli:* prima ancora di parlarne.

7. *esser den seme:* siano causa.

13. *conte Ugolino:* il conte Ugolino della Gherardesca, dopo varie vicende politiche, per salvare Pisa, cedette alcuni castelli ai guelfi di Firenze ed altri a quelli di Lucca. Passato il pericolo per la città, il popolo, sobillato dall'arcivescovo Ruggieri, lo accusò di tradimento e lo gittò a morir di fame in una torre, coi figli, Gaddo e Uguccione, e i nipoti, Anselmuccio e Nino detto il Brigata.

16 Che per l'effetto de suo' ma' pensieri,
   fidandomi di lui io fossi preso
   e poscia morto, dir non è mestieri;

19 però quel che non puoi avere inteso,
   ciò è come la morte mia fu cruda,
   udirai, e saprai s'e' m'ha offeso.

22 Breve pertugio, dentro dalla muda
   la qual per me ha il titol della fame,
   e in che conviene ancor ch'altri si chiuda,

25 m'avea mostrato per lo suo forame
   più lune già, quand'io feci 'l mal sonno
   che del futuro mi squarciò il velame.

28 Questi pareva a me maestro e donno,
   cacciando il lupo e i lupicini al monte
   per che i Pisan veder Lucca non ponno.

31 Con cagne magre, studiose e conte,
   Gualandi con Sismondi e con Lanfranchi
   s'avea messi dinanzi dalla fronte.

34 In picciol corso mi parìeno stanchi
   lo padre e i figli, e con l'agute scane
   mi parea lor veder fender li fianchi.

37 Quando fui desto innanzi la dimane,
   pianger sentì' fra il sonno i miei figliuoli
   ch'eran con meco, e dimandar del pane.

40 Ben se' crudel, se tu già non ti duoli
   pensando ciò ch'il mio cor s'annunziava!

16. *ma'*: malvagi.
18. *morto*: ucciso - *dir non è mestieri*: non è necessario raccontare perché da tutti risaputo.
19. *inteso*: sentito dire.
22. *Breve pertugio*: una stretta finestra - *muda*: la cella.
23. *la qual per me ha il titol della fame*: che, a causa della mia morte (*per me*) si chiama ora « della fame ».
24. *e in che conviene ancor ch'altri si chiuda*: e nella quale si chiuderanno ancora altri prigionieri.
25. *forame*: per la sua apertura.
26. *più lune già*: più lunazioni. Erano dunque passati vari mesi - *mal sonno*: il brutto sogno premonitore.
28. *Questi*: l'a r c i v e s c o v o

Ruggieri - *maestro e donno*: guida e capo della caccia.
29-30. *al monte... non ponno*: il monte di S. Giuliano che sorge fra Lucca e Pisa.
31. *studiose e conte*: bramose ed avvezze alla caccia.
32. *Gualandi con Sismondi e con Lanfranchi*: tre famiglie che si erano alleate all'arcivescovo Ruggieri contro il conte Ugolino.
33. *dinanzi dalla fronte*: in testa alla schiera.
34. *In picciol corso*: dopo breve corsa - *mi parìeno*: mi parevano.
35. *scane*: zanne.
37. *innanzi la dimane*: prima dell'alba.
44. *che il cibo ne solea essere addotto*: in cui solitamente ci veniva portato il cibo.

E se non piangi, di che pianger suoli?

43 Già eran desti, e l'ora s'appressava
che il cibo ne solea esser addotto,
e per suo sogno ciascun dubitava;

46 ed io sentì' chiavar l'uscio di sotto
all'orribile torre; ond'io guardai
nel viso a' miei figliuoi sanza far motto.

49 Io non piangeva, sì dentro impetrai:
piangevan elli; ed Anselmuccio mio
disse: — Tu guardi sì, padre! Che hai? —

52 Per ciò non lagrimai né rispos'io
tutto quel giorno né la notte appresso,
infin che l'altro sol nel mondo uscìo.

55 Com'un poco di raggio si fu messo
nel doloroso carcere, ed io scorsi
per quattro visi il mio aspetto stesso,

58 ambo le man per lo dolor mi morsi;
ed ei, pensando ch'io 'l fessi per voglia
di manicar, di sùbito levorsi,

61 e disser: — Padre, assai ci fia men doglia
se tu mangi di noi: tu ne vestisti
queste misere carni, e tu le spoglia! —

64 Queta'mi allor per non farli più tristi;
quel dì e l'altro stemmo tutti muti.
Ahi, dura terra, perché non t'apristi?

67 Poscia che fummo al quarto dì venuti,
Gaddo mi si gittò disteso a' piedi,
dicendo: — Padre mio, ché non m'aiuti? —

70 Quivi morì: e come tu mi vedi
vid'io cascar li tre ad uno ad uno,
tra il quinto dì e il sesto: ond'io mi diedi,

73 già cieco, a brancolar sopra ciascuno,
e due dì li chiamai, poi che fur morti:

45. *per suo sogno:* ciascuno aveva sognato la morte prossima.

46. *chiavar:* inchiodare, inchiavardare.

49. *impetrai:* mi pietrificai.

54. *infin che l'altro sol nel mondo uscìo:* fino al sorgere di una nuova giornata.

55. *un poco di raggio:* un poco di luce - *si fu messo:* penetrò.

57. *per:* su.

59. *ch'io 'l fessi:* che io lo facessi.

60. *manicar:* mangiare - *levorsi:* si alzarono.

61. *assai ci fia men doglia:* avremo men dolore.

62-63. *tu ne vestisti... tu le spoglia:* tu ci hai dato la vita, tu toglicela.

64. *Queta'mi:* mi quetai allora - *per non farli più tristi:* per non rattristarli maggiormente.

poscia, più che il dolor, poté il digiuno ».

76 Quand'ebbe detto ciò, con gli occhi torti,
    riprese il teschio misero coi denti
    che furo all'osso, come d'un can, forti.

79 Ahi Pisa, vituperio delle genti
    del bel paese là dove il *sì* suona,
    poi che i vicini a te punir son lenti,

82 movasi la Capraia e la Gorgona,
    e faccian siepe ad Arno in su la foce
    sì ch'egli annieghi in te ogni persona!

85 Ché se il conte Ugolino aveva voce
    d'aver tradita te delle castella,
    non dovei tu i figliuoi porre a tal croce.

88 Innocenti facea l'età novella,
    novella Tebe, Uguccione e il Brigata
    e gli altri due che il canto suso appella.

91 Noi passamm'oltre, là 've la gelata
    ruvidamente un'altra gente fascia,
    non volta in giù, ma tutta riversata.

94 Lo pianto stesso lì pianger non lascia,
    e il duol, che trova in su gli occhi rintoppo.
    si volge in entro a far crescer l'ambascia;

97 ché le lagrime prime fanno groppo,
    e sì come visiere di cristallo
    riempion sotto il ciglio tutto il coppo.

100 E avvegna che sì come d'un callo,

75. *poscia più che il dolor,
poté il digiuno:* lo strazio ed il
dolore non mi ucciser ancora:
mi finì il digiuno.

82-84. *movasi... persona:* le
isolette della Capraia e della
Gorgona si muovano e sbarri-
no l'Arno, così che esso rifluì-
sca indietro annegando ogni
tuo abitante.

85. *aveva voce:* era sospet-
tato.

87. *a tal croce:* a tale orribile fine.

88. *Innocenti facea l'età novella:* la stessa giovinezza faceva sì che non potessero essere colpevoli.

89. *novella Tebe:* Pisa, che
rinnova gli orrori di Tebe, fu-
nestata per le atrocità dei discendenti di Cadmo.

90. *suso appella:* più su no
mina.

91. *la gelata:* l'acqua ghiac-
ciata, gelata.

93. *riversata:* supina. È la
terza zona, la Tolomea, riservata ai traditori degli ospiti.

94. *pianger non lascia:* perché le lacrime stesse si gelano.

95. *duol:* dolore - *rintoppo:*
ostacolo.

96. *si volge in entro a far
crescer l'ambascia:* si chiude in
se stesso e fa aumentare il dolore.

99. *tutto il coppo:* il vaso la-
crimale dell'occhio che appunto si gonfia di lacrime.

100-102. *E avvegna che... viso stallo:* benché il freddo àves-
se fatto sì che il mio viso per-
desse (*cessato avesse del mio*

per la freddura ciascun sentimento
cessato avesse del mio viso stallo,

103   già mi parea sentire alquanto vento;
perch'io: « Maestro mio, questo chi move?
Non è quaggiù ogni vapore spento? ».

106   Ed egli a me: « Avaccio sarai dove
di ciò ti farà l'occhio la risposta,
veggendo la cagion che il fiato piove ».

109   E un de' tristi della fredda crosta
gridò a noi: « O anime crudeli
tanto che data v'è l'ultima posta,

112   levatemi dal viso i duri veli,
sì ch'io sfoghi il dolor che il cor m'impregna,
un poco, pria che il pianto si raggeli ».

115   Perch'io a lui: « Se vuo' ch'io ti sovvegna,
dimmi chi se': e s'io non ti disbrigo,
al fondo della ghiaccia ir mi convegna! ».

118   Rispose adunque: « Io son frate Alberigo,
io son quel dalle frutta del mal orto,
che qui riprendo dattero per figo ».

121   « Oh », diss'io lui, « or se' tu ancor morto? ».
Ed egli a me: « Come il mio corpo stea
nel mondo su, nulla scienza porto.

viso stallo) ogni sensibilità (sentimento), così come avviene per una callosità.

104. questo chi move: qual è la causa di questo vento.

105. ogni vapore spento: si credeva che il vento fosse una evaporazione della terra; non essendovi il sole nell'Inferno, come poteva allora prodursi tale evaporazione?

106. Avaccio: presto.

108. veggendo: facendoti vedere la causa - piove: produce.

109. tristi: dannati.

110-111. O anime crudeli... posta: o anime così perverse da essere destinate all'ultima zona dell'Inferno. Frate Alberigo, che qui parla, scambia i due poeti per due dannati che si avviano ad espiare le loro colpe.

112. i duri veli: le lacrime gelate.

113. m'impregna: mi gonfia il cuore.

114. si raggeli: prima che le nuove lacrime gelino anch'esse.

115. sovvegna: aiuti.

116. s'io non ti disbrigo: se non ti libero gli occhi.

117. al fondo della ghiaccia ir mi convegna: che io possa esser posto fra i dannati dell'ultima zona.

118. frate Alberigo: frate guelfo, fu offeso da un suo parente, Alberghetto. Fingendo di avergli perdonato, lo invitò ad un banchetto con il padre. Alle frutta con un segnale convenuto fece entrare i sicari che uccisero sia Alberghetto che il padre Manfredi.

120. figo: fico.

121. ancor: di già.

122. stea: stia.

123. nulla scienza porto: non ne so nulla.

124   Cotal vantaggio ha questa Tolomea,
           che spesse volte l'anima ci cade
           innanzi ch'Atropòs mossa le déa!

127   E perché tu più volentier mi rade
           le invetriate lagrime dal vólto,
           sappi che tosto che l'anima trade

130   come fec'io, il corpo suo l'è tolto
           da un demonio, che poscia il governa
           mentre che il tempo suo tutto sia vòlto.

133   Ella ruina in sì fatta cisterna;
           e forse pare ancor lo corpo suso
           dell'ombra che di qua dietro mi verna.

136   Tu il dèi saper, se tu vien pur mo giuso:
           egli è ser Branca d'Oria, e son più anni
           poscia passati ch'ei fu sì racchiuso ».

139   « Io credo », dissi lui, « che tu m'inganni;
           ché Branca d'Oria non morì unquanche,
           e mangia e bee e dorme e veste panni ».

142   « Nel fosso su », diss'ei, « di Malebranche,
           là dove bolle la tenace pece,
           non era giunto ancora Michel Zanche,

145   che questi lasciò un diavolo in sua vece
           nel corpo suo, ed un suo prossimano
           che il tradimento insieme con lui fece.

148   Ma distendi oggimai in qua la mano;
           aprimi gli occhi ». Ed io non glieli apersi,
           e cortesia fu lui esser villano.

125-126. *spesse volte...* le *déa:* spesso l'anima è qui condannata prima ancora che il corpo muoia. Atropo è quella delle tre Parche che taglia il filo della vita.

127. *rade:* tolga.

128. *invetriate:* gelate.

129. *trade:* effettua il tradimento.

131. *il governa:* lo muove.

132. *sia vòlto:* fino a che il termine prefissato della vita mortale sia trascorso.

133. *ruina:* precipita - *cisterna:* in questo pozzo infernale.

134-135. *lo corpo suso... mi verna:* su nel mondo si vede l'ombra che soffre il freddo inverno di quaggiù (*di qua dietro mi verna*).

136. *il dèi saper se tu vien pur mo giuso:* tu stesso lo devi sapere se sei venuto quaggiù da poco. Continua a credere che Dante sia un dannato.

137. *Branca d'Oria:* signore genovese, per impadronirsi delle ricchezze del suocero e dei parenti, li fece assassinare alla fine di un banchetto.

140. *unquanche:* ancora.

144. *Michel Zanche:* che era appunto il suocero di Branca d'Oria.

146. *prossimano:* parente.

148. *oggimai:* ormai.

150. *lui:* verso di lui.

211

151 Ahi, Genovesi, uomini diversi
d'ogni costume e pien d'ogni magagna,
perché non siete voi del mondo spersi?
154 Ché col peggiore spirto di Romagna
trovai di voi un tal, che, per sua opra
in anima in Cocito già si bagna,
157 ed in corpo par vivo ancor di sopra.

CANTO TRENTAQUATTRESIMO

1 « Vexilla regis prodeunt Inferni
verso di noi; però dinanzi mira »,
disse il maestro mio, « se tu il discerni ».
4 Come quando una grossa nebbia spira,
o quando l'emisperio nostro annotta,
par di lungi un molin che il vento gira,
7 veder mi parve un tal dificio allotta;
poi per lo vento mi ristrinsi retro
al duca mio; ché non gli era altra grotta.
10 Già era, e con paura il metto in metro,
là dove l'ombre tutte eran coperte,
e trasparìen come festuca in vetro.
13 Altre sono a giacere, altre stanno erte,
quella col capo, e quella con le piante;
altra, com'arco, il vólto a' piè rinverte.
16 Quando noi fummo fatti tanto avante
ch' al mio maestro piacque di mostrarmi
la creatura ch'ebbe il bel sembiante,
19 dinanzi mi si tolse, e fe' restarmi,

151-152. *diversi* ‖ *d'ogni costume:* lontani da ogni nobile costume - *magagna:* fallo, peccato.
153. *del mondo spersi:* dispersi nel mondo.
154. *peggiore spirto di Romagna:* frate Alberigo.
155. *per sua opra:* per sua colpa.

1. *Vexilla regis prodeunt Inferni:* i vessilli del re dell'Inferno s'avanzano. È un adattamento dell'inizio di un inno di Venanzio Fortunato.
2. *però:* perciò.
4. *grossa:* densa, fitta.

5. *l'emisperio nostro annotta:* fa notte nell'emisfero boreale.
6. *par:* appare.
7. *dificio:* costruzione, edificio - *allotta:* allora.
9. *altra grotta:* perché non v'era alcun altro riparo.
10. *il metto in metro:* mi accingo a narrarlo in versi.
12. *trasparìen:* trasparivano di sotto al ghiaccio - *come festuca in vetro:* come una festuca sotto un vetro.
15. *rinverte:* si volge.
18. *la creatura ch'ebbe il bel sembiante:* Lucifero, che una volta fu bello.

« Ecco Dite », dicendo, « ed ecco il loco
ove convien che di fortezza t'armi ».

22 Com'io divenni allor gelato e fioco,
    nol dimandar, lettor, ch'io non lo scrivo,
    però ch'ogni parlar sarebbe poco.

25 Io non morì', e non rimasi vivo:
    pensa oggimai per te, s'hai fi   no,
    qual io divenni, d'uno e d'altr

28 Lo imperador del doloroso regn
    da mezzo il petto uscìa fuor d   cia;
    e più con un gigante io mi co

31 che i giganti non fan con le sue
    vedi oggimai quant'esser dèe qu
    che a così fatta parte si confacc

34 S'ei fu sì bel com'egli è ora brutto
    e contra il suo Fattore alzò le ci
    ben dèe da lui proceder ogni lutt

37 Oh, quanto parve a me gran marav
    quand'io vidi tre facce alla sua te
    L'una dinanzi, e quella era vermig

40 l'altre eran due che 'aggiugnìeno a q
    sovresso il mezzo di ciascuna spalla
    e si giugnìeno al luogo della cresta;

43 e la destra parea tra bianca e gialla;
    la sinistra a veder era tal, quali
    vegnon di là onde il Nilo s'avvalla.

46 Sotto ciascuna uscivan due grandi ali,
    quanto si convenìa a tanto uccello:

20. *Dite:* Lucifero.
21. *di fortezza t'armi:* che tu sia ben forte.
25. *Io non morì', e non rimasi vivo:* rimasi mezzo morto dallo spavento.
26. *oggimai:* ora - *per te:* da te.
27. *d'uno e d'altro:* di vita e di morte.
30-33. *più con un gigante... si confaccia:* ed io per statura mi avvicino di più ad un gigante, di quanto un gigante non si avvicini alle braccia di Lucifero. Vedi dunque o lettore, quando grande debba esser stato Lucifero in paragone (*si confaccia*) alla grandezza delle sue stesse braccia.

35. *Fattore:* Dio - a   glia:* si ribellò.
36. *ben dèe da lui:* da lui deve - *lutto:* mal
39. *vermiglia:* perché indicare l'odio.
41. *sovresso il mezzo   scuna spalla:* proprio in   a ciascuna delle spalle.
42. *giugnìeno:* si congiu   vano - *cresta:* sommità   capo.
43. *tra bianca e gialla:* s   bolo dell'impotenza.
44-45. *tal... s'avvalla:* l'al   testa era dello stesso colore di quelle degli abitanti del luogo ove il Nilo entra (*s'avvalla*) in Egitto, cioè nera. Simbolo dell'ignoranza.

vele di mar non vid'io mai cotali.

49 Non avean penne, ma di vipistrello
era lor modo; e quelle svolazzava
sì che tre venti si movean da ello:

52 quindi Cocito tutto s'aggelava.
Con sei occhi piangeva, e per tre menti
gocciava il pianto e sanguinosa bava.

55 Da ogni bocca dirompea co' denti
un peccatore, a guisa di maciulla,
sì che tre ne facea così dolenti.

58 A quel dinanzi il mordere era nulla
verso il graffiar, ché tal volta la schiena
rimanea della pelle tutta brulla.

61 « Quell'anima lassù che ha maggior pena »,
disse il maestro, « è Giuda Scariotto,
che il capo ha dentro e fuor le gambe mena.

64 Degli altri due ch'hanno il capo di sotto,
quel che pende dal nero ceffo è Bruto:
vedi come si storce, e non fa motto!

67 E l'altro è Cassio che par sì membruto.
Ma la notte risurge; ed oramai
è da partir, ché tutto avem veduto ».

70 Com'a lui piacque, il collo gli avvinghiai,
ed ei prese di tempo e luogo poste;
e quando l'ali furo aperte assai,

73 appigliò sé alle vellute coste:
di vello in vello giù discese poscia,
tra il folto pelo e le gelate croste.

76 Quando noi fummo là dove la coscia
si volge appunto in sul grosso dell'anche,
lo duca, con fatica e con angoscia,

49. *vipistrello:* pipistrello.
50. *era lor modo:* era la loro foggia.
52. *quindi:* per effetto dei quali - *s'aggelava:* si congelava.
55. *dirompea co' denti:* sgretolava con i denti.
56. *maciulla:* macina.
58. *A quel dinanzi:* al peccatore che era stritolato dalla bocca davanti.
59. *verso:* di contro al.
60. *brulla:* spellata, scorticata.
62. *Giuda Scariotto:* il traditore di Gesù Cristo.

65. *Bruto:* Marco Bruto e Caio Cassio che congiurarono contro Giulio Cesare e lo assassinarono, sono ora divorati rispettivamente dalle due bocche laterali di Lucifero.
66. *e non fa motto:* senza parlare né lamentarsi.
67. *membruto:* aitante.
71. *prese di tempo e luogo poste:* colse il momento ed il luogo opportuno.
73. *vellute coste:* alle costole ricoperte di peli.
77. *si volge:* si curva.
78. *lo duca:* Virgilio.

214

79   volse la testa ov'egli avea le zanche,
          e aggrappossi al pel come uom che sale,
          sì che in Inferno io credea tornar anche.

82   « Attienti ben, ché per cotali scale »,
          disse il maestro, ansando com'uom lasso,
          « conviensi dipartir da tanto male ».

85   Poi uscì fuor per lo fóro d'un sasso,
          e pose me in su l'orlo a sedere;
          appresso porse a me l'accorto passo.

88   Io levai gli occhi, e credetti vedere
          Lucifero com'io l'aveva lasciato;
          e vidigli le gambe in su tenere.

91   E s'io divenni allora travagliato,
          la gente grossa il pensi, che non vede
          qual è quel punto ch'io avea passato.

94   « Lèvati su », disse 'l maestro, « in piede:
          la via è lunga e il cammino è malvagio,
          e già il sole a mezza terza riede ».

97   Non era camminata di palagio
          là 'v' eravam, ma natural burella
          ch'avea mal suolo e di lume disagio.

100   « Prima ch'io dell'abisso mi divella,
          maestro mio », diss'io quando fui dritto,
          « a trarmi d'erro un poco mi favella.

103   Ov'è la ghiaccia? E questi, com'è fitto
          sì sottosopra? E come, in sì poc'ora,
          da sera a mane ha fatto il sol tragitto? ».

79-80. *volse... che sale:* Virgilio si capovolge, mettendo la testa ove sono le gambe (*le zanche*) di Lucifero e anziché discendere, incomincia a risalire.

81. *anche:* ancora.

82. *Attienti ben:* tieniti ben stretto.

83. *lasso:* affannato, affaticato.

85. *fóro d'un sasso:* una spaccatura della roccia.

87. *appresso porse a me:* drizzò verso di me - *accorto:* sicuro.

91. *travagliato:* turbato.

92. *grossa:* ignorante - *vede:* intuisce.

93. *quel punto:* il centro della terra.

95. *malvagio:* aspra è la strada verso la redenzione.

96. *a mezza terza riede:* son le sette e mezzo della mattina.

97. *camminata:* salone di palazzo.

98. *natural burella:* una galleria sotterranea e naturale.

99. *mal suolo:* terreno ove si camminava male - *di lume disagio:* poca luce.

100. *divella:* esca.

102. *erro:* errore.

103-105. *Ov'è... tragitto:* Dante crede di essere ritornato all'Inferno e si stupisce di non veder più Cocito gelato, non capisce come Lucifero gli appaia capovolto ed infine non sa perché il sole tanto abbia camminato in cielo.

106   Ed egli a me: « Tu imagini ancora
        d'esser di là dal centro, ov'io mi presi
        al pel del vermo reo che il mondo fora.

109   Di là fosti cotanto quant'io scesi;
        quand'io mi volsi, tu passasti il punto
        al qual si traggon d'ogni parte i pesi.

112   E se' or sotto l'emisperio giunto
        ch'è opposito a quel che la gran secca
        coverchia, e sotto il cui colmo consunto

115   fu l'uom che nacque e visse senza pecca:
        tu hai li piedi in su picciola spera
        che l'altra faccia fa della Giudecca.

118   Qui è da man, quando di là è sera:
        e questi, che ne fe' scala col pelo,
        fitt'è ancora sì come prim'era.

121   Da questa parte cadde giù dal cielo;
        e la terra che pria di qua si sporse,
        per paura di lui fe' del mar velo,

124   e venne all'emisperio nostro; e forse
        per fuggir lui lasciò qui 'l luogo vòto
        quella che appar di qua, e su ricorse ».

127   Luogo è laggiù da Belzebù rimoto
        tanto quanto la tomba si distende,
        che non per vista, ma per suono è noto,

107. *là dal centro:* al di là del centro della terra, nell'Inferno dunque - *mi presi:* mi aggrappai.

108. *vermo reo:* Lucifero.

110. *mi volsi:* mi capovolsi.

111. *al qual si traggon d'ogni parte i pesi:* il centro della terra ove convergono i pesi e le masse per la forza di gravità.

112-115. *E se' or... sanza pecca:* ora sei giunto sotto l'emisfero celeste opposto a quello che copre (*coverchia*) le terre emerse (*la gran secca*) e sotto al luogo (*sotto il cui colmo*) ove fu ucciso (*consunto*) Gesù Cristo (*l'uom che nacque e visse senza pecca*).

116-117. *tu hai... Giudecca:* tu hai i piedi proprio (*in su picciola spera*) su una parte che corrisponde alla Giudecca.

118. *Qui è da man, quando*

di là è sera: qui è mattino quando là annotta.

119. *questi:* Lucifero.

120. *fitt'è ancora:* non ha cambiato né luogo né posizione.

122. *pria di qua si sporse:* che prima emergeva qui.

123. *fe' del mar velo:* si ricoperse di acque.

125. *luogo vòto:* una cavità.

126. *quella che appar di qua:* quella che appare nell'emisfero australe e che formerà la montagna del Purgatorio.

127. *rimoto:* lontano.

128. *la tomba:* l'Inferno - *si distende:* si estende.

129-132. *che non per vista... e poco pende:* che non si riesce a distinguere con gli occhi, ma per il mormorio di un ruscello, il Lete, che lava dal peccato. Questo ruscello ha scavato un

130   d'un ruscelletto che quivi discende
        per la buca d'un sasso ch'egli ha róso
        col corso ch'egli avvolge; e poco pende.
133   Lo duca ed io per quel cammino ascoso
        entrammo a ritornar nel chiaro mondo;
        e sanza cura aver d'alcun riposo,
136   salimmo su, ei primo ed io secondo,
        tanto ch'io vidi delle cose belle
        che porta il ciel, per un pertugio tondo;
139   e quindi uscimmo a riveder le stelle.

passaggio nel masso col suo corso tortuoso (*ch'egli avvolge*).

133. *Lo duca:* Virgilio - *cammino ascoso:* per quel passaggio sotterraneo.

134. *a:* per - *nel chiaro mondo:* nel mondo ove splende il sole.

135. *senza cura:* senza curarci.

137. *tanto ch'io:* tanto che - *delle cose belle:* gli astri.

138. *per un pertugio tondo:* per una apertura circolare.

139. *stelle:* con questa parola terminano, come l'*Inferno,* anche le altre due Cantiche.

SOMMARIO

BUR
Periodico settimanale: 24 gennaio 2001
Direttore responsabile: Evaldo Violo
Registr. Trib. di Milano n. 68 del 1°-3-74
Spedizione abbonamento postale TR edit.
Aut. n. 51804 del 30-7-46 della Direzione PP.TT. di Milano
Finito di stampare nel gennaio 2001 presso
il Nuovo Istituto Italiano d'Arti Grafiche - Bergamo
Printed in Italy

ISBN 88-17-86652-0